0~5세
뇌가 쑥쑥 자라는 놀이 육아

아기의 뇌와 정서 발달을 위한 단계별 애착놀이 120

0~5세
뇌가 쑥쑥 자라는 놀이 육아

이보연 지음

위즈덤하우스

차례

- 부모 역할과 놀이 … 011
- 아기와 놀이할 때의 마음가짐 … 016

Chapter 1   0개월~12개월

★ 0개월~12개월 ★   우리 아이에게 어떤 눈부신 변화가 일어날까요? … 024

0개월~3개월

손가락 잡기 … 026
그래, 바로 그 책이야! … 028
온몸으로 사랑해 … 030
마주보고 말해요! … 032
천의 얼굴 … 034
손수건을 잡아라! … 036
자전거 놀이 … 038
머리부터 발끝까지 조물조물 마사지 … 040

3개월~6개월

하나, 둘, 셋, 아기 체조 시~작! … 043
잡고 말 거야! … 046
딸랑딸랑 딸랑이 … 048
흔들흔들, 쓰담쓰담 … 050
으랏차차, 발차기 … 052
작은 음악회 … 054

거울아! 거울아! … 056

까꿍 놀이 … 058

요리조리 뒤집기 … 060

추적자 놀이 … 062

흠~ 스멜~ … 064

손으로 만져요! … 066

두 손으로 짝짝짝! … 068

세상 구경 … 070

옹알옹알 옹알이 … 072

6개월~12개월

거울 속 내 모습 … 074

우리집이 워터파크 … 076

오프로드 어드벤처 … 078

날아라, 비행기 … 080

손가락 쏙쏙 꾹꾹! … 082

만능 손가락 … 084

수다 타임 … 086

정글 숲을 지나서 가자! … 088

신나는 난타 … 090

곤도잼짝 … 092

손가락 숟가락 … 094

뜯고 찢고 … 096

공을 굴려요! … 098

소꿉장난 … 100

발등 걸음마 … 102

| Q&A | 이런 점이 궁금해요! … 104

Chapter 2   12개월~24개월

★ 12개월~24개월 ★   우리 아이에게 이동 능력이 생겼어요 … 116

아기 코알라 … 118
나비처럼 훨훨, 토끼처럼 깡충깡충 … 120
주세요, 고마워요! … 122
아장아장 산책 … 124
아기 거인 … 126
이불 탐험 여행 … 128
구불구불 런웨이 … 130
흔들흔들 쿠션 … 132
오래오래 매달리기 … 134
더 높이, 더 높이 … 136
신나는 볼링 … 138
눈은 어디 있나, 여기! … 140
숨바꼭질 … 142
미로 탈출 … 144
뜯어져라, 얍! … 146
짝꿍 찾기 … 148
바벨탑 … 150
뚜껑을 찾아라! … 152
어디에 숨었을까? … 154
가족사진 … 156
요상한 촉감놀이 … 158
엄마가 된 아기 … 160
그대로 멈춰라 … 162
옛날 옛날에~ … 164
거울 속의 나 … 166

이게 나야?! … 168
전화가 왔어요! … 170
주인을 찾아라! … 172
손가락 그림 … 174
쉬 쉬, 응가 응가 … 176
돼지 저금통 … 178

| Q&A | 이런 점이 궁금해요! … 180

Chapter 3 24개월~36개월
★ 24개월~36개월 ★ 자아가 독립하고 감정과 사고가 발달해요! … 192

조물조물 반죽놀이 … 194
나 꾸미기 … 196
병원놀이 … 198
우리집 미장원 … 200
나의 그림자 … 202
아기의 집 … 204
집게로 꽉! … 206
데굴데굴 김밥말이 … 208
손가락 탐정 … 210
그릇에 골인! … 212
혼자서도 잘 입어요! … 214
로션 마사지 … 216
끼리끼리 나뭇잎 … 218
맛있는 얼굴 … 220
나는 누구게? … 222

싹둑싹둑 가위질 … 224
화장실 벽화 그리기 … 226
잘 차려진 밥상 … 228
꼬물꼬물 바느질 … 230
너희가 패턴을 알아?! … 232
느낀대로 그려요! … 234
숨은 색깔 찾기 … 236
그림 설명회 … 238
신문지 공 농구 … 240
무엇이 바뀌었을까? Before&After … 242
고양이를 찾아라 … 244
내가 도와줄게 … 246
식탁 매트를 만들어요! … 248
누군지 알아맞혀 보세요! … 250
짝 찾아 선 긋기 … 252
그림 찾기 … 254

| Q&A | 이런 점이 궁금해요! … 256

Chapter 4 36개월~48개월

★ 36개월~48개월 ★ 더 큰 세상으로 나갈 준비를 해요! … 268

개구리 점프 … 270
공이다, 공! … 272
자르고 붙이고 … 274
우리집 가게 … 276
상자 마트료시카 … 278

보물찾기 … 280
즐겁게 춤추고 노래해요! … 282
무엇이 없어졌지? … 284
노래가 끝나기 전에 … 286
도와주세요! … 288
공감 요정 … 290
미션 컴플리트 … 292
"가나다" 노래 … 294
거미줄 놀이 … 296
비눗방울 불기 … 298
신문지 징검다리 … 300
사라져라, 도깨비 … 302
선행 체험 … 304
글자 탐정 … 306
인터뷰 게임 … 308

| Q&A | 이런 점이 궁금해요! … 310

부모 역할과 놀이

세상에 갓 태어난 아기는 참으로 무력한 존재입니다. 시력도 형편없고 부모도 알아보지 못하며, 스스로는 고개를 들거나 앉고 설 수도 없습니다. 부모가 돌봐주고 보호해주지 못하면 살아갈 수 없지요. 하지만 부모의 돌봄을 받은 아기는 곧 '하루하루가 다르다'고 느껴질 정도로 발달하기 시작합니다. 부모를 쳐다보며 부모의 말과 행동을 따라하며, 부모가 보여주거나 알려준 것들을 열심히 연습하더니 시간이 흘러 부모를 돕고 가르치며 돌봐주기까지 하는 의젓한 성인으로 성장합니다.

이처럼 비록 갓 태어났을 때는 아무것도 할 수 없어 보이는 존재이지만 부모의 보호와 지도 아래 열심히 배우고 연습하게 되면 꽤 멋지고 유능한 존재로 성장한다는 사실은 아기를 둔 부모에게 부모 역할에 관한 두 가지 시사점을 줍니다. 즉, 부모는 '보호자'로서의 역할과 '자극 제공자'로서 역할 모두를 잘 해내야 한다는 것입니다.

'보호자'로서의 부모

과거에는 추위, 더위, 병충해, 굶주림 등의 위험에서 아기를 보호하는 것도 쉽지 않았지만 세상이 발달하면서 아기를 신체적으로 보호하기는 분명 수월해졌습니다. 하지만 신체적으로 안전하게 지켜주는 것만으로 보호자의 역할을 다 했다고 할 수는 없습니다. 아기의 심리적 안전을 지켜주는 것도 매우 중요합니다. 부모와 자신이 살고 있는 환경이 신뢰할 만하고 예측가능하며 일관적이라고 느낄 때 아기는 심리적인 안전감을 느낍니다.

심리적으로 안전감을 느낀 아기는 주변 환경을 두려워하지 않으며 오히려 환경에 대한 호기심이 많아 기꺼이 탐색하고, 새로운 것을 배우는 것에도 주저함이 없습니다. 이처럼 부모가 '보호자'의 기능을 잘 해주면 아기는 적극적인 학습자의 면모를 보여줍니다.

아기가 부모를 신뢰하고 자신을 안전하게 지켜줄 '보호자'로 여길 때 아기가 부모에게 '안정적으로 애착되었다'고 말합니다. 애착은 인간의 정서, 사회성 발달에 강력한 영향을 미칠뿐더러 지능발달과도 관련이 있습니다. 부모와 안정적인 애착을 형성하지 못한 아기는 스트레스를 받게 되고, 이때 방출되는 스트레스 호르몬은 아기의 뇌 발달에 악영향을 미치게 됩니다. 수많은 연구결과에 의하면 스트레스 호르몬에 노출된 아기의 뇌는 잘 발달하지도 못하고 크기도 작다고 합니다.

부모와의 안정적인 애착을 형성할 수 있게 돕는 것 중의 하나가 바로 '놀이'입니다. 아이와 마주하며 같은 것을 보고, 따뜻하게 말을 걸고 부드러운 신체접촉을 하며 즐거운 정서를 나누는 것 자체가 '놀이'이며, 이러한 놀이에는 안정적인 애착에 필요한 모든 요소들이 다 들어 있습니다.

'자극 제공자'로서의 부모

아기들은 출생 직후부터 배울 준비가 되어 있습니다. 뇌는 태내에서부터 발달을 시작했으나, 배 속이라는 제한된 환경 때문에 배울 수 있는 것이 그리 많지 않았지요. 하지만 이제 아기는 넓은 세상을 마주하게 되었습니다. 아무것도 하지 못하는 것처럼 보이는 신생아일지라도 안전한 환경에 놓여있다면 세상을 배울 수 있습니다. 하지만 아무도 아기에게 가르쳐주지 않으면, 혹은 배우려는 아기의 욕구와 행동을 차단한다면 아기는 아무것도 배우고 익힐 수 없으며 발달을 이뤄나갈 수 없게 됩니다. 아기의 '대뇌피질'은 비어버리게 될 것이고, 출생 후 4, 5년이 지나도 여전히 자극이 주어지지 않는다면 심각한 장애를 겪게 될 수도 있습니다.

인간의 뇌는 생애 첫 3년 동안 가장 급속히 발달합니다. 신생아의 뇌 크기는 어른 뇌의 1/4 정도지만, 자극을 받고 경험이 쌓이면서 만 3세 경에는 어른 뇌의 3/4 크기가 될 정도입니다. 게다가 뇌 발달에는 '결정적 시기'가 있습니다. 즉, 어떤 발달을 이루는 최적의 시기가 있다는 것인데 만일 이 시기에 관련된 자극을 받지 못하면 이후에 자극을 주더라도 발달을 하는 데 큰 어려움이 있습니다. 인지, 언어, 신체, 정서와 사회성 모두 최적의 발달시기가 있는데, 대부분 0~4세 사이가 가장 중요합니다.

생후 1년까지는 애착형성과 오감 발달이 집중적으로 이루어지는 시기입니다. 따라서 이 시기에는 아기를 신체적, 심리적으로 보호해주며 시각, 청각, 후각, 미각, 촉각 등 다양한 감각 활동을 경험시켜 주어야 하지요. 아기가 걷기 시작하면서 공간 지각력이나 모국어를 담당하는 언어영역의 결정적 시기가 도래하므로 이 시기에는 활발한 신체활동을 격려해주고 아기에게 따뜻한 말을 건네고 아기의 말에 열심히 반응해주는 것이 필요합니다. 2~4세는 감정과 사고를 담당하는 전두엽 발달의 결정적 시기이므로 적극적인 조작과 사고를 할 수 있는 기회를 제공하고 정서를 인식하고 표현하는 법

<u>을 열심히 알려주어야 하지요.</u>

　예전에 '늑대 소녀'와 '들개 소년'이 발견된 적이 있었습니다. 인도의 정글에서 야생 상태로 발견된 두 명의 어린 소녀는 나중에 '아말라'와 '카말라'라는 이름을 갖게 되었지만 사람들은 이들을 '늑대 소녀'라고 불렀지요. 2001년 칠레에서는 들개 무리와 생활하고 있는 10대로 추정되는 소년이 발견되었습니다. 이들 모두는 발견된 후 심리학자의 지도하에 인간 생활 적응치료를 꾸준히 받았음에도 불구하고 인간의 말을 전혀 하지 못하거나 평생 겨우 40여 개 정도의 단어밖에는 배우지 못했습니다. 이 사례들은 뇌가 발달할 수 있는 중요한 시기를 놓치면 이후에 아무리 노력해도 회복되는 데 어려움이 있음을 보여줍니다.

　아기들은 매우 적극적인 학습자이기는 하지만 지루한 것을 참는 능력이나 싫은 것을 억지로 하는 능력이 없습니다. 아기들은 재미있다고 느껴질 때만 열심히 배우지요. 부모가 딱딱하게, 무섭게, 재미없게 자극을 제공하면 아기는 두려워하거나 짜증을 내거나 피하려고 들 것입니다. 그래서 부모는 아기와 함께 놀아야 합니다. 놀이라는 즐거운 방식으로 아기에게 필요한 자극을 제공하고, 생존을 위한 지식과 경험을 채워주어야 합니다. 놀이는 심심풀이 땅콩처럼 시간이 있을 때 한 번 하면 되는 하찮은 것이 아닙니다. <u>놀이는 아기가 이 세상을 살아가는 데 필요한 모든 것을 배우고 연습하는, 생존을 위한 학습과정입니다.</u>

　하지만 어떤 부모들은 아직 언어를 비롯해 매사 서툴고 미숙한 어린 아기들을 상대하는 것에 어려움과 피곤함을 느낍니다. "말이 통하지 않아서 못 놀겠네.", "좀 더 크면 재미있게 놀아줄텐데…"라는 변명은 아기와 놀아주지 않는 사람들이 자주 하는 말이기도 하지요. 아기들이 커서 말이 통하고 할 줄 아는 게 많아지면 부모가 아니더라도 놀이할 상대는 많아집니다. 아직 마땅한 놀이상대를 갖지 못했고, 사회성이 발달하지 않아 친구와 있어도 놀이를 지속하기 어려운 아기들에게 부모만한 놀이상대는 없습니다. 애착을 형성해야 하고 뇌 발달을 이루어야 하는 0~5세 사이의 아기는 아무도 놀아주지 않으면 정말 '아무것도 아닌' 존재가 되어버릴 수 있습니다.

대부분의 부모는 아기를 정말 사랑합니다. 배 속에 열 달 담고 있는 동안 아기에게 해가 될 것을 조심하고 좋은 부모가 되리라 굳은 다짐도 하지요. 태어날 아기를 위한 포근한 잠자리도 준비하고, 아기가 태어난 다음에는 질 좋은 먹거리를 준비합니다. 이제는 이와 더불어 어린 아기들을 위한 좋은 보호자와 자극 제공자가 되기 위한 놀이 방법에 대해서도 구체적으로 생각하고 실천으로 옮기는 노력도 해야 할 것입니다.

아기와 놀이할 때의 마음가짐

이제 아기와 함께 놀이할 준비가 되셨나요? 그럼 먼저 몸과 마음을 가볍게 이완시키는 것부터 시작하세요. 놀이를 정말 '놀이'답게 하려면 즐거워야 합니다. 즐겁지 않은 것은 놀이가 아니니까요. 앞서 말한 뇌 발달에 대한 진지한 이야기가 자꾸 신경 쓰인다면 그것 역시 잠시 내려놓으셔도 됩니다. 아기가 부모와 눈을 맞추고, 부모가 웃을 때 함께 웃으며 부모와 아이가 서로의 행동을 눈으로 쫓고 말과 행동으로 따라한다면 매우 즐겁고 훌륭한 놀이를 하고 있다는 뜻입니다. 이렇게 웃고 즐기는 사이에 부모와의 애착은 한층 깊어지고 아기의 뇌는 쑥쑥 자라고 있는 것입니다.

자, 이제 편안하게 아기와 즐거운 놀이를 할 준비가 되었다면 다음의 글도 읽어보세요. 아기와의 놀이를 더욱 더 즐겁게 만들어줄 것이며, 부모의 불필요한 불안도 줄일 수 있을 것입니다.

발달의 개인차

이 책에서 놀이를 소개하며 해당 놀이를 하기에 적절한 월령이나 발달수준을 함께 적어 두었습니다. 특정 발달능력을 갖춰야만 할 수 있는 놀이가 있고, 특정 시기에 집중적으로 하면 좋은 놀이들도 있어 평균적인 아기 발달 기준에 맞춰 월령을 제시한 것입니다. 하지만 너무 월령에만 매달리지는 마세요. 아기 발달에는 개인차가 많기 때문입니다. 앉지 못하는 아기가 길 수 없는 것처럼 발달에는 일정 순서와 방향이 있지만 발달 속도에는 개인차가 많습니다.

'걷기'만 살펴보더라도 어떤 아기는 9개월, 다른 아기는 15개월에 걷습니다. 겁이 많은 아기는 10개월에 붙잡고 일어섰지만 17개월이 되어서야 스스로 발을 떼고 걷기도 합니다. 만일 평균 발달보다 6개월 이상 뒤처졌다면 소아과를 방문하여 검진을 받는 것을 권해드리지만, 2~3개월의 지연 때문에 너무 스트레스를 받지는 마세요. 특정 영역의 발달이 느리다고 생각되면 응원과 함께 연습할 기회를 좀 더 많이 주면 됩니다.

아기들의 주의력과 기억력 수준

만일 아기들이 놀이할 만한 것을 보거나 듣지 않으면 놀이는 이루어질 수 없습니다. 따라서 아기와 놀이를 할 때는 관심을 끌기 위해 우스꽝스럽고 즐거운 표정과 소리를 내어야 합니다. 하지만 세 돌 이전 아기들의 주의력과 기억력은 매우 짧습니다. 아기들은 잠시 관심을 보였다가도 지루하거나 너무 오래 기다려야 한다면 혹은 너무 자극이 과하거나 자신의 발달수준을 초과하는 어려운 자극이면 고개를 돌리거나 눈을 감거나 도망가려 할 것입니다. 이때 아기를 억지로 붙잡지 마세요. 그것보다는 다음에 어떻게 더 재미있게 할까, 어떤 부분이 아기에게 지루하게, 어렵게 느껴졌을까를 연구해서 고치는

게 낫습니다.

아기들은 기억력도 좋은 편이 아니기 때문에 한 번 했다고 모든 걸 배우지는 못합니다. 새로운 것을 완전히 익히기 위해서는 꽤 오랫동안 반복해야 하지요. 아기와 놀이를 했다면 여러 차례 그 놀이를 반복하고, 시간이 흐른 후 다시 한 번 해보도록 하세요. 한 번 해본 거라 재미없다고 부모가 매번 새로운 놀이만 한다면 아기는 아무것도 배우지 못한 상태가 될 수도 있습니다.

우리 아기의 기질

아기들은 자기만의 독특한 성질을 갖고 태어납니다. '이런 아기는 열도 키우겠다'는 감탄을 자아낼 정도로 유순한 아기가 있는 반면 어떤 아기들은 부모를 긴장시키는 까칠함과 예민함을 갖고 있지요. 기질을 구성하는 여러 요소들이 어떻게 조합되었느냐에 따라 기질은 크게 3가지 유형, '까다로운 아이', '순한 아이', 그리고 '더딘 아이'로 나눕니다.

여기서 '더딘 아이'는 발달이 느리다는 뜻이 아니라 반응성이 더딘 것으로, 감정표현이 그리 많지 않고 적응하는 데 다소 시간이 걸리는 아이를 뜻합니다. '까다로운 아이' 기질도 적응하는 데 시간이 걸리는 편인데, 더딘 아이는 불편해도 크게 표현하지 않고 혼자 참아내려고 애쓰는 반면, 까다로운 아이는 조금만 불편하면 매우 강하게 표현을 한다는 차이가 있습니다. 이렇게 강하게 표현하면 부모는 아이의 욕구를 보다 빨리 알아차릴 수 있습니다. '우는 아이 젖 준다'는 속담처럼 아기가 심심하고 재미없으면 바로 칭얼대기 때문에 부모는 아기의 욕구를 충족시켜주기 위해 힘들어도 노력하게 됩니다. 이에 비해 환경 적응성이 좋거나, 무딘 기질로 인해 참을성이 좋은 '순한 아이'와 '더딘 아이'는 세심히 살피지 않으면 부모라고 해도 아기의 욕구를 충족시켜주지 못할 수도 있습니다. 놀아달라고 떼쓰지 않는다고 해서 놀이의 욕구가 없거나 놀아줄 필요가 없다는 뜻은 절대 아닙니다.

생활 놀이

어린 아기들의 놀이는 결코 거창한 것이 아닙니다. 굳이 비싼 장난감, 특별한 장소와 시설을 찾을 필요가 없습니다. 어린 아기들은 자신과 주변 사람들, 그리고 자신이 살고 있는 장소를 탐색하는 데도 아주 많은 시간을 필요로 합니다. 일상생활에서 동떨어진 것이 아닌 매일 보고 듣고 만지는 사물을 활용하고, 일상생활에서 발생하는 일들을 자연스럽게 놀이로 연결할 때 아기는 현실에서 사용할 수 있는 지식과 기술을 배울 수 있습니다.

부모님은 이 책에 적힌 대로만 놀이할 게 아니라 아기와 함께 지내면서 아기의 시선을 따라 아기가 관심 보이는 것을 주제 삼아 놀이해주세요. 아기가 '부채'에 관심을 보이면 아기에게 부채질을 하고 바람을 느끼게 해주며 "아휴, 시원해!", "이건 부채야, 부채!"라고 말도 건네고, 아기의 머리카락이나 휴지를 부채로 날려보기도 하고 부채 위에 물건을 올리고 나르는 놀이를 해볼 수도 있습니다. '마치 ~처럼', '이렇게도 저렇게도 해보는' 과정을 통해 새로운 발견과 학습이 이루어집니다. 창의성, 순발력, 융통성과 문제해결력은 이렇게 대본이 없는 놀이와 이야기에서 더욱 더 잘 발달된답니다.

우리 아기의 컨디션

0~5세의 어린 아기들은 여전히 생리적인 상태의 영향을 많이 받습니다. 잘 자고, 잘 먹고, 몸이 아프지 않을 때 가장 적극적으로 놀이합니다. 잠자는 사자의 코털을 건드리지

말아야 하는 것처럼 졸린 아기를 억지로 깨워 놀게 하지는 마세요. 졸리고 배고프고 아프며 피곤할 때는 편안함과 안식을 제공하는 것이 최우선이 되어야 합니다.

어린 아기들은 먹고 자는 것과 같은 생리적인 규칙성을 먼저 갖춰야 합니다. 이를 위해 부모는 아주 어렸을 때부터 수면과 식사주기를 안정적으로 만들기 위해 많은 노력을 해야만 하지요. 이러한 주기를 잘 정해 놓았지만, 잠들기 전에 격한 놀이를 하거나 에너지가 넘쳐 흐르는 낮 시간에 동영상을 보여주는 식의 자극을 주게 되면 다시 생리적 주기는 엉망진창이 되어 버릴 것입니다. 아기의 하루 일과를 잘 살펴서 언제, 어떻게 놀아주는 것이 좋은 지를 정하고 규칙적으로 놀아주는 것이 가장 좋습니다.

말과 행동이 함께 하는 시범

아기와 놀 때는 많이 말하고 부지런히 행동해야 합니다. 아기들은 0~15개월까지는 외부 자극을 감각과 운동자극을 통해 이해하고, 15개월 이후 말을 조금씩 시작한다 하더라도 여전히 모르는 단어가 많으며, 구체적이거나 추상적인 사고를 할 수 있는 능력이 없습니다. 이런 아기에게 "자, 그걸 들어올려서 오른쪽으로 돌리면 뚜껑이 열려!"라고 말로만 설명한다면 아기는 눈을 동그랗게 뜬 채 얼어있거나, 아니면 짜증을 내거나 다른 곳으로 가버릴 것입니다.

아기에게 새로운 것을 알려주거나 놀이할 때는 아기에게 말로 설명하면서 동시에 행동으로 시범을 보여주세요. 부모가 이렇게 할 때 아기는 자신의 대뇌피질에 있는 '거울 신경 세포'를 이용해 열심히 배우게 될 거예요. 다른 사람의 행동을 '거울처럼 반영한다'고 해서 이러한 이름이 붙었는데요, 다른 사람의 행동을 관찰하면서 마치 자신이 그 행동을 하는 것처럼 느끼게 하는 효과가 있습니다. 이 세포 덕에 아기는 부모가 하는 말과 행동을 보면서 언어와 동작을 배우고, 공감능력을 발달시킬 수 있게 됩니다. 이렇게 아기의 거울 신경 세포에서 보고 들을 만한 것을 많이 제공하면서 아기가 직접 말과 행동을 따라해보도록 격려한다면 더욱 좋겠지요.

chapter 1

0개월~12개월

0개월~12개월

우리 아이에게 어떤 눈부신 변화가 일어날까요?

오랜 기다림과 설렘 끝에 만나게 된 소중한 우리 아기, 당장 껴안고 눈을 마주치며 말을 나누고 싶지만 생후 2~3개월까지 아기는 자고 먹고 싸는 것만 하는 듯이 보입니다. 기질적으로 매우 유순한 아기를 둔 부모라면 통잠을 잘 수 없는 것 외에는 육아가 수월하게, 심지어 약간 심심하다고까지 느껴질 수도 있을 것입니다. 그럴 만도 한 것이 이 시기의 아기는 자신과 타인, 그리고 세상에 대한 인식이 없기 때문에 바깥 세상과 나를 구분하지 못합니다. 그래서 이 시기를 '정상적 자폐기'라고 부르기도 합니다.

비록 이 시기의 아기들이 바깥 세상을 인식하지는 못하지만 엄마 배 속에서부터 발달해온 감각 능력은 있기 때문에 자극이 주어지면 감각적으로 반응하는 것이 가능하며, 몇 가지 꽤 놀라운 반사능력을 발휘하기도 하지요. 신생아에게도 감각적으로 반응할 수 있는 자극을 제공하고 반사능력을 이용한 놀이를 하게 되면 바깥 세상에 대한 인식능력이 한층 빨리 발달될 수 있습니다.

생후 2, 3개월이 되면 아기는 바깥 세상의 존재를 인식하게 됩니다. 자신을 편안하게 돌봐주는 타인이 있다는 것도 알게 되며 상호작용이 늘어나게 되고, 자신을 둘러싼 세상을 이해하고 다루기 위한 노력을 향해 나아가게 됩니다. 그러면서 그야말로 '하루하루가 다르다'고 할 정도로 전력질주하듯 발달을 이루어나갑니다.

생후 1년간 아기는 옹알이를 시작하고 비록 첫 단어를 말하지는 못하더라도 꽤 많은 명사와 동사를 이해할 수 있을 정도의 언어발달을 이룹니다. 또한 부모의 표정을 살피고 기쁨, 분노, 슬픔, 두려움 등의 기본정서를 이해하는 정서 발달을 이루게 되며, 안고 기어가며 일어서서 걸음마를 시작할 수 있는 신체발달도 이루게 됩니다. 생애 첫 해 동안 이처럼 다방면의 획기적인 발달이 이루어지는데 그중에서도 신체발달은 인간의 전 생애를 통해 가장 극적이라 할 것입니다.

다양한 자극으로 아기의 발달을 이끌어주세요!

이토록 경이로운 성장발달을 보이는 생애 첫해, 부모는 다양한 자극을 제공하여 아기의 발달을 촉진시켜주어야 하지만 그 중에서도 특히 '애착과 감각 운동 통합' 발달에 집중해야 합니다. 앞서 발달에는 '결정적 시기'가 있다고 했는데, 바로 생애 첫 해인 영아기가 애착과 감각 운동 통합발달의 결정적 시기이기 때문입니다. 애착은 따뜻한 접촉을 통해 아기를 신체적, 심리적으로 안전하고 편안하게 해주며 아기의 발달수준에 적절한 자극을 제공할 때 가장 잘 발달되는 것입니다.

    감각 운동 통합은 아기의 오감을 자극해주어 각 감각을 더욱 더 발달시키는 것과 함께 이러한 감각 능력과 운동능력을 함께 통합하여 사용하는 것을 포함합니다. 하나하나 낱개로 있을 때보다 함께 뭉쳐서 작동할 때 발달은 더욱 촉진될 수 있습니다. 감각 운동 통합 능력이 갖춰줘야 아기는 옷 입기, 용변 처리하기, 운동화 끈 매기 등의 자조기술을 보다 수월히 익힐 수 있습니다. 또한 감각 운동 통합 능력은 학습과 순발력, 문제해결력과도 깊은 상관이 있습니다. 이제 즐거운 놀이를 통해 애착을 증진하고 감각 운동 통합 능력을 키워줍시다.

0개월~3개월

손가락 잡기

> 아기의 파악 반사를 이용해 부모의 손가락을 잡게 하며 부모와의 유대감을 높이는 놀이입니다.

★ 이 놀이가 가능한 월령 : 0 ~ 3개월

★ 준비물 : 없음

놀│이│방│법

- 누워 있는 아기의 손을 부드럽게 매만져준 후, 아기의 손바닥이 위를 보게 합니다.

  "와, 지수 손이 정말 부드럽구나! 어디 우리 지수 손바닥도 볼까?!"

- 펼쳐진 아기의 손바닥 가운데에 부모의 손가락을 올립니다.

  "이건 엄마 손가락이야! 우리 지수 손이랑 엄마 손이 만났네."

- 아기의 손바닥 가운데를 부모의 손가락으로 가볍게 눌러줍니다.

  "지수야, 우리 손가락 악수하자! 엄마 손가락을 잡아보렴!"
  "우리 지수 손이 폭신폭신하네!"

- 아기가 부모의 손가락을 움켜쥐면 손가락을 살짝 위로 당기거나 옆으로 흔들어줍니다.

  "와, 지수가 엄마의 손가락을 잡았구나!"
  "우리 지수 손가락이 위로 아래로, 옆으로 왔다 갔다 해요."

- 아기와 눈을 맞추고 이름을 부드럽게 부르면서 아기의 행동을 말해줍니다.

  "와, 엄마를 잘 잡았구나! 우리 지수, 힘이 세네! 영차영차!"

놀이할 때 주의사항 & 응용

- 신생아는 대부분의 시간을 잠을 자며 보내요. 아기가 깨어 있을 때 놀아주세요.
- 신생아에게는 쥐기(파악) 반사 능력이 있어서 손바닥에 닿은 작은 물체를 꽉 쥘 수 있는데, 이때의 힘이 상당히 강력해서 경우에 따라 자신의 몸무게를 잠시 지탱하

면서 매달릴 수 있을 정도랍니다. 하지만 개인차가 있으므로 아기의 잡기 능력을 시험하기 위해 아기를 너무 높이 들어올리거나 아기가 잘 매달려 있다고 재미삼아 들어올리는 행동을 하지 말아야 합니다. 생후 3, 4개월이 되면 이 선천적인 잡기 반사 능력은 사라진다는 점도 꼭 기억하세요.

- 손가락 외에도 손수건이나 아이가 잡을 만한 물건들로 가볍게 잡아당기고 미는 놀이를 할 수 있어요.
- 동요를 부르며 동요리듬에 맞춰 아기가 잡은 손가락을 이리저리 춤추듯 움직여보는 것도 좋습니다.
- 신생아기에는 빨기 반사도 활발하게 진행되므로 아기 주변에 부드럽고 빨아도 될 만한 물건들을 놓아두는 것도 좋습니다.

 이 놀이의 발달 효과 _ #쥐기 반사 #안전감 #감각 운동

- 아기의 쥐기 반사는 빨기 반사와 더불어 생존에 필요한 반사능력으로 알려져 있어요. 엄마의 젖을 빨고 아빠의 손가락을 움켜쥘 때 아기와 부모는 서로 연결되어 있다는 유대감을 형성하게 되며, 이러한 유대감은 부모에게는 책임감을, 아기에게는 안전감을 줍니다.
- 신생아는 자신에게 주어진 자극에 반응하고 이를 기억하고 배울 수 있습니다. 신생아 시기에는 오직 감각 운동적 경험으로만 학습하므로, 다양한 감각적 자극을 주는 것이 매우 중요합니다.

0개월~3개월

그래, 바로 그 책이야!

수유할 때마다 동화책을 읽어주어 안정감과 부모와의 유대감을 느끼게 해주는 놀이입니다.

★ 이 놀이가 가능한 월령 : 0~3개월
★ 준비물 : 동화책

놀|이|방|법

- 아기에게 읽어줄 동화책을 한 권 고릅니다.
    "지수야, 엄마가 이 동화책 읽어줄게. 먹으면서 들으렴!"
    "오늘은 우리 지수에게 어떤 동화책을 읽어줄까?"
- 편안하게 아기를 안고 수유하며 정해놓은 동화책을 소리 내어 읽어줍니다.
    "지수야, 〈곰돌이 푸〉야! 전에도 엄마가 이 책 읽어주었지?!"
    "오늘도 곰돌이 푸가 지수를 만나러 왔네!"
- 동화책을 읽어주며 중간중간 아기를 부드럽게 쓰다듬거나 눈을 마주치며 미소지어줍니다.
    "지수가 엄마가 읽어주는 소리를 들었어~"
    "우리 예쁜 지수, 엄마랑 눈이 마주쳤네!"

 놀이할 때 주의사항 & 응용

- 아기가 저녁잠을 잘 때에 특정 동화책을 읽어주는 것도 좋습니다. 이렇게 하다 보면 특정 동화책을 읽어주는 것이 저녁잠의 신호라고 느끼며 자연스럽게 잠자리 의식으로 이어질 수 있어요.
- 아기가 엄마 배 속에 있을 때 자주 들려주었던 동화를 들려주면 더욱 좋습니다. 아기들이 출생 전에 들었던 동화를 기억해 반응한다는 연구결과도 있습니다.
- 보호자의 목소리로 직접 읽어주는 것이 가장 좋습니다. 오디오북을 틀어주기보다

는 생생한 목소리로 동화를 들려주세요.
- 노래를 불러주거나 이야기를 지어서 들려주는 것도 참 좋습니다.

 이 놀이의 발달 효과 _ #청각 #유대감 형성

- 어린 아기에게 가장 필요한 것은 일관되고 예측 가능한 환경입니다. 너무 잦은 환경변화를 겪으면 불쾌감과 불안감을 느낄 수 있어요. 수유하는 시간은 환경과 상호작용하는 가장 대표적인 시간이라고 할 수 있어요. 이 시간 동안 아기가 편안하고 안정감을 느낄 수 있게 친숙한 목소리로 익숙한 동화를 읽어주세요.
- 아기에게 친숙한 동화구절을 들려주었을 때 심장박동 수에 변화가 오며 젖을 더 빠르게, 그리고 세게 빤다고 해요.
- 아기는 청각이 어느 정도 발달한 상태로 태어납니다. 신생아도 소리 나는 방향으로 고개를 돌리며 특히 말소리에 민감하게 반응하는데, 그중에서도 엄마 목소리에 보다 특별히 반응한다고 알려져 있습니다. 엄마의 목소리를 자주 들려주는 것은 아기의 청각 발달뿐 아니라 유대감 형성에도 도움이 됩니다.

0개월~3개월

온몸으로 사랑해

아기와의 신체적, 언어적 접촉을 통해 안전감을 제공하고 애착을 강화시키는 놀이입니다.

★ 이 놀이가 가능한 월령 : 0개월 ~

★ 준비물 : 없음

놀|이|방|법

- 아기가 부모의 냄새, 숨소리, 심장박동을 느낄 수 있도록 가슴 가까이 안고 부드럽게 등을 토닥입니다.
  "토닥토닥 우리 지수, 아빠란다. 만나서 반가워!"
- 아기의 몸을 안전하게 손으로 받쳐주면서 부모와 마주 보는 자세로 고쳐 안습니다.
  "우리 예쁜 아기, 엄마가 보이니? 엄마는 우리 지수가 아주 잘 보인단다."
- 가볍고 부드러운 손길로 아기의 뺨과 콧잔등, 손과 발을 어루만져주거나, 아기의 머리와 손등에 입맞춤을 합니다.
  "우리 지수의 예쁜 손, 귀여운 발, 지수의 뺨은 부드러워!"
  "우리 지수에게는 아주 좋은 냄새가 나는구나!"
- 아기의 이름을 부드럽게 부르며 사랑을 고백합니다.
  "사랑스러운 우리 아기! 지수야! 사랑해!"

놀이할 때 주의사항 & 응용

- 이 시기의 아기들은 아직 목을 가누지 못하고 자신의 신체를 조절할 수 있는 능력이 없으므로 아기의 신체를 안전하게 받쳐주며 안아야 합니다.
- 임신했을 때 아빠가 동화책을 읽어주거나 말을 걸며 태교했다면 엄마가 아기를 안고 아빠가 이야기를 들려주거나 아기에게 말을 걸어도 좋습니다.

- 아기가 졸려할 때, 자고 있을 때는 하지 마세요. 아기가 피곤할 때 상호작용을 시도하게 되면 불쾌감을 느낄 수 있습니다.
- 감각적으로 예민한 아기는 보호자의 차가운 손, 입술의 거친 감촉, 큰 소리에 놀라고 불쾌감을 느껴 울 수 있습니다. 상대적으로 둔감한 아이는 크게 불편 표현을 하지 않겠지만 그렇다고 해서 괜찮은 것은 결코 아닙니다. 보호자는 아기를 안아줄 때 아이가 생리적인 불편과 불쾌감을 느끼지 않도록 배려해야 합니다.

 이 놀이의 발달 효과 _ #안전감 #애착 강화 #언어발달

- 아기는 엄마 배 속에 있을 때부터 엄마의 심장소리를 자장가처럼 들었습니다. 아기에게 엄마의 심장박동소리를 들려주는 것은 계속 연결되었다는 안전감을 줍니다.
- 아기는 감각을 통해 세상과 접촉하고 상호작용합니다. 촉각이 가장 빨리 발달하고 청각, 후각, 미각이 뒤를 이어 발달하며 시각이 가장 늦게 완성됩니다. 아기에게 말을 걸고 냄새를 맡게 하고, 부드럽게 쓰다듬어주며 보호자는 기분 좋은 감각을 선사하는 좋은 존재임을 경험시켜주세요.
- 엄마가 아기를 가슴에 안으면 자연스럽게 아기의 머리 냄새를 맡게 됩니다. 아기의 머리에서는 페로몬이 나오는 것으로 알려져 있습니다. 페로몬은 같은 종의 개체 사이에 전달되어 특정 행동에 영향을 미치는 화학물질로, 유대감 전문가인 로런스 애버Lawrence Aber 박사에 따르면 우리는 아기들의 머리에서 나오는 페로몬을 들이마실 때 사랑에 빠지고, 보호하고 싶은 마음이 든다고 해요.
- 아기들은 선천적으로 언어를 습득하는 능력을 가지고 있습니다. 신생아에게도 자주 말을 걸고 들려주면 언어발달이 촉진됩니다.

0개월~3개월

마주보고 말해요!

엄마, 아빠의 얼굴을 쳐다보고 만지고 목소리를 들으면서 감각 발달과 사회적 상호작용을 촉진하는 놀이입니다.

★ 이 놀이가 가능한 월령 : 0 ~ 12개월
★ 준비물 : 없음

놀|이|방|법

- 아기를 부모와 마주보게 안습니다.

  "지수야, 엄마야! 엄마가 안아줄게!"

- 아기와 눈을 맞추며 부드럽고 활기찬 목소리로 아기에게 말을 겁니다.

  "우리 지수, 잘 잤어요?"
  "자고 일어났더니 기분이 좋아요?"

- 아기가 부모를 쳐다보면 부모는 얼굴을 움직여 아기가 부모의 얼굴을 눈으로 쫓는지 살펴봅니다. 만일 아기가 보지 않으면 부드럽게 아기의 이름을 부르며 아기의 손을 들어 부모의 얼굴을 만지도록 합니다.

  "지수가 엄마를 보네! 엄마가 어디 갔나?"
  "지수야, 엄마가 이쪽으로 갔네! 다시 요쪽으로! 와, 지수가 엄마를 잘 찾는구나!"

- 아기가 손을 뻗어 부모의 얼굴을 만지는 것을 허락하고, 얼굴 부위에 대해 말해줍니다.

  "우리 지수가 엄마 코를 만졌어! 그건 엄마 코!"
  "하하, 아빠 입이 궁금했어! 입이야, 입!"

 ### 놀이할 때 주의사항 & 응용

- 아기는 소리 나는 쪽으로 손을 뻗어 만지고 싶어해요. 귀걸이 등 액세서리를 제거한 깨끗한 맨얼굴이 안전해요.

- 아기에게 말을 걸 때는 아기 눈을 똑바로 보고 직접 말해주세요. 다른 곳을 보고 말하거나 녹음기를 틀면 아기는 당황해요. 부모의 목소리가 부모의 입을 통해 나올 때 아기의 부모에 대한 인식이 발달합니다.
- 보호자도 부드럽게 아기의 얼굴을 매만지며, 신체부위에 대해 말해주세요.

 이 놀이의 발달 효과 _ #사회적 상호작용 #감각 통합발달 #부모 인식

- 시각은 가장 늦게 발달하는 감각입니다. 그래도 아기들은 다른 형태보다 사람의 얼굴 모양이나 얼굴과 비슷하게 생긴 형태에 관심을 갖고 자극을 눈과 손으로 추적하고자 합니다. 아기의 이런 반응은 아기가 자신을 돌봐주는 사람과 친해지게 함으로써 사회적 상호작용을 촉진시키는 효과가 있습니다.
- 아기와 마주보고 소리를 들려주는 것을 통해 아기의 시각과 청각의 통합 발달을 촉진시킬 수 있습니다. 듣고 보는 것을 통해 정보를 통합할 수 있는 능력을 갖추게 되는 것입니다.
- 이 놀이는 아기가 부모를 좀 더 빨리 인식하게 해주는 데 도움이 됩니다. 신생아가 부모 얼굴을 알아보게 하려면 목소리와 얼굴에 모두 익숙해져야 한다는 연구결과가 있습니다. 목소리만 듣거나, 얼굴만 보는 것으로는 부모를 알아보는 데 한계가 있어요.

0개월~3개월

천의 얼굴

다양한 얼굴 표정을 만들어 아기에게 보여주며 아기와 부모가 교감을 나누는 놀이입니다.

★ 이 놀이가 가능한 월령 : 0 ~ 3개월
★ 준비물 : 없음

놀|이|방|법

- 깨어 있는 아기를 부모와 마주보게 안아줍니다. 혹은 누워 있는 아기 얼굴 가까이 다가갑니다.

  "안녕, 우리 지수! 엄마가 안아줄게!"
  "안녕, 지수야! 엄마가 왔네!"

- 재미있는 소리를 내어 아기가 보호자의 얼굴을 보게 한 다음, 혀 내밀기, 입 벌리기, 입을 크게 벌렸다 다물기, 입술 내밀기, 크게 미소 짓기 등 다양한 표정을 지어봅니다.

  "지수야, 아빠 얼굴을 보렴! 그리고 따라해 봐! 메롱, 메롱"
  "이번엔 엄마가 입을 크게 벌릴 거야, 아!"

- 아기가 부모의 표정을 따라하면 크게 기뻐하면서 부모도 아기의 표정을 따라합니다.

  "와, 지수도 엄마처럼 메롱 했어! 그럼 엄마도 메롱! 메롱! 하하하!"

 놀이할 때 주의사항 & 응용

- 아기가 흥미 없어 하며 자꾸 다른 곳을 본다면 놀이를 멈추세요.
- 너무 빨리, 동시에 여러 가지를 연달아 보여주면 아기는 혼란스러워한답니다. 아기는 아직 시각이 미숙해요. 표정을 천천히, 반복적으로 보여주세요.
- 멀리 떨어져 있거나 작게 움직이면 아기는 볼 수 없답니다. 30센티미터 이내에서 표정을 지어주시고, 조금 과장되게 표현하세요.

이 놀이의 발달 효과 _ #애착 #시각 발달

- 아기는 생후 7일 정도부터 성인의 얼굴 표정 몇 가지를 모방할 수 있습니다. 이러한 모방은 생후 3, 4개월이 되면 줄어들기 때문에 신생아기에 보이는 모방을 일종의 반사행동으로 보기도 합니다.
- 아기의 얼굴 표정 모방이 반사행동이라 할지라도 부모의 얼굴 표정을 따라하는 아기의 모습은 부모의 마음을 따뜻하게 하고, 애착관계를 돈독하게 만들어요.
- 아기가 보호자의 얼굴과 표정을 자주 보게 되면 보호자에 대한 인식이 증가하고, 시각 발달도 촉진됩니다.

0개월~3개월

손수건을 잡아라!

아기에게 손수건을 보여주고 움직여 눈으로 쫓고 잡게 함으로써 시각 발달을 촉진시키는 놀이입니다.

★ 이 놀이가 가능한 월령 : 0~3개월

★ 준비물 : 흑백처럼 명암이 분명한 색채와 모양이 있는 손수건

놀|이|방|법

- 명암과 대비가 분명한 색으로 복잡하지 않은 모양이 그려진 손수건을 준비합니다. 누워 있거나 안겨 있는 아기의 눈앞에 손수건의 그림이 보이도록 펼칩니다.

    "짜잔! 여기를 보세요! 손수건이 있습니다!"

- 아기가 손수건의 그림에 초점을 맞추면 그림에 대해 간단히 말해줍니다.

    "이건 동그라미! 동그라미! 동그랗네! 지수가 동그라미를 보고 있구나!"
    "회오리! 꼬불꼬불 회오리!"

- 손수건을 위, 아래, 옆으로 움직이며 아기가 눈으로 계속 쫓는지 확인합니다.

    "어? 동그라미가 움직이네?! 동그라미가 이쪽으로 뿅!"

- 아기가 손을 뻗어 손수건을 잡으려 하면 손수건을 잡을 수 있게 합니다.

    "아~ 지수가 손수건 만지고 싶었어! 손수건을 잡았네!"
    "어구, 우리 지수, 힘이 세네! 손수건이 지수한테 갔어요."

 놀이할 때 주의사항 & 응용

- 손수건 대신 흑백 모빌을 이용해도 좋아요. 이 시기 아기의 시력은 매우 좋지 않기 때문에 멀리 떨어져 있는 것은 볼 수 없으므로 모빌을 달거나 아기와 손수건 놀이를 할 때에는 20~30센티미터 이내에서 합니다.
- 생후 2~3개월이 되면 아기들도 모든 색상을 구별할 수 있지만, 그전에는 청, 녹, 황

색과 흰색을 구별하지 못합니다. 너무 복잡한 모양도 지각하지 못해요. 3개월 이전의 아기에게 너무 다양한 색채와 정교한 그림의 자극은 피해주세요. 흑백이나 빨강-하양, 파랑-노랑처럼 명암과 색의 대비가 분명한 자극이 좋습니다.
- 아무런 형태도 없는 단색의 자극을 보여주는 것도 좋지 않습니다. 신생아가 관심을 보이는 얼굴 모양이나 명암 차이가 분명하면서 적당히 복잡한 도형 모양이 가장 좋습니다.
- 이 시기의 아기들은 잡히는 것은 모두 입으로 가져가 빨아요. 깨끗한 손수건을 준비해주세요.

 이 놀이의 발달 효과 _ #시각 #뇌 발달 #상호작용

- 생후 4~10주 이전에 시각 자극이 주어지지 않으면 뇌의 시각을 담당하는 부분이 발달하지 못해 눈에 들어오는 이미지를 지각하지 못합니다. 이 놀이를 통해 아이의 시각을 관장하는 뇌 발달을 촉진시킬 수 있습니다.
- 아기가 자신의 눈으로 세상을 탐색할 때, 특히 움직이는 대상을 눈으로 추적하는 경험을 할 때 시각적 예민성이 가장 잘 발달됩니다.
- 보호자가 제시하는 자극에 아기가 반응하는 놀이활동을 통해 상호작용의 기초를 쌓아갑니다.

0개월~3개월

자전거 놀이

자전거를 타듯 아기의 발을 움직여주며 신체발달을 촉진시켜주는 놀이입니다.

★ 이 놀이가 가능한 월령 : 0 ~ 5개월

★ 준비물 : 없음

놀|이|방|법

- 깨어있는 아기의 겨드랑이 아래를 받치고 아기의 발바닥이 평평한 바닥에 닿게 들어올립니다.

    "지수야, 한번 일어나 볼까?!"
    "엄마가 도와줄게. 영차! 일어섰다!"

- 아기가 걷는 것처럼 발을 번갈아 떼는 동작을 할 때 칭찬해줍니다.

    "하나 둘 셋 넷, 하나 둘 셋 넷! 지수가 정말 잘 걷는구나!"

- 아기를 바닥에 눕히고 아기의 발을 잡고 자전거를 타듯 교차시키며 움직여줍니다. 이때 "따르릉" 노래를 불러주거나 "오른발, 왼발"과 같은 구령을 불러줍니다.

    "자전거를 탑시다! 따르릉 따르릉 비켜나세요, 우리 지수 나갑니다, 따르르릉!"
    "자~ 자전거 출발! 왼발, 오른발, 하나 둘 셋 넷!"

- 자전거 타기가 끝나면 아기의 허벅지와 다리를 마사지해주고 아기의 발바닥끼리 박수를 치며 마무리합니다.

    "엄마가 다리 시원하게 쭉쭉이 해줄게! 쭈~욱, 쭉 쭉!"
    "이번에 발짜꿍 해볼까요? 짝짜꿍짝짜꿍! 와, 우리 지수는 발로도 박수를 잘 치네!"

놀이할 때 주의사항 & 응용

- 평평한 바닥에 발바닥이 닿으면 걷는 것처럼 움직이는 동작은 신생아 반사 중 하나인 '걷기 반사'로 출생 직후부터 나타나는 반사반응입니다. 생후 4개월 이전에는 목 가누기가 어렵기 때문에 아기를 일으켜 세울 때 목을 잘 잡아주어야 합니다.
- 아기를 세우는 게 겁난다면 누워 있는 아기의 발바닥에 엄마의 손바닥을 밀착시킨 후 자전거를 타듯 움직여줄 수 있습니다.
- 엄마의 노래나 구령의 속도를 조절하면서 이에 맞춰 아기의 다리를 천천히 혹은 빨리 움직여주면 더욱 재밌습니다.
- 아기 다리에 쭉쭉이를 할 때 다리를 너무 세게, 많이 당기면 등이 휘어질 수 있으니 주의하세요.

 이 놀이의 발달 효과 _ #하체 근력 #소화 촉진

- 하루 종일 누워 있는 신생아가 몸을 움직이는 시간입니다. 몸을 일으켜 세움으로써 척추를 곧게 하고, 다리를 구부렸다 폈다 하면서 하체 근력과 무릎관절을 발달시킬 수 있습니다.
- 하체 운동은 복부를 자극시켜 배의 근육을 튼튼하게 하고 소화를 촉진시킵니다. 소화가 잘되면 자연히 먹는 것도 좋아지며 성장발달이 촉진됩니다.
- 발바닥을 서로 부딪치며 발짜꿍을 하는 행동은 엉덩이와 다리를 연결하는 고관절과 무릎관절을 유연하게 만들어줍니다.
- 걷기나 자전거 타기 같은 행동을 지속적으로 연습하면 또래보다 빠르게 자발적 걷기를 할 수 있어요.

0개월~3개월

머리부터 발끝까지 조물조물 마사지

아기의 머리, 몸통, 그리고 팔과 다리까지 부드럽게 만져주며 신경을 자극해 발달을 촉진하고 부모와의 유대감을 강화시키는 놀이입니다.

★ 이 놀이가 가능한 월령 : 0 ~ 12개월

★ 준비물 : 오일 또는 로션, 이불이나 매트

놀|이|방|법

- 아기 몸에 부모의 손을 가볍게 올리는 것으로 접촉을 시작합니다.

    "지수야, 엄마가 마사지 해줄게! 조물조물 재미있고 시원한 마사지!"

- 가장 거부감이 덜한 다리부터 마사지를 시작합니다.

    1. 한 손으로 아기의 발목을 부드럽게 잡고 다른 손으로 아기의 허벅지 윗부분을 감싼 후 발목까지 쓰다듬으며 내려가기를 3~4회 반복합니다.

    "지수 다리 쭉쭉, 시원하지?"

    2. 양손으로 아기 허벅지의 가장 두꺼운 부분을 감싸 잡은 후, 빨래를 짤 때처럼 왔다갔다 비틀어주며 발목까지 내려갑니다.

    "이번엔 우리 지수 다리를 요리조리 꾹꾹!"

- 아기를 가슴에 꼭 안고서 부모의 손바닥이 아기 몸에서 떨어지지 않도록 밀착시킨 후 아기의 목에서부터 엉덩이까지 물결 모양으로 쓸어내리기를 3~4회 반복합니다.

    "우리 지수, 등을 부드럽게~ 토닥토닥, 쓰윽쓰윽"
    "이번엔 지수 엉덩이, 아이 부드러워. 말랑말랑, 엄마가 조물조물!"

- 아기를 바닥에 내려놓고 머리부터 발끝까지, 부드럽게 마사지 해줍니다.

    1. 머리 : 두 손으로 아기 머리 윗부분 전체를 감싼 후, 아기 이마 가운데를 양쪽 엄지손가락으로 가볍게 누르며 머리 위쪽으로 밀어 올려줍니다.

    "아이, 시원해! 엄마가 지수 머리를 꼭~꼭~"

    2. 배 : 두 손을 펴서 아기 배꼽 위에 올린 후 두 손을 번갈아가며 윗배에서 아랫배로 부드럽게 쓸어내립니다.

    "우리 아기 통통한 배, 부드럽게 만져줘요!"

3. 팔 : 아기의 겨드랑이에서부터 팔목까지 쭉쭉 쓸어내립니다.

"우리 아기 팔을 쭉쭉!"

4. 손가락 : 아기 손목을 살짝 감싸 쥔 후 엄마의 엄지손가락으로 아기의 손바닥에서부터 손끝까지 손가락이 뒤로 살짝 젖혀질 정도로 밀어 올려줍니다.

"아이, 귀여워! 손가락도 쭈욱 쭈욱!"

5. 발 : 양손으로 아기의 발목을 감싸 쥔 후 엄지손가락으로 아기의 발뒤꿈치부터 발가락 방향으로 꾹꾹 눌러줍니다. 반대로 발가락에서부터 발목까지 발등 쪽을 쓰다듬어줍니다.

"발바닥을 꾸욱 꾸욱, 발등을 쓰윽 쓰윽!"

6. 발가락 : 엄지와 검지 사이에 아기의 발가락을 넣고 살짝 짜듯이 누르면서 돌려줍니다.

"발가락을 시원하게, 꾹꾹 눌러줍니다. 새끼발가락도 꾸욱 꾸욱!"

 놀이할 때 주의사항 & 응용

- 마사지는 따뜻한 실내에서 해야 합니다. 아기는 맨몸으로 마사지를 받아야 하기 때문에 실내온도는 23~24도 정도가 적당해요. 엄마의 손도 따뜻해야 해요.
- 에어컨, 선풍기, 직사광선에 아기가 직접적으로 노출되지 않도록 조심하세요.
- 마사지를 받는 동안 피부가 건조해지지 않도록, 접촉으로 인해 피부가 쓸리지 않도록 오일이나 로션을 발라주세요.
- 먹인 후 1시간 이내에는 마사지를 하지 않는 게 좋아요. 목욕 후 잠자기 전에 마사지를 해주면 숙면에 도움이 됩니다.
- 너무 빠르지 않은 음악에 맞춰 리듬감 있게 마사지를 해주면 더욱 즐거운 경험이 됩니다. 직접 노래를 불러주거나 동화를 들려주는 것도 참 좋아요. 엄마의 노래나 이야기에 맞추어 아빠가 마사지를 해주거나 반대로 해봐도 좋습니다.

이 놀이의 발달 효과 _ #면역력 #혈액순환 #소화 #숙면 #애착

- 마사지는 아기의 신진대사를 원활하게 해주며, 면역기능을 담당하는 림프관에 영향을 줘서 면역력도 높여줍니다. 또한 혈액순환을 촉진시켜 노폐물 배설과 소화를 돕고, 세로토닌 호르몬을 생성해 숙면에 도움을 줍니다.
- 접촉경험은 아기의 주변 환경에 대한 반응성을 높여주며 발달을 촉진시킵니다. 인큐베이터에 있는 미숙아를 주기적으로 쓰다듬고 마사지를 하면 발달이 호전된다는 연구결과가 있으며, 접촉경험은 모든 아기에게 도움이 됩니다.
- 접촉은 스트레스 수준을 낮추고 진정시키는 효과가 있으며, 아기의 신경 활동을 활발하게 만들어줍니다.
- 마사지와 같은 신체접촉을 통해 아기는 주변 사람에게 더욱 밀착되며, 아기와 접촉하는 보호자 역시 한층 아기와 가까워진 것 같은 경험을 하면서 애착이 보다 돈독해집니다.

3개월~6개월

하나, 둘, 셋, 아기 체조 시~작!

아기의 팔과 다리를 쭉쭉 펴주고, 일으켜 세워 직립 자세를 취하며 근육성장과 기기나 걷기 등 운동발달을 촉진시켜주는 놀이입니다.

★ 이 놀이가 가능한 월령 : 3 ~ 12개월

★ 준비물 : 없음

놀|이|방|법

- 흥겨운 음악을 틀고 아기 체조를 할 준비를 합니다.

    "자, 엄마랑 튼튼 쑥쑥 체조하자!"

- 팔 운동부터 시작합니다.

    1. 누워 있는 아기의 두 손을 잡고 팔을 쭉 펴준 다음 옆으로 벌렸다가 가슴 위로 모아줍니다.

    "앞으로 나란히! 팔을 쭉쭉 펴요!"

    2. 아기의 두 팔을 세웠다가 내리면서 가위 모양으로 엇갈리게도 합니다. 아기의 두 팔을 교대로 아기의 머리맡 쪽으로 올리고 내립니다.

    "자, 팔 운동 시~작! 하나 둘 하나 둘, 옳지! 우리 지수 잘하네!"

- 다리 운동을 합니다.

    1. 부모가 누운 아기의 아래쪽에 앉아서 아기의 한쪽 발목을 잡아 다리를 굽혀 가슴까지 올려주고 다른 다리는 바닥에 쫙 펴주는 동작을 좌우 번갈아 합니다.

    "이번엔 다리 운동! 영차영차, 위아래, 위아래, 이쪽저쪽!"

    2. 아기의 다리를 쭉 편 상태에서 좌우로 벌리고 오므리기를 몇 차례 반복합니다.

    "다리를 벌렸다, 오므렸다. 다시 해볼까?"

- 몸 운동을 할 차례입니다.

    1. 누워 있는 아기의 등을 양손으로 받치고 조금씩 들어올립니다.

    "엄마가 지수를 위로 올려줍니다. 올라간다, 올라간다!"

    2. 아기를 엎드리게 하고 아기의 배를 양손으로 받치고 들어올립니다.

    "이번엔 반대로, 와, 우리 지수 얼굴 보이네!"

3. 아기를 똑바로 눕히고 아기가 자신의 양손으로 발목을 잡게 한 뒤 몸을 좌우로 살짝 굴려 줍니다.

"하하, 우리 지수 흔들흔들 하네!"

4. 부모가 두 다리를 뻗고 앉아서 다리 위에 아기의 머리가 부모의 발쪽으로 향하도록 눕힌 다음 아기의 두 손을 잡아당겨 상체를 일으켜 세웠다 눕혔다 반복합니다.

"이번엔 윗몸 일으키기! 영차영차 우리 지수 힘내라!"

- 아기의 양쪽 겨드랑이를 잡고 일으켜 세워 주변을 둘러보게 한 후 안아주며 마무리 합니다.

"이번엔 우리 지수, 서울 구경 해볼까? 와, 여기가 어디지? 여긴 바로 바로 우리 지수가 살고 있는 집이지! 저기 지수 침대가 있네!"
"자, 서울 구경 잘했어요! 체조도 아주아주 잘했어요! 수고했어요!"

 놀이할 때 주의사항 & 응용

- 아직 목을 완전히 가누지 못하는 3~4개월 이전의 아기를 들어올릴 때는 머리의 끝부분이 바닥에 닿을 정도로만 들어올려줍니다.
- 6개월 이전 아기의 직립자세는 1분 이내로 합니다. 아직 허리 힘이 부족한 아기의 등근육과 척추에 부담을 줄 수 있습니다.
- 아기 체조는 옷을 입지 않은 상태에서 하는 게 좋습니다. 아기가 춥지 않도록 실내 온도를 조절하세요. 옷을 갈아입히거나 기저귀를 가는 시간을 활용하면 더욱 좋습니다.
- 아기 체조는 아기의 기분이 좋을 때 음악을 들으며 리듬에 맞춰 각 체조 동작을 2~3회씩 하는 방법이 가장 좋습니다.

이 놀이의 발달 효과 _ #근육 성장 #운동 기술 #사물인지 #애착

- 아기의 사지를 펴주고 똑바로 서는 직립자세를 취하게 하면 아기의 목, 몸통, 다리가 강해지고, 근육성장이 가속화됩니다. 또한 서기와 걷기 등의 운동기술이 좋아져요.
- 3개월이 지난 아기의 몸을 똑바로 세워주면 호기심이 가득한 눈으로 주변을 두리번거리며 살피는 모습을 볼 수 있습니다. 키가 커진 만큼 시야가 넓어진 것이지요. 주변에 대한 호기심은 아기로 하여금 관심이 있는 사물로 다가가 잡고 탐색하게 만들어 사물인지와 조작 능력의 발달을 이끕니다.
- 아기와 보호자가 마주보며 친밀한 신체적 접촉을 할 때 애착이 더 깊어집니다.

3개월~6개월

잡고 말 거야!

주변에 흥미로운 물건들을 놓고 아기가 팔다리를 움직이고 손을 뻗어 잡게 하여 운동발달을 촉진하는 놀이입니다.

★ 이 놀이가 가능한 월령 : 3~4개월
★ 준비물 : 아기의 흥미를 끌 수 있는 물건들, 장난감

놀|이|방|법

- 아기를 엎드리게 한 후 아기가 손을 뻗으면 닿을 수 있는 거리에 장난감을 놓아둡니다.

    "어머, 지수야, 이게 뭐지? 여기에 곰 인형이 있네!"
    "지수야, 곰 인형을 잡아보자!"

- 아기가 손을 뻗어 잡으려고 애를 쓰면 응원해줍니다.

    "영차, 영차, 지수야! 힘 내! 조금만 더!"

- 아기가 장난감을 잡으면 함께 기뻐해주고 칭찬해줍니다.

    "와, 짝짝짝(박수)! 지수가 곰 인형을 잡았구나! 멋지다!"

- 엎드린 아기의 눈앞에서 작은 공을 천천히 굴리며 잡게 합니다.

    "어, 어, 공이 굴러가네! 지수야! 굴러가는 빨간 공을 어서 잡아!"
    "공이 떼구르르 굴러갑니다! 지수가 팔을 쭈~욱, 옳지! 잘 잡았어!"

- 아기를 편히 눕힌 후, 아기가 잡은 장난감들을 손에 놓아주어 잡고 쥘 수 있도록 합니다.

    "이 곰 인형은 아까 지수가 잡은 거야! 와, 말랑말랑하구나!"
    "지수가 빨간 공을 꽉 쥐었네! 털로 만든 공이라서 부드럽네!"

놀이할 때 주의사항 & 응용

- 엎드렸을 때 전혀 고개를 들지 못하는 아기는 할 수 없는 놀이입니다.
- 목 가누기가 서툰 아기라면 아기 얼굴 옆으로 흥미를 끌 만한 물건들을 놓아도 됩니다. 먼저 아기에게 물건들을 보여주며 주의를 끈 다음 얼굴 옆에 놓으면 아기는 이를 보기 위해 고개를 돌립니다.
- 엎드린 아기 앞에 손을 뻗으면 닿을 거리에 블록으로 탑을 쌓고, 아기가 손으로 쳐서 무너뜨릴 수 있게 합니다. 블록이 굴러가도 다칠 염려가 없도록 가볍고 말랑말랑한 스펀지 재질의 블록을 사용합니다.
- 아기들은 손에 잡힌 물건을 입으로 가져가 빨면서 탐색합니다. 빨아도 괜찮은 안전한 물건들로 준비해주세요.

 이 놀이의 발달 효과 _ #신체 유능감 #운동 및 조작 능력 #눈-손 협응 #팔다리 근육

- 생후 3개월이 넘으면 의도적으로 손을 뻗는 행동이 가능해집니다. 관심 있는 사물을 잡기 위한 목적으로 손을 뻗으며 자신의 신체를 조절하는 경험을 통해 신체적 유능감을 느낄 수 있습니다.
- 아기는 자신이 원하는 물체에 도달해서 잡기 위해 팔의 자세와 손동작을 교정하며 점차 물체를 정확히 잡는 운동 및 조작 능력을 발달시킵니다.
- 눈으로 쫓고 손으로 잡는 행동은 시각과 운동의 협응이 있어야 가능합니다. 이러한 눈-손 협응은 이후 모든 조작활동의 기본이 됩니다.
- 목의 근육을 단련시켜 대근육 발달을 촉진시켜줍니다.
- 움직이는 물체를 눈으로 쫓으면서 시각 발달이 이루어지고, 물체를 잡기 위해 팔과 다리의 근육을 연속적으로 움직이면서 조절하는 힘을 키울 수 있습니다.

3개월~6개월

딸랑딸랑 딸랑이

아기에게 다양한 소리를 보여주고 들려주며 시청각을 발달시키고, 외부 자극에 대한 호기심을 높여주는 놀이입니다.

★ 이 놀이가 가능한 월령 : 3 ~ 5개월
★ 준비물 : 딸랑이, 소리가 나는 장난감이나 물건

놀|이|방|법

- 아기의 이름을 불러 부모를 쳐다보게 한 다음, 딸랑이를 보이고 흔들어주세요.

  "지수야, 엄마, 엄마야! 엄마가 딸랑이를 가져왔네!"
  "딸랑딸랑(딸랑이를 흔들며), 어? 이게 무슨 소리지? 딸랑이에서 소리가 나네!"

- 아기가 딸랑이를 보고 있을 때 천천히 딸랑이를 위, 아래, 왼쪽, 오른쪽으로 방향을 바꾸며 흔들어주세요. 소리의 강약, 길이를 다양하게 들려주세요. 아기의 시선이 딸랑이를 잘 따라갈 수 있도록 도와주세요.

  "어~ 딸랑이가 위로 올라가네! 지수가 딸랑이를 잘 따라가는구나!"
  "이번엔 딸랑이가 어디로 갈까? 지수야, 이쪽! 옳지! 여기 딸랑이가 있다!"

- 생후 4개월 이상의 아기라면 딸랑이를 아기의 시야에서 사라지게 한 후 흔들어주세요.

  "딸랑이가 없어졌네! 어? 어디서 딸랑이 소리가 나지? 찾아보자!"
  "이쪽? 이쪽에서 소리가 나요? 맞았다! 지수가 딸랑이를 찾았다!"

 놀이할 때 주의 사항 & 응용

- 아기가 딸랑이 쪽으로 손을 뻗으면 잡게 하고, 흔들어 볼 수 있게 도와주세요.
- 노래를 부르며 리듬에 맞춰 딸랑이를 흔들어보세요.
- 딸랑이를 너무 귀 가까이에 대지 마세요. 아기의 귓가에서 최소 20센티미터는 떨어진 곳에서 딸랑이를 흔드세요.

- 이 시기의 아기들은 눈앞에서 물체가 사라지면 사라진 곳을 잠시 쳐다보다가 금세 관심을 다른 곳으로 돌려요. 딸랑이는 오래 숨기지 말고, 아기가 찾지 않을 때는 "짠!" 하면서 보여주면 놀이를 지속할 수 있어요.
- 생후 4개월이 지난 아기들은 대부분 자발적으로 고개를 돌리는 것이 가능합니다. 아기가 딸랑이 소리가 들리는 쪽으로 고개를 돌리면 기뻐하며 칭찬해주세요. 아기 머리 위, 아래, 옆, 엄마의 등 뒤 등 여러 장소에서 딸랑이 소리를 들려주고, 아기가 소리 나는 쪽으로 고개를 돌리며 찾아보게 하세요.
- 딸랑이 대신 소리 나는 인형, 캐스터네츠, 좁쌀이나 모래를 넣은 병 등 소리 나는 물체를 이용할 수 있어요.

 이 놀이의 발달 효과 _ #시각 및 청각 #사물인지 #시지각 #근육

- 소리를 듣고 소리가 나는 곳을 보며 외부 세계에 대한 호기심을 발달시킵니다.
- 소리와 사물을 연관시키는 경험을 통해 시각 및 청각 발달은 물론 사물인지 개념을 발달시킬 수 있습니다.
- 소리가 나는 물체를 눈으로 쫓으며 관심 자극에 주의를 유지하는 경험은 시각, 지각 발달에 도움이 되고, 고개를 돌리며 살피는 행동은 목근육을 포함한 근육운동 발달에 좋습니다.

3개월~6개월

흔들흔들, 쓰담쓰담

아기를 안거나 그네 혹은 커다란 짐볼에 태운 후 부드럽게 흔들어주어 심리적으로 편안하게 만들어주는 놀이입니다.

★ 이 놀이가 가능한 월령 : 3 ~ 6개월
★ 준비물 : 아기 그네 또는 짐볼

놀|이|방|법

- 아기가 울거나 기분이 좋지 않을 때 아기를 안고 천천히 걷거나 계단을 오르락내리락하며 아기가 부드러운 흔들림을 경험할 수 있게 해주세요.

  "흔들흔들, 어야 둥둥, 우리 지수 기분 좋아져라!"

- 아기의 등을 부드럽게 쓸어주거나 살짝 토닥거리며 리듬에 맞춰 속삭이듯 노래를 불러주세요.

  "우리 지수 예쁜 지수, 울지 마라 울지 마라, 우리 지수 멋진 지수, 어서 어서 방긋 방긋!"

- 짐볼에 아기를 앉히고 위아래로 가볍게 바운스를 주거나 짐볼 위에 엎드리게 하고 짐볼을 앞뒤로 살살 흔들어줍니다. 아기용 그네가 있다면 앉히고 살살 밀어주세요.

  "흔들흔들, 우리 지수가 흔들흔들, 왔다 갔다!"
  "지수가 공에 탔네. 공이 천천히 움직일 거야. 흔들흔들!"

- 아기가 편안해지면 아기와 눈을 맞추고 가볍게 입맞춤을 하면서 토닥여줍니다.

  "아이, 이제 괜찮아졌어! 다행이다!"

 놀이할 때 주의사항 & 응용

- 집에 흔들의자가 있다면 아기를 안은 부모가 흔들의자에 앉아 가볍게 흔들의자를 움직이는 것도 좋습니다.
- 아빠의 다리 위에 아기를 올려놓는 '비행기' 자세를 취하고, 아빠 다리를 굽혔다 폈다하며 움직이며 놀아줄 수 있습니다.

- 아기를 심하게 흔들면 아기의 연약한 뇌가 두개골에 부딪쳐 뇌손상을 유발하게 될 수 있으니 항상 조심하세요.
- 6개월 이전의 아기들은 허리 힘이 부족해요. 똑바로 세워 안아주기보다는 아기의 허리에 무리가 가지 않도록 동그랗게 안아주는 것이 더 좋습니다.

 이 놀이의 발달 효과 _ #안정감 #유대감

- 아기는 배 속 양수에서 둥둥 떠서 몸과 머리가 부드럽게 움직이는 자극을 받으며 열 달을 보냈어요. 아기가 불편감을 느낄 때 그때 느꼈던 것과 같은 '편안한 흔들림' 자극을 주면 보다 쉽게 안정감을 느낄 수 있어요.
- 머리를 살살 움직이면 귓속의 전정기관이 자극되며 마음이 안정되는 효과가 있어요. 아기가 울고 보챌 때 이 놀이를 하면 보다 빨리 심신의 안정을 되찾을 수 있어요.
- 신체적으로 밀착된 상태로 스킨십을 하며 아기를 진정시키는 경험은 아기와의 유대감을 더욱 단단하게 만들어주며, 보호자로서의 유능감도 느끼게 해줍니다.

○─○ 3개월~6개월

으랏차차, 발차기

아기가 발을 차서 모빌을 움직이게 해서 감각 운동적인 즐거움과 자기신체 인식을 발달시키는 놀이입니다.

★ 이 놀이가 가능한 월령 : 3 ~ 4개월

★ 준비물 : 알록달록 모빌, 리본이나 기다란 끈

놀|이|방|법

- 아기가 누워 있는 장소 위쪽에 모빌을 달아두고, 모빌을 흔들거나 돌리며 흥미를 자극합니다.

  "와아! 여기 곰돌이가 있네. '지수야, 안녕! 나는 곰돌이야!'(곰돌이 목소리로)"
  "어? 곰돌이가 빙그르르 돌아가네!"

- 누워 있는 아기의 발목에 리본을 묶고, 그 리본을 모빌과 연결시킵니다.

  "엄마가 리본을 지수 발목에 달았어! 이제 리본을 곰돌이에게도 달아줘야지!"
  "이제 지수랑 곰돌이가 서로 연결됐네!"

- 아기가 발을 차서 모빌이 흔들리면 아기를 칭찬해줍니다.

  "와, 지수가 모빌을 발로 찼어! 그러니까 곰돌이가 빙그르르 돌아가네!"
  "와! 우리 지수, 발차기를 잘하는구나! 또 할 거야? 와, 이번엔 나비가 흔들리네!!"

 놀이할 때 주의사항 & 응용

- 생후 2, 3개월의 아기는 모든 색상을 구별할 수 있을 정도의 시각 발달을 보이므로, 예전에 달아둔 흑백 모빌을 떼고 보다 다양한 색깔과 형태가 있는 모빌로 바꿔주면 좋습니다.

- 다리를 움직이면 모빌이 움직인다는 것을 보여주거나 경험시켜주지 않으면 가만히 있는 아기도 있습니다. 보호자가 아기의 다리를 들어서 차는 시늉을 하며 발목에 묶인 끈의 움직임과 그 움직임으로 인해 모빌이 흔들리는 경험을 하도록 도와

주세요.
- 아기의 기억력은 매우 약해서 해봤던 놀이를 쉽게 잊을 수 있습니다. 이때 손으로 모빌을 흔드는 모습을 보여주거나 아기의 다리를 들어올리며 아기가 기억해내도록 도와줍니다.
- 이 놀이는 뒤집기를 시작한 아기에게는 적합하지 않습니다.
- 리본이나 끈은 부드러운 재질로 준비하고, 너무 꽉 묶지 않도록 주의하세요.

 이 놀이의 발달 효과 _ #자기신체 인식 #기억력 증진

- 4개월까지의 아기는 자신의 신체를 이용한 놀이에 흥미를 느끼며 반복합니다. 자신의 신체를 탐색하며 신체로 무엇을 할 수 있는지를 알아가는 과정은 독립된 존재로서의 자아를 찾아가는 첫 단계라고 할 수 있습니다. 아기는 자신의 다리를 움직여 외부 세계의 존재인 모빌을 움직이는 경험을 통해 어렴풋이나마 자신의 행동이 외부 세계에 어떤 영향을 끼치는지 알게 됩니다.
- 발로 차는 운동자극과 모빌이 움직이는 시각적 경험은 아기에게 즐거움을 줍니다.
- 처음에는 우연히 혹은 부모의 도움으로 시작한 놀이지만, 반복하면서 아기 스스로 놀이를 자발적으로 시작할 수 있게 되어 기억력 증진에 도움이 됩니다.

3개월~6개월

작은 음악회

다양한 종류의 음악과 소리를 들려주며 청지각 및 음악적 지각 능력을 발달시키는 놀이입니다.

★ 이 놀이가 가능한 월령 : 3개월 ~

★ 준비물 : 다양한 소리(클래식, 동요, 팝송, 파도소리, 바람소리, 새소리 등)을 들려줄 수 있는 도구(휴대전화, 시디플레이어 등)

놀|이|방|법

- 깨어있는 편안한 상태의 아기에게 음악을 들려줍니다.
  "지수야, 엄마가 음악을 들려줄게. 오늘은 어떤 음악을 들을까?"
- 음악에 맞춰 아기의 손을 잡고 춤을 추듯 움직이고 노래를 부르듯 흥얼거립니다.
  "우리 지수도 라~라~라 춤을 춰요!"
- 리듬에 맞춰 아기의 손이나 발을 짝짜꿍 해줍니다.
  "지수도 발로 피아노를 쳐볼까?!"
  "빠르게 띠리리리 띵띵띵! 이번에는 천천히, 그리고 부드럽게 따라~랄라~"
- 들리는 소리에 대해 아기에게 말하고, 말을 걸어줍니다.
  "개굴개굴, 개굴개굴! 이건 개구리 소리야! 아직 지수는 개구리를 본 적이 없지. 다음에 엄마가 개구리 보여줄게."

 놀이할 때 주의사항 & 응용

- 아기에게는 클래식 음악뿐 아니라 다양한 음과 리듬이 있는 소리 모두가 도움이 됩니다. 하지만 아기가 피곤하거나 졸릴 때는 시끄럽거나 빠른 템포의 음악은 피해주세요.

- 3, 4개월 이상의 아기에게 딸랑이나 마라카스처럼 흔들면 소리가 나는 물체를 쥐어주고, 보호자와 함께 리듬에 맞춰 흔들어보는 것도 좋아요.
- 아기의 집중력은 짧기 때문에 긴 음악을 끝까지 듣기 어려워요. 아기가 지루해하거나 다른 것에 관심을 보이면 음악과 소리에 대한 자극 제공을 멈춰주세요. 클래식 등 긴 음악은 소리를 낮추어 집의 배경음악으로 틀어놓아도 좋아요.

 이 놀이의 발달 효과 _ #청지각 #음악적 지각 능력 #상호 유대감

- 청지각은 귀를 통해 받아들인 감각 자료를 판별, 해석 조직화하는 것을 의미해요. 청지각이 좋지 않으면 언어 및 학습상의 어려움을 갖게 됩니다. 음악은 청지각 발달을 돕는 매우 유용한 도구입니다.
- 생후 6개월의 아기는 자주 들었던 익숙한 음과 낯선 음을 구별할 수 있으며, 점차 익숙한 음을 선호하는 경향을 보입니다. 영아기에 다양한 음계를 들려주면 음악적 지각능력이 높아집니다.
- 음악의 리듬에 맞춰 몸을 움직이고 강약을 조절하면서 자연스럽게 박자감을 익히게 됩니다. 아기와 부모가 마주보고 같은 음악을 들으며 함께 몸을 움직이는 경험은 상호유대감을 높여줍니다.

3개월~6개월

거울아! 거울아!

엎드린 아기가 앞에 놓인 거울에 비친 자기 모습을 고개를 들고 살펴보며 근육 발달과 자기 인식을 발달시키는 놀이입니다.

★ 이 놀이가 가능한 월령 : 3 ~ 5개월

★ 준비물 : 없음

놀|이|방|법

- 거울을 아기 앞에 놓고 아기를 엎드리게 합니다.

  "자, 우리 지수, 엎드려볼까? 옳지."
  "이건 거울이야, 지수야!"

- 아기가 가슴을 들어 거울을 보면 거울 속에 비친 모습을 손으로 가리키며 관심을 끕니다.

  "거울아! 거울아! 여기에 있는 이 귀여운 아기는 누구야? 정말 귀엽구나!"

- 아기에게 모자나 머리핀을 보여준 후, 아기의 머리에 씌우거나 꽂고 거울을 보여줍니다.

  "여기 모자가 있네. 엄마가 지수에게 모자를 씌워줄게."
  "지수야, 거울을 봐봐. 아이, 예쁘다. 지수가 모자를 썼어요!"

- 함께 거울을 보는 부모도 다양한 표정을 짓거나 액세서리나 소품을 이용해 치장하고, 아기가 거울 속에 비친 부모의 모습을 보게 합니다.

  "엄마네. 엄마가 입을 벌렸네! 이제 다문다. 합죽이가 됩시다! 합!"
  "지수야, 아빠 보이지? 지수 옆에 아빠가 웃고 있네!"

 놀이할 때 주의사항 & 응용

- 생후 3개월의 아기는 엎드린 상태에서 고개를 90도 정도 들 수 있지만 오래 그 자세를 유지하는 것은 힘들어 합니다. 아직 고개 들기가 완전치 않은 아기를 너무 오래 엎드린 자세로 있게 하지는 마세요.

- 아기가 거울 속 모습을 보는 것에 흥미를 느끼면 보호자가 아기를 안은 상태로 손거울을 들고 거울 속에 비친 아기와 보호자의 모습을 보여주세요.
- 2개월 이상의 아기들은 선명한 색과 흔들리는 물체를 좋아해요. 빨간 립스틱, 치렁치렁한 귀걸이, 파랑색 넥타이, 귀가 큰 토끼 머리띠로 아기의 시선을 사로잡을 수 있어요.
- 돌 전의 아기는 거울 속에 비친 모습이 자신이라는 인식이 없어서 거울 속의 모습이 흥미로우면 거울을 향해 손을 뻗어요. 아기 혼자 거울을 만지면 다칠 수 있으니 주의하세요.

 이 놀이의 발달 효과 _ #근육 #주의력 #변별력 #자기인식

- 엎드린 아기가 애써 고개를 든 다음 거울 속에 비친 자신의 모습을 보면 더욱 궁금해서 계속 보려고 해요. 자주 이 놀이를 하면 자연스럽게 가슴을 드는 연습이 되면서 근육이 발달합니다.
- 고개를 높이, 오래 들수록 아기의 시야는 넓어지고 세상에 대한 호기심도 커져요.
- 거울은 물체를 좀 더 집중적으로 보게 해주는 효과가 있어서 아기의 주의력을 높여줍니다.
- 거울에 비친 자신의 모습을 자주 본 아기는 자신의 얼굴에 좀 더 친근감을 느끼며 자신과 타인의 얼굴을 변별하는 능력을 보다 빨리 갖추고, 타인과 타인의 행동에 대한 호기심과 모방행동도 높아집니다.

3개월~6개월

까꿍 놀이

나타났다 사라지는 다양한 대상을 경험하며 대상영속성과 공간 개념 습득을 도와주는 놀이입니다.

★ 이 놀이가 가능한 월령 : 3 ~ 6개월
★ 준비물 : 다양한 물체

놀|이|방|법

- 아기와 마주보며 눈을 맞추고 말을 겁니다. 보호자가 아기의 얼굴을 어루만지고 아기의 손을 들어 보호자의 얼굴을 만지도록 합니다.

    "안녕, 지수야! 아빠야!"
    "엄마 왔네! 지수가 엄마 얼굴을 만지네!"

- 보호자는 양손으로 잠시 얼굴을 가렸다가 "까꿍" 하며 보여주기를 몇 차례 반복합니다.

    "까꿍! 아빠 여기 있지! 아빠는 어디 안 갔어! 지수와 함께 있었지!"

- 보호자의 손으로 아기 얼굴을 가린 후, "까꿍" 하며 손을 치워 보호자를 볼 수 있게 합니다.

    "어, 지수 어디 갔나? 우리 예쁜 지수 나와라!"
    "까꿍! 지수 나왔다! 우리 지수 여기 있네! 아유, 예뻐라."

- 아기에게 인형이나 장난감을 보여주고 잠시 갖고 논 다음, 보호자의 등 뒤나 이불 속에 숨긴 후 "까꿍" 하며 보여줍니다.

    "곰돌이 어디 갔지? 지수야! 곰돌이가 뿅 사라졌네."
    "까꿍! 곰돌이 여기 있지! 곰돌이가 나타났네!"

놀이할 때 주의사항 & 응용

- 까꿍놀이를 할 때 너무 오래 손으로 얼굴을 가리거나 물건을 숨기면 아기들은 금방 다른 곳으로 주의를 돌려요. 2, 3초 후에는 모습을 드러내세요.
- 아기가 보고 있을 때 물체를 이동시켜 숨기면 아기가 좀 더 주목한답니다.
- 아기들의 주의력은 매우 짧아요. 재밌는 소리를 내고 과장된 행동을 하여 아기의 주의를 끌어보세요.

이 놀이의 발달 효과 _ #인지 #애착 #대상영속성 개념 #시공간 지각능력

- 존재하는 물체가 가려져 보이지 않더라도 그것이 사라진 게 아니라 계속 존재하고 있다는 사실을 아는 능력을 대상영속성이라고 합니다. 대상영속성은 세상을 이해하고 수용하는 데 매우 중요한 역할을 하는 것으로 알려져 있어요. 특히 인지발달과 애착발달에 매우 큰 영향을 미칩니다. 엄마가 잠시 눈에 보이지 않는다고 해서 사라진 게 아니라는 사실을 알아야 크게 불안해하지 않으면서 엄마를 기다릴 수 있게 됩니다.
- 4개월 이전의 아기들은 물건이 눈앞에서 사라지면 그곳을 주시하지만, 곧 나타나지 않으면 그 물건을 존재하지 않은 것으로 여깁니다. 물건이 사라졌다 나타나는 것을 반복적으로 경험시켜주면 아기는 그 물건이 잠시 보이지 않더라도 존재하고 있다는 개념을 보다 빨리 습득할 수 있습니다. 대상영속성 개념은 생후 10개월 정도에 완성되지만 까꿍놀이를 자주 경험한 아기는 좀 더 빨리 습득하게 됩니다.
- 물건이 이동하는 경로를 눈으로 쫓으면서 찾는 놀이경험은 아기의 시공간 지각 능력 발달을 촉진합니다.

3개월~6개월

요리조리 뒤집기

아기를 엎드리게 하거나 옆으로 눕힌 후 흥미로운 장난감을 흔들며 뒤집기를 유도하여 신체운동발달을 촉진시키는 놀이입니다.

★ 이 놀이가 가능한 월령 : 4 ~ 6개월

★ 준비물 : 딸랑이나 소리 나는 장난감 혹은 아기가 좋아하는 장난감

놀|이|방|법

- 아기를 똑바로 눕힌 다음, 옆쪽에서 딸랑이 등 소리 나는 장난감의 소리를 들려주거나, 아기가 좋아하는 장난감을 보여줍니다.

  "지수야, 딸랑딸랑, 이게 무슨 소리야?"
  "여기 우리 지수가 좋아하는 곰 인형이 있네."

- 아기가 장난감에 관심을 보이면 아기가 손을 뻗으면 닿을 곳에 장난감을 놓아둡니다.

  "여기 있네, 지수야, 딸랑딸랑!"
  "지수가 곰 인형 잡아볼 거야? 옳지, 잡을 수 있겠다."

- 아기가 뒤집기에 성공하면 축하해주고 잠시 장난감을 갖고 놀게 합니다.

  "와, 우리 지수가 몸을 뒤집었네! 뒤집기 성공!"

- 장난감을 왼쪽과 오른쪽에 번갈아 두어 아기가 양쪽 방향으로 뒤집기를 시도해볼 수 있게 합니다.

  "어, 장난감이 어디 갔지? 아, 이번엔 이쪽에 있네!"
  "지수야, 여기에 있어. 또 잡아보자!"

놀이할 때 주의사항 & 응용

- 뒤집기를 하려면 전신의 근육이 발달해야 해요. 평소에 자주 아기의 몸 전체를 부드럽게 마사지해주세요.
- 먹은 후 바로 몸을 뒤집으면 소화가 제대로 되지 않아 토할 수 있어요. 식사 후 곧바로 뒤집기를 하는 것은 피해주세요.
- 아기가 뒤집기를 시도하다 힘들면 바닥에 얼굴을 박을 수 있어요. 너무 딱딱한 바닥은 적당하지 않지만, 너무 푹신한 침구는 질식 사고를 유발할 수도 있으니 주의해야 합니다. 적당한 쿠션감이 있는 놀이 매트가 좋습니다.
- 한 방향으로만 뒤집는다면 반대 방향으로 뒤집기를 할 수 있게 도와주세요. 아기를 비스듬히 눕힌 후, 한쪽에 쿠션을 대주거나, 담요 한쪽이 등에 닿게 눕힌 후 담요 한쪽을 살짝 들어올려서 뒤집을 수 있게 도와주세요.

이 놀이의 발달 효과 _ #신체운동

- 아기가 뒤집기를 할 때 사용하는 근육은 앉기와 기기를 위해 반드시 필요합니다. 아기가 뒤집기에 성공했을 때 부모가 놀라고 기쁜 만큼, 아기 역시 새로 습득한 능력에 매우 놀라며, 보다 적극적으로 다양한 기술을 습득하기 위해 노력하게 됩니다.
- 아기에게 뒤집기 놀이는 매우 훌륭한 운동입니다. 아기의 신체적 활동과 수면은 성장에 지대한 영향을 끼치는 요소입니다. 만약 아기가 잠을 제대로 자지 않고 보챈다면 낮에 뒤집기 놀이를 3~5회 정도 할 수 있게 해주면 운동량이 늘어 깊게 잠들 수 있고 건강한 체중을 유지하는 데도 도움이 됩니다.

3개월~6개월

추적자 놀이

아기가 보는 앞에서 장난감을 숨기고 찾게 하여 대상영속성의 발달을 촉진시키는 놀이입니다.

★ 이 놀이가 가능한 월령 : 4 ~ 8개월

★ 준비물 : 장난감, 여러 소품, 반투명의 상자, 담요

놀|이|방|법

- 아기에게 장난감이나 만져도 되는 물건들을 보여주며 관심을 유도합니다.

  "이건 지수 젖병이네. 지수가 젖병으로 냠냠 맛있는 우유를 먹어요!"

- 아기가 관심을 보이는 물건을 집어 아기의 눈앞에서 이쪽저쪽으로 이동시킵니다.

  "곰돌이가 이쪽으로 갔네! 아~ 지수가 곰돌이를 쳐다보네."
  "이번에는 곰돌이가 쏭! 반대쪽으로 갔다! 와, 지수는 곰돌이를 잘 찾는구나!"

- 아기가 보고 있을 때 물건을 담요 밑이나 반투명한 상자 안에 숨깁니다. 담요 밑에 숨길 때에는 반 정도만 숨깁니다.

  "어, 곰돌이가 어디갔지? 곰돌이가 없어졌네! 곰돌이를 찾아보자!'
  "젖병이 떼구르르… 어디로 굴러갔지? 지수야, 젖병이 어디 숨었나 찾아보자!"

- 아기가 숨겨둔 물건을 찾으면 기쁘게 놀란 척을 하며 아기를 칭찬해줍니다.

  "젖병이 상자에 쏘오옥 들어 있었어? 지수가 찾았구나!"

- 숨기는 위치를 다르게 하며 물건 숨기기와 찾기를 몇 차례 반복합니다.

  "이번엔 곰돌이가 어디로 숨을까?"
  "의자 아래에 숨었구나! 지수가 찾았다!!!"

놀이할 때 주의사항 & 응용

- 아기가 보고 있지 않을 때 물건을 숨기면 아기는 찾지 못합니다. 아기가 보고 있는지 확인하면서 물건을 숨기세요.
- 10개월 이전의 아기는 완전히 가려진 물건의 모습을 찾는 데 어려움을 겪어요. 물건의 모습이 반 정도는 드러날 정도로 숨겨야 찾을 수 있습니다. 반투명의 상자나 비닐을 이용하거나, 높이가 낮은 통이나 상자에 넣어 물건의 일부분이 보일 수 있도록 하세요. 담요나 수건을 이용해 물건의 반 정도를 가리는 것도 좋습니다.
- 부분적으로 가려진 물건을 쉽게 찾지 못한다면 소리 나는 물건을 활용해보세요. 소리 나는 인형을 반쯤 숨긴 후 인형을 눌러 소리가 나게 하면 아기는 좀 더 쉽게 물건을 찾을 수 있답니다.

 이 놀이의 발달 효과 _ #대상영속성 #시각기억능력

- 존재하는 물체가 가려져 보이지 않더라도 그것이 사라진 게 아니라 계속 존재하고 있음을 아는 대상 영속성의 개념이 습득되어야 '대상항상성'의 개념을 발달시킬 수 있습니다. 대상항상성은 중요한 정서적 애착 대상이 눈에 보이지 않을 때에도 여전히 존재하며 연결되어 있다고 느끼는 심리적 상태로 만 3세쯤 형성됩니다.
- 4개월에서 8개월 사이의 아기는 부분적으로 가려진 대상을 탐색할 수 있습니다. 이때 물건을 반쯤 숨기고 찾는 놀이로 대상영속성 발달을 촉진시킬 수 있습니다.
- 반쯤 숨겨진 물건을 보고 전체 형태를 추리하면서 시각 재인(기억) 능력이 발달합니다.

3개월~6개월

흠~ 스멜~

다양한 향이 나는 물체를 아기의 주변에 두고 그 물체를 찾으며 후각 발달, 신체발달과 함께 정서적 안정감을 느끼게 하는 놀이입니다.

★ 이 놀이가 가능한 월령 : 3 ~ 6개월
★ 준비물 : 다양한 향이 있는 물체, 과일 등

놀|이|방|법

- 아기를 품에 안아 엄마 냄새를 맡게 하고 엄마도 아기의 냄새를 맡습니다.

    "안녕, 지수야! 엄마 냄새 나지? 우리 지수는 엄마 냄새를 잘 알지!"
    "우리 지수에게서 좋은 냄새가 나요. 젖냄새도 나고, 베이비파우더 냄새도 나네!"

- 아기를 눕히고 향기가 나는 물체를 아기 코에 대고 냄새를 맡게 하고 아기의 표정 변화에 반응해줍니다.

    "흠~ 이게 무슨 냄새야?! 달콤한 냄새가 나요? 이건 귤이야! 귤은 정말 맛있어!"
    "지수도 이 냄새가 좋구나. 웃고 있네!"

- 냄새가 나는 물건을 아기의 옆쪽에 놓아둡니다.

    "어, 귤이 어디로 갔지? 달콤한 냄새가 나는 귤이 없어졌네! 지수야, 귤이 어딨을까?"

- 아기가 냄새가 나는 쪽으로 고개를 돌리거나 몸을 뒤집으려 할 때 응원해줍니다.

    "영차, 영차, 조금만 더 뒤집으면 귤을 잡을 수 있겠다!"

- 아기가 물건을 잡고 탐색할 수 있는 시간을 줍니다.

    "귤은 매끈매끈하지! 말랑말랑하기도 하고!"
    "이런 레몬이야! 울퉁불퉁 딱딱해! 신 냄새가 나! 아이 셔!"

놀이할 때 주의사항 & 응용

- 아기가 체취를 맡는 데 방해가 될 수 있으니 너무 진한 향의 화장품은 피해주세요.
- 화학적 방향제나 인공적인 향보다 자연적인 냄새가 가장 좋습니다. 오염된 냄새, 인공적인 냄새는 후각 발달을 퇴화시키기도 한다고 해요.
- 후각은 미각, 촉각과 관련 있는 감각입니다. 아기가 만지고 입에 넣고 빨아도 괜찮은 물체를 준비해주세요. 여러 가지 냄새, 촉감, 맛에 대해서 설명해주세요.
- 거즈나 손수건에 참기름, 식초, 요거트, 과즙을 묻혀 냄새를 맡게 해주어도 좋아요.

 이 놀이의 발달 효과 _ #정서안정 #애착 강화 #근육 #후각

- 뇌의 냄새를 인식하는 부위는 감정을 관할하는 부위와도 관련이 있어서 아기는 좋은 냄새를 맡는 것만으로도 기분이 좋아집니다.
- 엄마 냄새를 자주 맡으면 기억을 관장하는 뇌의 신경회로 발달이 촉진되며 정서적으로 안정됩니다.
- 서로의 냄새를 맡을 때 옥시토신이라는 사랑의 호르몬이 분비되면서 보호자와 아기 사이의 애착이 한층 공고해집니다.
- 냄새가 나는 물건은 아기의 호기심을 자극해 그쪽으로 고개를 돌리거나 몸을 뒤집게 합니다. 그러다 보면 아기의 신체근육이 강화되어 목 가누기나 뒤집기를 보다 빨리, 잘하게 될 수 있지요.

3개월~6개월

손으로 만져요!

다양한 형태와 촉감의 사물을 잡고 만지면서 감각 지각 능력과 소근육을 발달시키는 놀이입니다.

★ 이 놀이가 가능한 월령 : 3 ~ 6개월

★ 준비물 : 다양한 형태와 질감의 물체
(원목 블록, 고무 장난감, 헝겊인형, 호두, 비닐, 스펀지 공 등)

놀|이|방|법

- 아기가 손을 뻗어 만질 수 있는 위치에 다양한 감촉과 형태의 장난감이나 물건을 놓아두고 아기의 주의를 끕니다.

  "와, 이게 뭐야? 이건 곰돌이 인형이구나!"
  "지수야, 여기 곰돌이가 있어! 만져봐!"

- 아기가 손을 뻗어 잡거나 쥐지 않으면 아기의 손에 장난감이나 물건을 쥐어줍니다.

  "엄마가 줄게! 안녕? 지수야! 나는 곰돌이야!"

- 아기가 장난감이나 물건을 잡거나 만지면 그에 대해 설명해줍니다.

  "곰돌이는 복슬복슬 부드러운 털이 있어요. 그리고 말랑말랑해요!"
  "그건 폭신폭신한 공이야! 동그랗네! 지수 손에 딱 맞는구나!"

- 아기의 손을 잡고 물건을 이리저리 만져보고 눌러보고 던져보며 탐색합니다.

  "이건 정말 크구나. 두 손으로 잡아야 해."
  "돼지를 눌렀더니 삑~ 소리가 났어! 우리 지수도 눌러보자! 돼지가 삑삑 한다!"

 놀이할 때 주의사항 & 응용

- 어린 아기들은 뭐든지 입으로 가져가는 경향이 있어요. 구슬처럼 작은 물건은 삼킬 수 있어 위험해요. 언제나 위생과 안전에 신경 써주세요.

- 3개월 이전의 아기들은 아직 물건을 잘 잡지는 못합니다. 이때 아기의 손을 인형이나 작은 공에 대고 살살 비벼주면 아기의 손이 펴지고 손의 근육이 발달합니다. 아기의 손에 작은 공을 쥐어주는 것도 좋습니다. 엄지가 아직 펴지지 않은 아기의 손 안에 쏙 들어가는 공을 쥐어주면 자연스럽게 엄지를 폅니다.
- 4개월 이상의 아기는 손 전체를 이용해 만지는 것뿐 아니라 손가락으로 만지고 쓰다듬는 놀이도 해주세요.
- 스카프나 수건 등 기다린 물체의 끝을 아기가 잡도록 하고, 보호자와 줄다리기를 하는 것처럼 잡아당기는 놀이도 좋아요.
- 아기를 안고 다니며 집 안 물건을 탐색해봐요. 창문을 두드려보고 폭신한 방석에도 앉아보고, 화초도 흔들어보면서 사물의 다양성을 경험하게 해주세요.

 이 놀이의 발달 효과 _ #감각지각능력 #소근육 #사물인지 #언어능력

- 생후 10주가 된 아기는 주변의 물건을 만질 수 있고, 3개월이 되면 손으로 물건을 쥐기 시작합니다. 아기는 손으로 만지고 쓰다듬고 두드려보면서 물체에 대한 정보를 얻습니다. 촉각은 어린 아기들의 주요한 정보처리수단으로, 다양한 형태와 감촉의 사물을 다루는 경험을 많이 하게 되면 감각 지각 능력이 발달합니다.
- 다양한 형태와 크기의 사물을 잡고 만지면서 소근육 발달이 정교해집니다.
- 아기가 만지는 사물에 대해 부모가 설명을 해주면 아기의 사물인지능력과 언어능력이 발달됩니다.
- 손으로 잡고 만지는 것이 많아질수록 외부 세상에 대한 호기심이 증폭되어 좀 더 환경에 대한 적극적인 탐색을 시도합니다.

3개월~6개월

두 손으로 짝짝짝!

양손을 사용해 물건을 잡아보고 부딪쳐 봄으로써 몸 전체의 협응력을 기르고 감각 통합 능력을 발달시키는 놀이입니다.

★ 이 놀이가 가능한 월령 : 4 ~ 6개월
★ 준비물 : 아기의 손에 쥐어지는 크기의 물체

놀|이|방|법

- 아기를 앉히고 보호자가 앞에 마주 앉아 눈을 맞추고 손을 잡고 가볍게 흔들며 노래를 불러줍니다.

  "지수야, 아빠 손잡자! 쎄쎄쎄~"

- 아기에게 공이나 장난감을 보여주며 아기의 오른손에 올려줍니다.

  "지수야, 아빠가 지수에게 공을 줄게. 자, 오른손! 오른손 주세요!"

- 다른 물체를 아기의 왼손에 놓아줍니다.

  "이번엔 아빠가 무엇을 줄까? 이번엔 빨간 공을 줄 거야. 자, 왼손!"

- 보호자도 아기처럼 양쪽 손에 공이나 블록과 같은 물체를 쥡니다. 두 물체를 흔들고 부딪쳐 소리가 나게 합니다.

  "지수야, 공들이 만나요. 박수를 치네. 짝짝, 짝짝!"

- 아기의 양손을 잡고 아기가 쥔 물체들이 서로 부딪치도록 합니다.

  "지수도 해보자! 지수 공도 박수를 쳐요. 짝짝, 짝짝!"
  "와, 지수가 양손으로 공을 잘 쥐었구나. 그리고 짝짜꿍을 했구나!"

- 아기의 왼손에 쥔 물체를 빼서 오른손에 쥐어주고, 아기의 오른손을 함께 잡아 왼손으로 물체를 옮겨 쥘 수 있도록 도와줍니다. 반대로도 합니다.

  "자, 아빠가 공을 또 줄게요. 오른손! 옳지. 여기에 공을 줄게!"
  "이번엔 왼손! 공이 이쪽 왼손으로 넘어갔어요! 정말 잘했어요!"

놀이할 때 주의사항 & 응용

- 6개월이 되면 대부분의 아기들은 혼자 앉을 수 있지만 발달의 개인차가 있으므로 아기를 앉힐 때는 주의깊게 살펴보아야 해요. 6개월 이전의 아기들은 앉은 부모 무릎에 앉히거나 아기 전용 의자에 앉히세요.
- 어린 아기는 당연히 오른쪽, 왼쪽을 몰라요. 아기에게 "오른손 주세요!" 하면서 아기의 오른손을 잡아주시면 됩니다.
- 보호자의 양쪽 손바닥에 각각 다른 물체를 놓고 아기의 양팔 간격 정도로 손을 벌려 아기가 동시에 양손을 사용할 수 있도록 유도하면 좋아요.
- 손에 쥔 물체를 누르거나 흔들었을 때 소리가 나면 아기의 흥미가 더 커져요.

 이 놀이의 발달 효과 _ #협응력 #감각 통합 #신체운동

- 아기들이 양손을 동시에 사용하는 것은 몸 전체의 협응을 알리는 신호입니다. 양손을 동시에 사용하는 통합이 이루어져야 이후 왼손과 오른손을 효과적으로 사용할 수 있게 돼요.
- 양손으로 물체를 만지고 부딪치며, 이쪽저쪽으로 옮기는 행동은 촉각과 근육, 관절 감각을 필요로 하며, 이런 활동을 통해 감각 통합이 촉진됩니다.
- 잠시 앉아 있는 동안 중력과 움직임을 조절할 수 있게 되면서 앉기와 서기와 같은 신체운동능력이 발달합니다.

3개월~6개월

세상 구경

> 바깥 세상을 보며 호기심을 키우고 시각 및 정서 발달을 촉진하는 놀이입니다.

★ 이 놀이가 가능한 월령 : 3개월 ~

★ 준비물 : 유아차

놀|이|방|법

- 아기를 유아차에 태우고 바깥으로 나갑니다.

  "여기 지수 유아차가 있네! 우리 지수 빵빵이야! 여기에 타자!"

- 밖으로 나가면서 마주치는 것들에 대해 설명해줍니다.

  "엘리베이터를 타야지! 엘리베이터가 왔네! 띵똥. 왔다. 타자! 우린 1층으로 가요!"
  "문을 열어요! 와, 지수야! 정말 큰 문이다!"

- 아기에게 바람과 햇빛, 공기를 느끼게 해줍니다.

  "지수야, 바람이 부네! 지수 손에 바람이 내려앉았네!"
  "햇빛이 반짝반짝 빛나지! 오늘은 정말 따뜻해!"

- 유아차를 천천히 움직이면서 주변의 사물과 자연을 볼 수 있게 합니다.

  "지수야, 저기 빨간 차 좀 봐! 차가 슝~ 하고 지나갔다. 빠르지?!"
  "와, 나뭇가지가 흔들거려. 바람이 부는구나!"

- 아기가 만져도 되는 것은 만지고 느낄 수 있게 해주세요.

  "자, 어때? 간질간질하지?! 강아지풀이야!"

놀이할 때 주의사항 & 응용

- 외출은 아기의 건강이 양호하고 날씨도 좋을 때 하세요.
- 실내와 온도차가 많이 나면 아기가 감기에 걸릴 수 있으니 옷차림에 주의하세요.
- 외출이 어려울 때는 아기를 무릎에 앉히고 밖이 잘 보이는 창가에 앉아 창문 너머의 세상을 보여주세요.
- 아기에게 주변을 보여줄 때는 아기와 보호자가 마주보기 보다는 같은 곳을 바라보도록 유아차에 앉히거나 나란히 앉는 게 좋습니다.
- 적당한 세균에 노출되는 것은 오히려 아기의 면역력을 길러주므로 아기가 만지려는 것을 너무 막지는 마세요.

이 놀이의 발달 효과 _ #시냅스 형성 #시각운동자극 #정서

- 다양한 색과 냄새를 보고 느낄 수 있는 자연은 뇌 발달을 위한 최적의 장소입니다. 새로운 것을 접하면 뇌의 시냅스 형성에도 도움이 됩니다.
- 햇볕을 쬐면 수면을 도와주는 멜라토닌이 생성되어 밤에 잠을 잘 잘 수 있습니다. 또한 햇볕은 뼈와 치아를 만드는 데 필요한 칼슘과 면역 세포 생산에 도움을 주는 비타민 D의 합성을 도와줍니다. 최근에는 성조숙증 어린이의 혈중 비타민 D 농도가 그렇지 않은 어린이보다 매우 낮다는 연구결과가 발표되면서 비타민 D가 성호르몬 발달과도 연관이 있음이 밝혀졌습니다.
- 생후 3개월 정도의 아기는 시각이 발달해서 사물의 세심한 부분까지 인식할 수 있고, 눈의 움직임도 빨라져 움직이는 사물도 볼 수 있습니다. 이 시기에 다양한 시각운동자극을 제공하고 보호자와 이런 경험을 공유하는 것은 아기의 시각과 정서 발달에 많은 도움이 됩니다.

3개월~6개월

옹알옹알 옹알이

아기의 옹알이에 부모가 대화를 나누듯 반응하며 언어발달과 상호성을 높여주는 놀이입니다.

★ 이 놀이가 가능한 월령 : 4 ~ 6개월

★ 준비물 : 없음

놀|이|방|법

- 아기가 옹알이를 할 때 보호자가 아기에게 다가가 말을 겁니다.

  "지수가 뭐라고 했어? 우리 지수가 무슨 말을 했어~"
  "지수가 할 말이 있구나. 뭐라구? 다시 말해줘!"

- 아기와 얼굴을 마주보고 아기의 이름을 불러준 후 재미있는 소리를 내어줍니다.

  "안녕, 지수! 엄마야. 뚜루루루, 뚜루루루~"

- 아기가 옹알이로 무언가를 표현하면 적극적으로 반응하며 계속해서 아기가 옹알이를 할 수 있도록 격려해줍니다.

  "그랬어, 아하~ 그랬구나. 또, 그 다음에 어떻게 했어?"
  "아, 지수가 빠빠빠빠 그랬어. 그럼 엄마도 빠빠빠빠~"

 놀이할 때 주의사항 & 응용

- 아기들은 의성어, 의태어처럼 재미있고 리듬감 있는 소리를 좋아합니다. 아기가 옹알이를 시작할 때는 듣기에 재미있는 비언어적인 소리부터 시작하세요.
- 아기들은 단어의 뜻보다 음조를 먼저 배우고 반응합니다. 아기들은 말하는 사람이 느리게, 높은 음조로 반복하여 말하는 것을 가장 좋아합니다. 아기들에게 말할 때는 이 점을 꼭 기억하세요.
- 아기가 옹알이를 하는 동안에는 듣기만 하고, 옹알이가 끝난 다음에 부모가 말해

야 합니다. 대화에는 순서를 지키는 게 가장 중요하기 때문입니다.
- 아기가 보호자의 어떤 모습을 보며 옹알이를 한다면 그 상황에 맞는 말로 아기와 대화를 합니다.

"아, 엄마는 뭐하냐구? 엄마는 지금 빨래를 개요! 빨래빨래!"
"아빠가 물을 마셨어! 꿀꺽꿀꺽! 카아!"

 이 놀이의 발달 효과 _ #조음기관 조절 #언어 #근육 #유대감

- 생후 4~6개월은 본격적으로 옹알이를 시작하는 시기로, 이 시기에 다양한 모음과 자음소리를 내면서 혀, 후두 등 구강 조음기관의 조절이 이루어집니다.
- 생후 4~8개월 아기들은 주변 사람들이 모방한 자신의 행동을 반복하는 경향이 있습니다. 아기가 옹알이를 할 때 보호자가 따라하며 적극적인 반응을 보여주면 아기의 언어발달이 촉진됩니다.
- 옹알이는 뇌 성숙과 발성기관을 움직이는 근육 성숙에도 영향을 줍니다.
- 비록 의미 있는 대화가 아니라고 해도 보호자와 아기가 말을 주고받는 공유경험은 유대감을 높여줍니다.

6개월~12개월

거울 속 내 모습

거울 속에 비친 모습을 보며 자신을 탐색하고 인식하는 놀이입니다.

★ 이 놀이가 가능한 월령 : 5 ~ 12개월

★ 준비물 : 큰 거울, 아기를 꾸며주는 소품, 스티커

놀|이|방|법

- 아기를 안거나 앉힌 후 거울을 보며 말을 겁니다.
  - "어, 저기 거울 속에 지수가 있네(손가락으로 거울 속에 있는 아기 모습을 가리키며)!"
  - "안녕, 지수야! 반가워!(손을 흔들며)"
- 거울에 비친 아기의 모습과 실제 아기의 모습을 번갈아 바라보며 다양한 몸짓과 표정을 만들어 봅니다.
  - "지수가 만세! 손을 들었다. 저기 거울 속에 있는 지수도 '만세!'를 했네!"
  - "지수가 춤을 춰요. 흔들흔들! 거울 속의 지수도 춤을 춰요!"
- <눈은 어디 있나?> 노래를 불러주며 노래에 맞춰 거울 속에 비친 아기의 신체부위를 가리킵니다.
  - "지수 눈은 어디 있나? 여기!"
- 거울 속에 비친 보호자의 모습을 보게 하고, 여러 가지 표정을 지어봅니다.
  - "아빠 코는 돼지 코! 꿀꿀 돼지!"
- 아기가 보호자의 표정을 따라해보게 하거나, 아기의 얼굴을 재밌게 만들고 거울을 보게 합니다.
  - "지수도 돼지 코 해볼까? 자, 아빠가 지수에게 돼지 코 만들어줬다! 돼지 꿀꿀!"
  - "지수 머리카락이 하늘로 쭈뼛쭈뼛! 지수 머리에 뿔났다!"

놀이할 때 주의사항 & 응용

- 아기들이 만져도 깨지거나 다칠 염려가 없는 안전한 거울을 준비하세요.
- 거울을 보면서 모자, 머리핀, 머리띠와 같은 소품으로 아기를 꾸며주는 것도 좋아요.
- 거울을 보면서 잘 떼어지는 스티커를 아기의 몸에 붙여주고 아기가 자기 몸에 붙은 스티커를 발견하고 떼는 것을 도와주세요. 아기의 손에 스티커를 쥐어주고 부모가 아기의 손을 함께 잡아 부모의 몸에 붙여보게 하세요.
- 아기가 좋아하는 장난감을 거울을 통해 보여주면 거울에 더 큰 관심을 가지며 탐색하게 되요.

이 놀이의 발달 효과 _ #자기인식 #상호작용 #시각 변별력

- 생후 5개월 아기는 자신의 얼굴을 친숙하게 느껴 거울 속에 비친 모습에 관심을 보이게 됩니다. 하지만 아직 거울 속에 비친 자신의 모습이 자기라는 인식은 갖지 못하죠. 거울을 보며 몸을 움직이고 표정을 짓고 치장하는 놀이를 하면 시각을 이용해 자신의 신체 모습을 확인하면서 자기 인식이 발달합니다.
- '자기 인식'은 사회적, 정서적 유능성의 기초가 되는 것으로 자기 인식능력이 있어야 앞으로 모방이나 협동을 할 수 있게 됩니다.
- 거울을 통해 서로의 모습에 반응하고 따라하면서 상호작용이 증진됩니다.
- 머리핀을 꽂고, 스티커를 붙였다 떼는 놀이를 통해 아기의 시각적 변별력이 발달됩니다.

6개월~12개월

우리집이 워터파크

다양한 물놀이로 감각 운동능력을 발달시키고 부모와의 유대감을 강화시키는 놀이입니다.

★ 이 놀이가 가능한 월령 : 6개월 ~

★ 준비물 : 욕조, 물놀이 장난감

놀|이|방|법

- 욕조에 따뜻한 물을 받고, 아기가 미끄러지지 않게 앉힙니다. 아직 스스로 앉기가 어려운 아기는 받침대나 아기 의자를 사용해서 앉혀주세요.

  "지수가 물속으로 들어갑니다! 아이, 따뜻해!"

- 물을 손으로 치거나 아기의 손과 발을 잡고 물장구를 치게 합니다.

  "찰싹찰싹! 물에서 소리가 나네! 어, 찰랑찰랑! 물이 움직이네!"
  "지수도 물장구를 쳐볼까? 우리 지수 발차기! 와, 잘 찬다!"

- 스펀지나 손수건, 오리나 물총과 같은 여러 가지 물놀이 장난감을 이용합니다.

  "와! 손수건이 물 위에 둥둥 떠다녀요! 손수건을 잡아보자!"
  "저기 오리도 있네! 이번엔 오리를 잡아볼까? 오리 안녕! 난 지수야!"
  "(스펀지를 짜며) 어, 스펀지에서 물이 쭈르륵 떨어지네! 지수도 해보자! 엄마가 도와줄게! 이렇게 잡고, 꾸~욱! 와! 물이 떨어진다!"
  "(물총을 쏘며) 지수에게 물총 발사! 쭈~욱! 지수 배꼽에 쭈~욱!"
  "(컵에 물을 담으며) 컵에 물을 담아요! 지수가 잡았다. 아! 물을 쏟았어! 영차, 영차, 지수가 물을 담아요! 담았다!!"

놀이할 때 주의사항 & 응용

- 물놀이를 할 때 배가 고프면 울며 보챌 수 있고, 물놀이를 하기 바로 전 우유를 먹으면 토할 수 있어요. 배불리 먹고 충분히 소화할 시간을 가진 후 물놀이를 하세요.
- 너무 춥거나 덥지 않도록 물과 실내온도를 체크하고, 아기가 감기에 걸리지 않도록 물놀이 중간중간 아기 몸에 따뜻한 물을 끼얹는 것도 잊지 마세요.
- 아직 몸 가누기가 어설픈 아기는 아기 목욕 의자를 이용하면 목욕놀이를 할 수 있어요.
- 말랑말랑한 물약병이나 작은 케첩병 등을 이용하면 아기도 좀 더 쉽게 물총을 쏠 수 있어요.
- 보호자도 아기와 함께 욕조에 들어가 물놀이를 하면 더욱 좋아요. 물에 들어가는 것을 싫어하는 아기라면 보호자가 안고 들어가 물과 친숙해지도록 도와주세요.
- 매일 목욕 시간을 이용해 아기와 물놀이를 해주세요.

이 놀이의 발달 효과 _ #정서안정 #감각 운동 통합 능력 #애착 #사회성

- 따뜻한 물의 감촉은 아기를 정서적으로 안정되게 도와줍니다.
- 물놀이의 즐거운 경험은 물에 대한 두려움을 줄여주고 친근감을 높입니다.
- 물 위에서 둥둥 떠다니는 장난감은 아기의 호기심을 자극시켜 활발한 탐색활동을 촉진시킵니다. 만지고 짜고 던지고 붓는 등 손을 이용한 다양한 활동을 통해 감각 운동 통합 능력이 증진됩니다.
- 특히 체온과 비슷한 따뜻한 물속에서 신체적 접촉을 할 때 옥시토신 호르몬의 분비가 왕성해 집니다. 옥시토신은 신뢰와 사랑의 호르몬으로, 애착과 사회성에 긍정적인 영향을 미칩니다.

6개월~12개월

오프로드 어드벤처

> 부모의 다양한 신체 움직임과 소리에 맞춰 신체를 조절하면서 평형감각을 익히고 기분 좋은 흥분도 느끼는 놀이입니다.

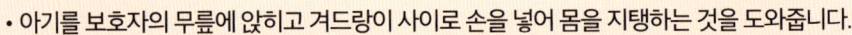

★ 이 놀이가 가능한 월령 : 5 ~ 8개월

★ 준비물 : 없음

놀 | 이 | 방 | 법

- 아기를 보호자의 무릎에 앉히고 겨드랑이 사이로 손을 넣어 몸을 지탱하는 것을 도와줍니다.

  "지수야, 엄마랑 모험을 떠나볼까? 엄마가 자동차가 되었어. 자, 자동차에 타야지!"
  "엄마 손이 안전벨트야! 지수가 다치지 않게 엄마가 꼭 잡아줄게!"

- 자동차가 움직이는 소리를 내면서 무릎을 위, 아래, 양 옆으로 움직입니다. 천천히 가기도 하고 빨리 가기도 하면서 다양한 움직임을 만들어냅니다.

  "부릉 부릉, 자, 이제 자동차 출발합니다. 덜 덜 덜 덜, 자동차가 떨리는군요!"
  "어, 언덕이 나왔군요! 자동차가 올라갑니다. 영차영차(무릎을 위로 세우며)!"
  "이번엔 우회전, 오른쪽으로 차가 기웁니다! 잘 잡으세요!"
  "끽! 갑자기 멈췄습니다. 웅덩이가 있네요. 점프를 해야 겠습니다. 폴~짝!"

- 움직임을 점차 줄이다가 멈춘 다음 아기와 마주 보고 뽀뽀나 하이파이브를 합니다.

  "자, 이제 다왔어요! 모험이 끝났습니다. 인사를 할까요? 뽀뽀!"
  "지수야, 모험 성공! 엄마랑 하이파이브 하자!(아기 손을 들어 마주치며)"

 ### 놀이할 때 주의사항 & 응용

- 아기들의 발달에는 개인차가 있습니다. 대부분의 아기들은 4, 5개월이면 목가누기를 하지만 목 가누기가 완전하지 않다면 목을 가눌 수 있을 때 이 놀이를 하세요.
- 너무 격한 흔들림은 아기의 연약한 뇌를 손상시킬 수 있으니 주의하세요. 아기의

머리가 보호자의 몸에 부딪칠 정도로 흔들면 절대 안 됩니다.
- 자동차 대신 기차나 오토바이, 동물 흉내를 내며 이와 관계된 다양한 소리(예:"칙칙 폭폭", "다그닥다그닥")를 들려주는 것도 좋습니다.
- 〈기차길옆 오막살이〉나 〈윙윙윙윙 고추잠자리〉처럼 반복적인 음이 있는 노래를 부르며 이에 맞춰 몸을 움직이는 놀이도 재밌습니다.

 이 놀이의 발달 효과 _ #평형감각 #리듬감 #자신감 #신뢰감 #언어

- 생후 6개월 정도의 아기들은 중력에 저항하는 힘이 좋아져 움직이는 활동은 두려운 것이 아니며, 만족스럽고 즐거움을 제공하는 놀이가 됩니다. 움직임이 너무 강하면 신경계가 이를 조직화하는 데 어려움을 겪어서 울지만 흔들어주기, 돌려주기, 공중으로 들어올리기 등의 활동은 아주 즐거워합니다.
- 소리와 리듬에 맞춰 몸을 조절하면서 아기는 리듬감과 평형감각을 발달시키게 되며, 자신의 몸을 스스로 조절할 수 있다는 자신감도 갖추게 됩니다. 또한 보호자와의 친밀한 스킨십을 통해 안전감, 신뢰감, 유대감도 쌓게 됩니다.
- 놀이 도중 여러 흥미로운 소리를 들으며 언어 감각을 키웁니다.

6개월~12개월

날아라, 비행기

부모의 다리에 엎드려 비행기 자세를 취하면서 근육과 신체균형을 발달시키는 놀이입니다.

★ 이 놀이가 가능한 월령 : 6개월 ~
★ 준비물 : 없음

놀|이|방|법

- 바닥에 등을 대고 누운 후 다리를 공중에 올리고 무릎을 구부려 아기를 엎드려 태웁니다.
  "자, 우리 지수 비행기를 타볼까요? 아빠 비행기가 왔습니다!"
  "영차! 비행기를 탑시다! 아빠가 손을 잡아줄게요!"
- 아기의 손을 잡아 균형 잡는 것을 도와주면서 부모의 다리를 위, 아래, 옆으로 천천히 움직입니다.
  "자, 비행기가 높이 올라갑니다. 쭈~욱! 다시 내려갑니다. 쑤~욱!"
- 아기가 비행기 놀이에 흥미를 느끼면 부모는 다리 높이를 바닥 가까이로 낮춘 다음 아기의 손을 살짝 놓아봅니다. 아기가 균형을 잡으면 칭찬해줍니다.
  "와, 이번엔 지수가 비행기가 되었네! 지수 비행기가 잘 날아가는구나!"
  "떴다 떴다 비행기, 날아라, 날아라, 떴다 떴다 비행기, 지수 비행기!"
- 부모의 다리를 천천히 올려보고 다시 천천히 낮춰 아기를 내려줍니다.
  "지수 비행기, 내려오세요! 내려왔다!"

놀이할 때 주의사항 & 응용

- 아기가 엎드린 상태에서 목을 완전히 들어올릴 수 있을 때 이 놀이를 하세요.
- 이불을 그네처럼 만들어서 아기의 몸을 지탱하게 한 후 들어올려 흔들어주는 것도 좋아요. 이때 아기의 목과 다리는 이불 밖으로 나오게 해주세요. 그래야 아기가 스스로 신체균형을 찾으려고 노력할 수 있어요.

- 겁이 많고 엎드리는 것을 힘들어하는 아기라면 아기를 안고 걸어 다니며 중간중간 높이 들어주거나, 아기를 부모의 다리 위에 올려놓고 다리를 위 아래로 움직이며 들어올려주는 것부터 시작하세요.
- 안정감을 주기 위해 체격이 탄탄하고 듬직한 보호자가 놀이하면 좋아요.

 이 놀이의 발달 효과 _ #근육 #신체균형 #성취감 #신뢰

- 엎드려서 머리, 상체, 팔과 다리를 동시에 들어올릴 때 아기의 신경계는 자극을 받습니다. 이렇게 엎드린 상태에서 균형을 잡는 것은 뒤집기는 물론 서기, 걷기에 필요한 근육을 발달시키는 데 큰 도움이 됩니다.
- 만일 아기가 이러한 비행기 자세를 취하고 유지할 수 없다면 앞으로 중력과 움직임 감각을 통합하는 데 어려움을 갖게 될 수 있습니다.
- 아기는 떨어지지 않기 위해 자신의 몸을 이리저리 조절하면서 균형감각을 키우고 즐거움, 성취감을 느낍니다.
- 조화로운 상호작용으로 유대감이 강화되고 서로에 대한 신뢰가 높아집니다.

6개월~12개월

손가락 쏙쏙 꾹꾹!

> 손가락을 움직이는 다양한 활동으로 소근육 및 눈-손 협응 능력을 발달시키는 놀이입니다.

★ 이 놀이가 가능한 월령 : 6 ~ 8개월
★ 준비물 : 계란판, 장난감 피아노 등 소리 나는 장난감

놀|이|방|법

- 장난감 피아노, 전화기처럼 누르면 소리가 나는 장난감을 준비하고, 소리내는 시범을 보입니다.
  "지수야, 이건 피아노야! 여기를 누르면 소리가 난다!"
  "띵~ 소리가 나네! 엄마가 또 눌러볼게. 이번엔 어떤 소리가 날까?"
- 아기 앞으로 소리 나는 장난감을 놓고 눌러보게 합니다. 스스로 하지 않으면 아기 손을 잡고 함께 눌러준 후 아기가 자유롭게 눌러볼 시간을 줍니다.
  "지수도 눌러볼까? 하얀 건반을 눌러보자! 띵~ 와, 소리가 난다. 지수가 눌렀구나!"
  "멍멍이를 누르면 무슨 소리가 날까? 멍멍, 멍멍이 소리가 난다!"
- 계란판에 아기의 손가락이 들어갈 만한 넉넉한 구멍을 만듭니다. 아기에게 계란판을 보여주고, 보호자의 손가락을 넣었다 뺐다하면서 "까꿍", "짠~" 같은 재미있는 소리를 냅니다. 아기가 관심을 보이면 계란판을 아기 앞으로 놓고 손가락을 넣을 수 있게 합니다.
  "어? 지수야! 이게 뭘까? 여기 구멍이 있어! 구멍으로 엄마 손가락이 짠~ 나타났어요. 송~ 없어졌네. 엄마 손가락이 어디 갔지? 하하, 여기 있지! 다시 나타난다. 짠!"
  "(구멍으로 내민 손가락을 움직이며) 안녕, 지수야. 엄마 손가락이 지수한테 인사하네!"
  "어? 이 예쁜 손가락은 누구 꺼지? 지수 손가락이구나! 엄마 손가락과 뽀뽀하자!"
  "(구멍으로 나온 아기 손가락을 잡으며) 하하, 엄마가 우리 지수 손가락을 잡았어요. (가볍게 흔들며) 악수합시다!"

놀이할 때 주의사항 & 응용

- 계란판의 구멍을 매끄럽게 다듬어야 손가락이 다치지 않아요. 구멍은 넉넉하게 뚫어주세요.
- 점토, 밀가루 반죽, 슬라임 등 아기가 손가락으로 눌러볼 수 있는 재료나 찐 고구마, 귤처럼 쥐어짤 수 있는 재료도 이용해보세요.
- 누르거나 집어넣을 때 소리가 나면 아기들이 더 흥미를 느껴요. 그런 장난감이 없다면 아기가 누르거나 집어넣을 때마다 옆에서 "뿅", "짠", "숑숑"과 같은 재미있는 소리를 내주세요.

이 놀이의 발달 효과 _ #소근육 #눈-손 협응 #인과관계 개념

- 손에는 다른 신체부위에 비해 많은 신경 세포가 있어요. 손을 많이 사용하면 신경이 발달하고 두뇌활동이 활발해집니다. 특히 손끝을 자극하는 활동을 할 때 아기의 뇌에서는 다양한 감각을 관장하는 시냅스의 발달이 이루어져요.
- 구멍에 손가락을 집어넣거나 버튼을 누르면서 아기들은 눈과 손의 협응 능력을 발달시켜요. 눈으로 정확히 목표물을 주시하면서 촉각과 관절, 근육을 이용해 문제를 해결하는 것입니다.
- 아기가 손가락을 움직이면 어떤 일이 일어나는지 알게 되면서 기초적인 인과관계의 개념도 습득해요.

6개월~12개월

만능 손가락

엄지와 검지를 이용해 사물을 잡고 탐색하면서 촉각 자극을 경험하고 눈-손 협응력을 높이는 놀이입니다.

★ 이 놀이가 가능한 월령 : 6개월 ~

★ 준비물 : 얼음 트레이, 콩, 옥수수, 털실 등 작은 사물들

놀|이|방|법

- 얼음 트레이와 칸 안에 들어갈 만한 작은 사이즈의 물건들을 준비해 아기에게 보여줍니다.

  "지수야, 이게 뭘까? 여기 콩도 있고, 이건 옥수수 알이네."

- 작은 물건을 하나씩 집어 칸에 넣는 모습을 보여주며, 아기도 해보도록 합니다.

  "자, 엄마가 여기에 있는 작은 콩을 집을 거야. 어디 보자! 와! 잡았다!"
  "이제 이 콩을 이 그릇 안에 쏘옥~ 들어갔다! 지수도 해보자!"

- 아기가 집어넣을 때마다 즐거운 반응을 보이며, 손가락으로 트레이의 빈칸을 가리켜서 물건을 집어넣을 수 있도록 이끕니다.

  "짝짝짝(박수를 치며), 지수가 콩을 쏙 넣었어요! 와, 작은 콩을 아주 잘 집었어!"
  "이쪽 칸(빈칸을 가리키며)에 넣어주세요! 옳지! 참 잘했어요!"

- 5센티미터 정도의 길이로 자른 털실 조각을 아기에게 보여주고 집게 합니다. 잘 집을 수 있게 되면 얼음 트레이 안에 털실 조각을 넣어보게 합니다.

  "어, 이건 뭘까? 이건 털실이야! 만지면 부드럽고 따뜻해! 이것도 집어보자!"
  "와, 털실을 잘 집었구나. 이제 여기에 쏘옥~ 와, 지수가 털실을 이만큼 모았어요!"

놀이할 때 주의사항 & 응용

- 아직 손에 잡은 물건들을 입으로 가져가는 시기입니다. 먹으면 안 되는 것을 삼키지 않도록 주의해주세요.
- 다양한 촉감의 물건을 사용하세요. 아기가 손가락으로 만질 때 촉감과 관련된 단어로 느낌을 표현해주세요.(말랑말랑, 딱딱, 푹신푹신, 미끌미끌, 차가운, 따뜻한 등)
- 아직 콩이나 털실 같은 작은 물건을 집는 것이 서투르면 공처럼 아이가 손 전체를 사용해서 집을 수 있는 물건부터 시작해 보세요. 공을 집어 계란판에 넣어도 좋아요.
- 물건을 담는 그릇의 재질도 다양하게 준비해보세요. 금속, 플라스틱, 고무 등 그릇의 재질에 따라 물건을 떨어트릴 때 나는 소리가 모두 다름을 배우게 됩니다.
- 엄지와 검지를 이용해 물건을 잘 집는 아기에게는 가위나 핀셋을 쥐어주세요. 자연스럽게 도구를 사용하는 방법을 익힐 수 있어요. 이때 아기가 다치지 않도록 안전 가위와 테이프로 끝을 감은 핀셋을 사용해요.

 이 놀이의 발달 효과 _ #촉각 #눈-손 협응력 #사물인지 #소근육 #거리감

- 촉각은 자궁에서부터 발달하는 최초의 감각계이자 가장 큰 감각계입니다. 손가락을 통해 다양한 촉각 자극을 경험할 때 전체 신경계가 균형 있게 발달합니다.
- 6~8개월의 아기는 엄지와 검지를 사용해 작은 물건을 집어 올릴 수 있게 됩니다. 이 시기의 아기가 손가락을 사용해 물건을 탐색하는 경험을 많이 하면 사물인지뿐 아니라 소근육 발달도 좋아집니다.
- 아기가 작은 것을 집어 올리기 위해서는 정교한 시각이 필요합니다. 이 놀이를 자주 하면 보다 정확한 거리감과 입체감을 인지할 수 있어요.

6개월~12개월

수다 타임

아기에게 말을 걸고 아기의 말을 따라하며 언어자극을 제공하고 상호작용을 나누는 놀이입니다.

★ 이 놀이가 가능한 월령 : 7개월 ~
★ 준비물 : 없음

놀|이|방|법

- 아기와 마주 앉아 눈을 맞추며 간단한 단어(맘마, 까까, 엄마, 아빠)를 말해줍니다.

  "안녕, 지수야. 엄마야, 엄마!"
  "지수야, 여기 까까가 있네! 까까, 까까, 맛있겠다!"

- 아기의 옹알이를 잘 듣고, 옹알이가 끝나면 아기에게 말을 건넵니다. 아기가 한 옹알이를 따라 말해주거나 의미 있는 단어로 연결해 말해주면 더욱 좋습니다.

  "아~ 지수가 그랬어! 마마마마, 마마마마."
  "아, 맘마, 그래 맘마. 맘마. 좀 있다가 맘마 먹자!"

- 아기의 옹알이를 귀기울여 듣고 해석해서 대화가 이어나갈 수 있도록 합니다.

  "아바바바, 지수가 아바바바라고 했어요. 저기에 아빠가 있네. 지수가 아빠 이리 오세요!라고 한 거야~!"
  "까까까까, 아휴, 우리 지수가 까까 먹고 싶었어요!"

 놀이할 때 주의사항 & 응용

- 아기와 대화할 때는 아기가 보호자의 입 모양을 볼 수 있도록 눈높이를 맞춰주세요.
- 아기들은 재미있는 표정이나 동작을 하며 약간 높은 톤의 목소리로 말할 때 가장 주의를 잘 기울여요.
- 아기가 따라할 수 있는 말을 할 때는 천천히, 입 모양을 크고 느리게 해서 정확하게

발음해주세요. 입과 입술의 움직임을 잘 볼 수 있도록 선명한 색의 립스틱을 바르는 것도 좋아요.
- 사물이나 상황을 나타내는 의성어와 의태어를 일상적으로 사용해보세요. 예를 들어, 동화책에서 호랑이가 나올 때마다 "어흥!", 차를 타러 갈 때마다 "빵빵 타자!"처럼 말해주는 거예요.

 이 놀이의 발달 효과 _ #언어 #감각 통합 #상호작용

- 7개월이 된 아기들은 자음과 모음이 결합된 두 음절 이상의 소리를 낼 수 있어요. 주로 "마마마마", "바바바바" 같은 소리를 반복적으로 내기 때문에 이 시기를 '반복 옹알이' 시기라고 불러요.
- 이러한 반복 옹알이 시기에는 '엄마', '까까', '맘마'와 같은 친숙한 단어를 이해하고 어떤 소리가 어떤 의미인지를 알게 되므로 일상생활에서 자주 사용하는 단어들을 들려주면 수용 언어 발달이 촉진됩니다.
- 아기는 부모가 내는 소리, 입 모양에 관심을 갖고 억양이나 입 모양을 흉내내면서 소리를 구분하고, 소리 내는 방법을 익혀나가게 됩니다.
- 아기와 부모가 번갈아 발성하는 것은 이후 다른 사람의 말이 끝나면 이야기하는 좋은 대화습관의 기초가 됩니다.
- 옹알이는 턱 관절, 근육, 입술 감각들을 뇌로 보내주며, 뇌는 이러한 감각들을 통합함으로써 어떻게 더욱 복잡한 소리를 내는지 배우게 합니다. 옹알이가 적은 아기들은 말을 배우거나 발음을 정확하게 하는 데 어려움을 가지게 될 수 있습니다.

> 6개월~12개월

정글 숲을 지나서 가자!

기어가며 주변을 탐색하고 장애물을 통과하는 과정을 통해 시공간지각능력과 운동실행능력이 발달되는 놀이입니다.

★ 이 놀이가 가능한 월령 : 7개월 ~

★ 준비물 : 방석, 바닥 매트, 커다란 박스나 식탁 의자

놀|이|방|법

- 거실이나 방에 아기의 기어가기 장애물 코스를 만듭니다. 평평한 바닥에서 시작해 방석이나 바닥 매트를 1~2개 쌓아 언덕을 만들고 종이 박스나 식탁 의자를 이용해 터널도 만듭니다.

    "이제 이 길로 지수가 기어가볼까?"
    "지수야, 저기에 언덕도 있고, 터널도 있네! 재미있는 길로 가보자!"

- 보호자가 아기의 앞에서 오라고 손짓하거나 먼저 기어가면서 아기가 뒤따라오도록 합니다.

    "지수야, 이리 오세요! 엄마한테 오세요!"
    "같이 이 길을 기어가요! 정글 숲을 지나서 가자! 엉금엉금 기어서 가자!"

- 높은 곳을 오르거나 내려올 때, 터널을 지나갈 때는 아기를 응원해주세요.

    "지수가 언덕을 오르는구나! 힘내라, 힘내라 우리 지수 힘내라!"
    "여긴 터널이에요. 지수가 터널을 아주아주 잘 지나가고 있어요!"

- 아기가 도착했으면 팔을 활짝 벌려 아기를 번쩍 안아주세요.

    "우리 지수는 기어가기 선수예요. 엉금엉금, 영차영차 잘 왔어요!"

 놀이할 때 주의사항 & 응용

- 바닥의 다칠 만한 물건들은 미리 치워두세요.
- 아기의 앞쪽에 소리나 빛을 내며 굴러가는 장난감을 놓거나, 손전등 불빛을 이동시키면 아기가 잡으려고 열심히 기어가요.

- 장애물 코스 중간중간에 먹을 것을 놓고 '보물찾기'를 하는 것도 좋아요. 먹을 것을 숨길 때는 아기에게 어디에 숨기는지 보여주세요. 아기들은 기억하는 데 어려움이 있으므로 하나 숨기고, 아기가 찾으면 그 다음에 또 숨기는 식으로 하면 됩니다.

 이 놀이의 발달 효과 _ #시공간 지각 #신체조절력 #대근육 #공간기억

- 아기들은 대략 7~8개월이 되면 기어가기를 시작합니다. 손과 무릎으로 배밀이와 기기를 하는 동안 아기는 많은 감각을 통합하는 경험을 해요. 또한 스스로가 독립적인 존재가 된 느낌도 갖게 되지요.
- 한 장소에서 다른 장소로 기어가면서 아기는 거리와 공간에 대해 배우게 되요. 아기는 보는 것만으로는 공간을 판단할 수 없습니다. 직접 기어가면서 거리와 크기에 대한 판단을 할 수 있어요.
- 무릎으로 기어가는 놀이는 아기의 전두엽을 활성화시키는 효과가 있습니다.
- 높은 곳을 올라가고 내려오고, 터널을 통과하면서 주변 환경을 이해하고 이에 따라 자신의 신체를 조절하는 능력을 발달시킵니다.
- 잘 기고 걷는 아이들은 이후에도 길을 찾는 데 이정표를 보다 잘 활용한다고 알려졌습니다. 이리저리 돌아다니는 운동실행은 대근육 발달뿐 아니라 공간기억에도 영향을 주기 때문입니다.

6개월~12개월

신나는 난타

주걱이나 숟가락으로 여러 가지 사물을 두드려보면서 신체, 정서, 언어발달 자극을 경험하는 놀이입니다.

★ 이 놀이가 가능한 월령 : 9개월 ~

★ 준비물 : 플라스틱이나 나무 재질의 주걱이나 숟가락, 그릇 등

놀|이|방|법

- 플라스틱, 나무, 금속 재질의 다양한 그릇이나 물건들을 바닥에 내려놓고 아기에게 보여줍니다.

  "와, 지수야! 이게 뭐야? 여기 소쿠리도 있고, 반찬통도 있고, 냄비도 있네!"

- 양손을 사용해 물건들을 만지고 두드리는 모습을 보여주고 아기에게도 해보게 합니다.

  "어, 이 냄비는 차가워! 시원한데?!"
  "지수가 손바닥으로 반찬통을 두드렸어! 통통통! 하는 소리가 나네!"

- 주걱이나 숟가락을 아기 앞에서 흔들며 보여주고, 이를 이용해 물건들을 두드립니다.

  "엄마가 숟가락으로 냄비를 두드려요! 땡땡땡, 땡땡땡!"
  "주걱으로 악기 연주를 해요! 이것도 쿵, 저것도 퉁, 쿵, 퉁, 땡!"

- 아기에게 주걱이나 숟가락을 건네주고 자유롭게 두드리게 합니다. 부모도 노래와 운율에 맞춰 두드려줍니다.

  "학교 종이 땡땡땡! 어서 모이자! 선생님이 우리 지수 기다리신다!"

 놀이할 때 주의사항 & 응용

- 길고 가늘며 뾰족한 젓가락은 피해주세요. 아기가 다칠 수 있습니다.
- 아기의 양손 모두에 쥘 것을 주어, 양손 모두를 사용해 두드려보게 하세요. 한 손만 사용하는 것보다는 양손을 동시에, 교차해서 사용할 수 있도록 도와주세요.
- 주걱이나 숟가락을 들고 집 안을 돌아다니며 두드려도 되는 것을 두드려보게 하세

요. 위험한 물건은 미리 치워놓아야 해요.
- 보호자가 아기 뒤에서 아기 손을 잡으며 박자에 맞춰 연주하듯 두드려주는 것도 좋아요. 특정 음이 나올 때만 두드려보게도 해주세요. 예를 들어, 〈학교 종〉 노래에 맞춰서 두드릴 때 아기 손을 잡고 기다리다가 '땡땡땡'이 나올 때 두드려보세요. 이렇게 하다보면 그 음이 나올 때 두드릴 수 있게 돼요.

 이 놀이의 발달 효과 _ #이해력 #감각 통합 #언어

- 생후 9~12개월 아기들은 주변 환경을 탐색하는 것에 큰 흥미를 갖습니다. 아기들은 탐색을 위해 사물을 흔들고 당기고 던지며 두드리는 행동을 합니다. 마음껏 탐색활동을 할 수 있을 때 호기심은 충족되고 사물에 대한 이해도 높아집니다.
- 손에 쥔 물건들을 이용해 사물을 두드리면서 도구 사용에 대한 이해와 자극과 소리와의 관계에 대한 이해능력이 발달합니다.
- 두 손을 함께, 그리고 교차해서 사용하는 것은 이후 오른손과 왼손 사용을 위해 꼭 필요한 감각 통합 활동입니다.
- 다양한 소리를 듣는 것은 아기의 언어발달에 도움을 줍니다.
- 신나게 두드리며 아기는 즐겁고 건강한 방식으로 에너지를 방출할 수 있습니다.

6개월~12개월

곤도잼짝

> 부모의 말과 행동을 따라하며 상호작용과 신체조절능력을 높이는 놀이입니다.

★ 이 놀이가 가능한 월령 : 10개월 ~

★ 준비물 : 없음

짝짜꿍~

놀|이|방|법

- 아기와 마주 앉아 아기의 이름을 부른 후 손뼉을 마주치며 "짝짜꿍"이라고 말해주세요. 5~6번 반복합니다.

    "지수야, 엄마 봐 봐! (손뼉을 마주치며) 짝짜꿍, 짝짜꿍!"

- 아기가 따라하면 호응을 해주고, 아기의 손을 잡아 짝짜꿍을 할 수 있게 도와주세요.

    "와, 지수도 짝짜꿍, 엄마처럼 짝짜꿍!"
    "아, 잘 안 돼~. 엄마랑 같이 짝짜꿍! 옳지! 와, 우리 지수가 짝짜꿍을 했어요!"

- 양손의 주먹을 쥐었다 폈다 하며 "잼잼" 하는 모습을 보여주고, 아기가 따라해보도록 합니다.

    "우리 지수도 해보자! 잼잼, 잼잼, 옳지! 잘했어요!"

- 이와 같은 방식으로 도리도리, 곤지곤지를 알려줍니다. 보호자가 먼저 시범을 보여주고, 아기가 따라해 보게 합니다. 각각을 잘 할 수 있게 되면, 곤지곤지, 도리도리, 짝짜꿍, 잼잼을 섞어서 해보게 합니다. 부모의 말을 들으며 따라하게 하고 따라했을 때 충분히 칭찬해줍니다.

    "엄마랑 같이 짝짜꿍 해볼까요? 자, 시작! 짝짜꿍 짝짜꿍, 도리도리 도리도리~"
    "와, 지수가 참 잘하네! 엄마 말 잘 듣고 잘 따라했네! 정말 멋지다!"

 놀이할 때 주의사항 & 응용

- 아기마다 발달속도는 다 달라요. 한 번에 여러 개를 배우는 아기들도 있고, 한 번에 하나씩 배워나가는 게 더 잘 맞는 아기도 있습니다. 단순한 행동일지라도 아기가

익숙해하기까지는 며칠에서 몇 주가 걸릴 수 있어요. 하루에 모든 것을 다 가르치려 하지 마시고, 아이의 속도에 맞춰 하나씩 배워나가게 해주세요.
- '빠이빠이', '뽀뽀', '주세요'와 같은 행동도 보여주고 따라하게 유도하세요.
- 아기와 마주 앉아 여러 가지 얼굴표정이나 몸동작을 보여주는 것도 좋아요.

 이 놀이의 발달 효과 _ #상호작용 #소근육 #언어 #유대감

- 생후 9개월 이상의 아기들은 보호자를 관찰하고 모방하려는 행동이 부쩍 증가해요. 아기가 보호자를 '놀이친구'로 여기기 시작하면서 보호자의 모든 행동을 따라하려고 노력합니다.
- 생후 10개월 정도에는 엄지와 검지를 이용해 작은 물체를 집을 수 있을 정도의 소근육 발달이 이루어지며 간단한 말은 알아듣기 때문에 손이나 목을 움직이는 도리도리, 잼잼, 곤지곤지와 같은 놀이를 가르쳐주는 것이 좋습니다. 이를 통해 소근육 발달 뿐 아니라 언어적 지시를 이해하는 능력도 좋아집니다.
- 부모의 말과 행동에 아이가 반응할 때 부모-자녀간의 유대감이 한층 강화됩니다.

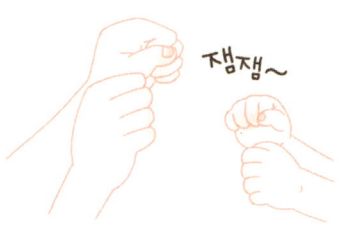

6개월~12개월

손가락 숟가락

다양한 질감의 음식을 손으로 집어 먹으면서 신체감각 및 조절능력을 발달시키는 놀이입니다.

★ 이 놀이가 가능한 월령 : 9개월 ~

★ 준비물 : 다양한 질감의 아기용 간식
(밥알, 익힌 야채, 두부, 쌀국수, 플레인 요거트, 과일 등)

놀 | 이 | 방 | 법

- 바닥에 깨끗한 비닐을 깔고, 아기 간식거리를 올려놓습니다.

    "지수야, 오늘은 여기서 간식을 먹자!"
    "여기에 딸기도 있네, 이건 고구마야! 달콤해!"

- 아기가 마음껏 손으로 간식들을 만져보고 으깨며 탐색할 수 있게 합니다.

    "이 국수는 길다! 그리고 미끌미끌하네. 자꾸 손으로 미끄러져!"

- 아기가 집은 간식의 이름과 간단한 특징을 말해줍니다.

    "이건 두부야. 두부는 부드럽고 말랑말랑해! 두부를 먹으면 건강해져요!"
    "바나나구나! 바나나는 길어요. 기다란 노란 바나나."

- 아기가 손에 쥔 간식들을 먹을 때 맛과 느낌을 말해줍니다.

    "딸기를 먹는구나. 딸기에서 빨간 국물이 나오네. 딸기가 새콤달콤해!"
    "밥알이 지수 뺨에 붙었네! 밥알은 끈적끈적, 구수한 맛이 나!"

놀이할 때 주의사항 & 응용

- 머리를 잘 묶어주고, 더러워져도 괜찮은 옷을 입히면 편하게 놀이할 수 있습니다. 바닥에 비닐을 깔거나 김장용 매트를 사용하면 청소가 훨씬 쉬워집니다.
- 아기가 먹을 것을 입으로 가져갈 때는 너무 큰 음식 조각을 삼키지 않도록 주의깊게 살펴봐야 합니다.
- 딸기처럼 색깔이 나는 과일을 손이나 발로 쥐어짜고 누른 후, 종이 위에 손바닥, 발바닥 찍기를 하는 것도 좋습니다.
- 밥풀이나 국수처럼 몸에 붙는 간식 재료를 아기나 부모의 볼, 손, 다리 등에 붙이고 떼어먹게 해도 좋아요.
- 플라스틱 칼로 두부나 삶은 감자를 잘라보게 하거나, 숟가락으로 요거트를 떠먹는 놀이를 할 수도 있습니다.
- 신나게 놀이를 한 후, 목욕 놀이로 연결하면 더욱 좋습니다.

 이 놀이의 발달 효과_ #미각 #촉각 #정서

- 이유식 시기에는 다양한 질감과 맛의 음식 재료를 접하는 게 좋아요. 그래야 새로운 음식에 대한 거부감이 줄어들어요.
- 아기들은 다양한 촉감과 식감을 경험하면서 미각과 촉각이 발달됩니다.
- 다양한 크기와 재질의 재료들을 탐색하면서 형태와 성질에 따른 특성을 이해하고 다루는 법을 익히게 됩니다.
- 손끝을 사용하는 놀이는 뇌를 자극시켜 두뇌를 활성화시켜줍니다.
- 촉각이 발달되지 않으면 정서적으로 불안하고 산만해지기 쉽습니다. 다양한 촉감 경험은 정서 발달에 큰 도움이 됩니다.

◦ 6개월~12개월

뜯고 찢고

손으로 종이나 비닐을 찢고 뜯으며 근력과 소근육 협응을 발달시키는 놀이입니다.

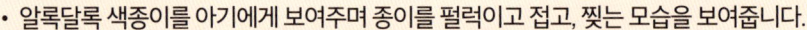

★ 이 놀이가 가능한 월령 : 10개월 ~
★ 준비물 : 랩, 색종이, 공 혹은 장난감

놀|이|방|법

- 알록달록 색종이를 아기에게 보여주며 종이를 펄럭이고 접고, 찢는 모습을 보여줍니다.
  "빨간색이네! 엄마가 색종이를 흔들어볼게. 종이가 펄럭펄럭!"
  "두 손으로 종이를 잡고 찌지직! 종이가 찢어졌다!"
- 아기가 자유롭게 색종이를 탐색하고 찢어볼 수 있게 합니다.
  "아, 그건 파란색이야! 우리 지수 바지랑 색깔이 똑같네! 파란색!"
- 아기와 부모가 함께 종이를 잘게 찢으며 재밌는 소리를 냅니다.
  "찌지직, 찍~ 종이를 찢을 때 재밌는 소리가 나네!"
  "이걸 더 작게 찢어볼까? 쭉~ 작은 종이 조각이 되었네!"
- 찢은 색종이 조각을 비닐봉투에 넣게 합니다.
  "자, 이제 종이를 비닐 안에 담자! 엄마는 이만큼 집었네!"
- 통에 작은 공이나 장난감을 집어넣고 투명 랩으로 감쌉니다. 아이가 안에 든 물건을 꺼내게 합니다.
  "지수야, 이 안에 지수 공이 있네. 꺼내보자!"
  "영차, 영차, 장난감아 나와라! 와, 지수가 꺼냈다. 우리 지수, 힘이 세구나!"

놀이할 때 주의사항 & 응용

- 종이의 날카로운 단면에 아이 손이 베이지 않도록 주의하세요.
- 처음에는 랩에 작은 구멍을 내어 아기가 찢기 쉽게 해주고, 점차 아기 스스로의 힘으로 해볼 수 있게 해주세요.
- 손잡이가 달린 투명 반찬통을 이용해도 됩니다. 뚜껑을 열어 안의 물건을 꺼내보게 하세요.
- 국자나 숟가락으로 통 안의 물건을 꺼내는 것도 재밌는 놀이입니다.
- 찢기 놀이를 경험한 아기는 책을 찢으려 할 수 있습니다. 이때는 부드럽게 "안 돼, 이건 찢으면 안 돼"라고 말해주고 찢어도 되는 물건을 주며 "이건 찢을 수 있어! 이걸 찢어보자"라고 유도해주면 됩니다.

 이 놀이의 발달 효과 _ #논리력 #촉각 #소근육

- 손을 잘 사용하기 위해서는 근력이 있어야 합니다. 찢거나 뜯는 행동은 근력강화뿐 아니라 엄지와 검지 사용을 능숙하게 만들어줍니다.
- 투명한 통에 담긴 물건을 꺼내는 놀이는 어떤 순서대로 움직임을 해야 하는지, 계획하고 실행하는지와 관련된 논리적 사고와 작업능력을 발달시킵니다.
- 종이를 찢을 때 나는 소리, 비닐을 뜯을 때 느껴지는 촉각 경험은 아기의 감각을 발달시키고 정서적 쾌감을 느끼게 해줍니다.

6개월~12개월

공을 굴려요!

공을 굴려보고 발로 차보며 공을 탐색하고 신체조절을 할 수 있도록 돕는 놀이입니다

★ 이 놀이가 가능한 월령 : 10개월 ~
★ 준비물 : 푹신하거나 말랑말랑한 공

놀|이|방|법

- 아기에게 공을 보여주고 굴리면서 탐색할 수 있게 합니다.

    "동글동글 공이예요. 공이 데굴데굴 굴러가네!"
    "이 공은 푹신푹신, 부드럽네!"

- 아기 손을 함께 잡고 공을 굴려보세요.

    "지수도 공을 굴려볼까?! 공을 손으로 밀치면, 공이 데굴데굴 굴러가요!"

- 보호자와 아기가 약간의 거리를 두고 마주 앉습니다. 아기에게 공을 굴려주고, 되돌려 보내게 합니다. 아기 옆에 보호자 중 한 명이 앉아 맞은편으로 공을 굴릴 수 있도록 도와주세요.

    "자, 엄마가 지수한테 공을 굴려줄게요! 공아! 지수한테 굴러가라! 데구르르!"
    "지수야, 엄마한테도 공을 주세요. 와, 지수가 엄마한테 공을 보냈네!"

- 아기의 겨드랑이를 잡아주고, 아기가 발로 공을 차보도록 하세요.

    "지수가 축구를 하네. 공을 뻥, 공이 데굴데굴 굴러가요!"

 ### 놀이할 때 주의사항 & 응용

- 처음 공놀이를 할 때는 가볍고 너무 크지 않은 말랑말랑한 천 재질의 공으로 시작하세요. 손과 발의 힘이 생기면 좀 더 딱딱한 비닐 재질의 공으로 바꿔주세요.
- 공에 끈을 달고 잡아당겨 아기가 기어가면서 공을 쫓아오는 놀이도 재미있어요. 반대로 아기가 공을 끌고 가면 부모도 재미있게 쫓아가세요.

- 공놀이를 할 때는 깨지거나 다칠 만한 물건을 미리 치워두세요.
- 날씨가 좋은 날, 바깥에서 공놀이를 해보세요. 신발을 신고 공을 차보는 것은 또 색다른 경험입니다.

 이 놀이의 발달 효과_ #대근육 #신체조절능력 #긍정성 #하체근력

- 공처럼 움직이는 물체로 놀이할 때 대근육 사용이 활성화되면서 근육기능이 강화되고 신체조절능력이 좋아져요.
- 대근육을 사용하는 신체 운동은 스트레스를 감소시키는 데 도움이 되며, 오피오이드 호르몬을 분비시켜 긍정적인 정서를 갖게 해줍니다.
- 아기의 애착대상인 부모와 함께 하는 신체 움직임 놀이는 전두엽의 감정조절 기능도 향상시켜줍니다.
- 공차기를 통해 기기와 서기에 필요한 하체 근력을 발달시킬 수 있습니다.

6개월~12개월

소꿉장난

먹고 마시고 자는 흉내를 내는 가작화를 통해 인지와 사회성을 발달시키는 놀이입니다.

★ 이 놀이가 가능한 월령 : 11개월 ~
★ 준비물 : 플라스틱 재질의 주방도구, 담요, 베개, 전화기, 빗 등

놀|이|방|법

- 플라스틱 재질의 컵을 이용해 먹고 마시는 흉내를 냅니다.
  "컵에 물을 따라서, 쪼르르르~ 물을 마셔요. 꿀꺽꿀꺽!"
- 빈 그릇에 숟가락질을 하며 먹는 흉내를 냅니다.
  "밥을 먹을까? 냠냠냠! 지수도 먹어요! 냠냠냠! 아유, 맛있다!"
- 베개를 베고 담요를 덮으며 자는 흉내를 냅니다.
  "다 먹었으니까 낮잠을 자요. 지수도 자장자장, 쿨쿨 잠을 자요!"
- 빗으로 머리를 빗거나 전화기를 들고 통화를 하는 시늉을 합니다.
  "머리를 빗을까요? 아이, 예쁘다. 지수가 머리를 빗었어요!"
  "따르릉, 아빠한테 전화가 왔네. 전화 받으세요!"

 놀이할 때 주의사항 & 응용

- 다소 과장된 몸짓과 소리에 아기들은 좀 더 주목하며 따라합니다.
- 음식물 모형을 이용해 놀이하는 것도 좋습니다. 아기가 모형을 입에 넣으려 할 때, 넣는 것 자체를 막을 필요는 없으나 먹을 수 없는 것임을 알려주는 것은 필요합니다.
  "이건 먹을 수 없어. 이건 장난감이야! 그냥 냠냠 먹는 것처럼 하자!"

- 평소 아기가 자주 보았던 장면을 놀이로 보여주세요. 아기에게 친숙한 활동일 때 아기는 좀 더 관심을 보이고 모방합니다.

 이 놀이의 발달 효과 _ #인지 #언어 #사회성

- 아기들은 11개월 정도가 되면 가장 기초적인 상징놀이를 시작합니다. 숟가락으로 먹는 시늉을 하거나 머리를 빗거나 거울을 보는 시늉, 전화를 하는 흉내를 내기 시작합니다. 이를 전상징기적 행동이라 하는데 아기들은 이러한 행동을 통해 물건에 대한 관습적인 사용을 이해하고 있다는 것을 보여줍니다.
- 상징놀이는 언어 및 인지발달과도 밀접한 상관이 있습니다. 언어가 느리거나 발달이 지연된 아이는 상징놀이도 늦게 시작하는 경향이 있습니다.
- 상징놀이는 언어적, 비언어적 상호작용을 활성화시켜주어 사회성 발달에 도움이 됩니다.

6개월~12개월

발등 걸음마

> 보호자의 발등에 아기를 세운 후, 이리저리 움직이며 신체균형과 조절 감각을 익히는 놀이입니다.

★ 이 놀이가 가능한 월령 : 11개월 ~

★ 준비물 : 없음

놀|이|방|법

- 아기와 마주보고 손을 잡은 후 아기의 발을 보호자의 발등 위에 올려놓습니다.

    "엄마랑 걸어볼까? 엄마 발등에 타세요!"
    "자, 우리 지수 발과 엄마 발이 만나요. 오른발, 그리고 왼발!"

- 아기를 발등에 올린 채 천천히 집안을 돌아다닙니다.

    "엄마랑 집 안 구경을 합시다! 하나 둘 하나 둘, 부엌으로 가요!"
    "이번엔 어디로 가볼까? 우리 지수 놀이방으로 갑니다. 영차, 영차, 오른발, 왼발!"

- 앞, 뒤, 옆으로 걸어보고, 낮고 높게, 천천히, 빨리, 다양한 방식으로 걸어봅니다.

    "뒤로 갑니다! 자, 이번엔 옆으로 가볼까요?"
    "와, 지수가 잘 잡았네. 엄마가 성큼성큼 크고 빨리 걸었는데!"

- 음악을 틀고 리듬에 맞춰 춤을 추듯 움직여봅니다.

    "엄마랑 춤을 춰요! 딴따다다~"
    "빙그르르, 이쪽으로 둥글게 돌아요!"

 놀이할 때 주의사항 & 응용

- 스타킹을 신으면 미끄러워요. 아기와 보호자 모두 맨발이 가장 좋습니다.
- 너무 빠른 곡보다는 조금 느린 곡에 맞춰 움직이세요. 아기와 보호자가 편하게 리듬을 즐길 수 있습니다.

- 걸음걸이에 가장 맞는 음악은 〈작은 별〉 같은 4박자의 음악입니다.

 이 놀이의 발달 효과 _ #성취감 #신체감각 통합 #긍정성 #리듬감 #유대

- 두 개의 작은 발로 스스로 균형을 유지하는 것은 아기에게는 큰 도전이 되며, 이러한 도전을 해냈을 때 커다란 성취감을 느낍니다.
- '서기' 연습을 하면서 아기는 눈과 목 근육을 포함한 모든 신체 감각을 통합하며 중력에 대한 두려움을 극복합니다. 서기에 능숙해질 때 걷기에 도전을 할 수 있습니다.
- 움직일 때마다 "하나, 둘, 셋, 넷", "오른발, 왼발"을 말해주면 자연스럽게 숫자나 위치감각을 익히게 됩니다.
- 아기가 기분 좋고 즐거울 때 뇌에서는 긍정적인 정서를 갖게 하는 신경물질이 분비됩니다.
- 발등 걸음마를 통해 리듬감을 익힐 수 있습니다. 또한 밀착된 스킨십으로 유대감이 높아집니다.

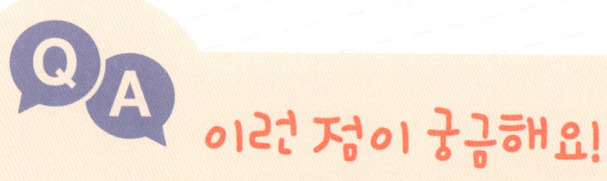

#산후우울증

Q. 주변에서는 순한 아기라고 하는데, 엄마인 저는 아기를 돌보는 게 너무 힘들어요. 준비가 안 된 상태에서 생긴 아기이기도 하고, 남편은 바빠서 저 혼자 육아를 담당해야 하는 것도 너무 부담스러워요. 혹시 저 때문에 아기가 잘못될까봐 두렵기까지 하구요. 먹이고 재우고 씻기는 기본 일과를 하는 것도 벅차서 아기와 놀아주는 것은 엄두도 내지 못하고 있어요. 산후우울증 같은데, 어떡하면 좋을까요?

: 출산 후 약 85%의 여성들이 일시적 '산후우울감'을 경험하지만 보통 2~4주 이내에 호전이 되면서 일상생활에 큰 문제를 겪지 않습니다. 하지만 10~20%의 산모들은 치료가 필요할 정도의 우울증을 겪기도 해요. 만일 우울, 짜증, 눈물, 불안, 기분변화 등의 증상이 6개월 이상 지속된다면 엄마 본인이 힘든 것은 물론 아기 발달과 가족관계에도 심각한 영향을 미칠 수 있기 때문에 반드시 주의가 필요합니다.

다음의 항목 중 7개 이상 해당된다면 전문가를 만나보기를 강력히 권합니다.
① 아이를 잘 키울 수 있을까 하는 생각에 마음이 무겁다.
② 내 아이인데도 그다지 정이 가지 않는다.

③ 나만 힘든 것 같고 육아는 너무 어렵고 부담스러운 짐이다.
④ 별다른 일이 없는데도 기분이 오르락내리락하고 눈물이 많아졌다.
⑤ 남편이 원망스럽고 보기 싫다.
⑥ 현재 내 모습이 마음에 들지 않는다.
⑦ 남편이 전혀 집안일을 하지 않는다고 생각한다.
⑧ 왜 아기를 낳았을까 후회될 때가 있다.
⑨ 식욕이 별로 없다.
⑩ 내 인생은 끝났다는 생각이 든다.

산후우울증은 엄마 혼자만의 힘으로는 해결하기 어려워요. 배우자와 다른 가족들의 도움과 협조가 반드시 필요합니다. 엄마가 우울증에서 회복되는 동안 아기의 양육을 돕는 대리 양육자나 보조 양육자가 반드시 필요하며, 엄마 또한 빠른 회복을 위해 노력해야 합니다. 전문가와 상담을 하는 동시에 스스로의 마음을 돌볼 수 있는 자기만의 시간을 갖고, 기분 전환을 위한 활동을 하거나 지나친 죄책감이나 원망감 혹은 불안감을 다루는 연습 또한 필요합니다.

#애착 #낯가림 #엄마 껌딱지

Q. 8개월 전까지는 낯가림이 별로 없던 아기가 갑자기 '엄마 껌딱지'가 되었어요. 자주 만났던 할머니에게도 가지 않으려 하고, 낯선 사람이 아는 체를 하고 안으려 하면 울며 엄마에게만 붙어 있어요. 애착에 문제가 생긴 건가요?

: 엄마에게 달라붙으려 하고, 낯선 사람을 경계하는 '낯가림'은 애착발달과정에서 흔히 나타나는 행동입니다. 애착연구자들은 아기의 낯가림을 '애착대상과 타인을 변별하는 신호'라고 봐요. 즉, 애착대상과 아닌 사람들을 구분해서 타인에게는 경계심을 보이고, 애착대상에게 달라붙으려고 하는 것입니다.

이 행동은 일차 애착을 본격적으로 형성하는 6~15개월에 많이 나타납니다. 아기들이 일차 애착을 형성할 때는 애착대상을 한 사람으로 정하기 때문에 주로 자신을 가장 잘 돌봐주는 엄마에게 달라붙으며 다른 사람들은 배척하는 모습을 보이기도 해요. 하지만 일단 일차 애착이 잘 형성된다면 주변의 다른 사람들과도 애착을 형성해가는 '다인수 애착'으로 발전하기 때문에 아빠, 할머니, 할아버지와도 잘 지내는 모습을 보이게 될 것입니다.

아기가 낯가림을 한다고 엄마하고만 지내게 되면 15개월 이후에도 낯가림이 지속될 수 있어요. 엄마의 보호 아래 다른 사람들과 즐겁게 놀이하거나 함께 있는 시간을 갖게 되면 낯가림이 심한 아기도 점차 낯가림이 줄어들게 됩니다.

Q. 우리 아기는 어릴 때도 낯가림이 별로 없었는데, 돌이 되어가는 지금도 엄마와 잘 떨어져요. 집에 손님이 오면 그 사람을 더 따르고, 엄마는 본체만체해서 섭섭하기도 해요. 주변에서는 순해서 좋다고 하는데, 좋은 건지 잘 모르겠어요.

: 분리불안을 문제라고 생각하기 쉽지만, 세 돌 이전의 분리불안은 정상발달의 한 과정이에요. 독립된 자아를 발달시키기 이전의 아기들은 자신을 안전하게 보호해줄 애착대상이 곁에 없으면 불안해하며 분리불안 증상을 나타내지만, 부모와 안정적인 애착을 형성한 아기는 만 3세 경이 되면 자아의 태동과 함께 애착대상이 내 곁에 있지 않아도 날 지켜줄 것이라는 믿음을 바탕으로 분리불안을 극복하게 됩니다. 이런 면에서 아

기 때의 분리불안은 양육자와의 애착정도를 보여주는 것이기도 합니다.

애착이 한창 강하게 형성되는 6~15개월의 아기가 주 양육자인 엄마를 따르지 않거나 엄마보다 다른 사람을 더 잘 따르고, 엄마와 분리되어도 스트레스를 보이지 않고 다시 만났을 때에도 반가워하지 않는다면 애착이 불안정하게 형성되어 있을 가능성이 높습니다. 엄마가 둔감하여 아기의 욕구를 적절히 충족시켜주지 못했을 때, 엄마가 두려운 존재일 때, 지나치게 간섭하여 피하고 싶은 존재일 때 아기는 애착반응 및 분리불안 반응을 보이지 않을 수 있습니다.

Q. 아기가 너무 엄마를 찾아서 아빠가 서운해 해요. 놀 때는 신나서 따르고 좋아하다가도 졸릴 때나 떼를 쓸 때는 아빠를 밀치고 엄마한테만 오려고 해요. 남자아이라 아빠와의 사이가 중요할 것 같은데, 너무 엄마만 좋아하니 걱정입니다.

: 세 돌 미만의 아기 대부분이 아빠보다 엄마를 따르는 경향이 있습니다. 아무래도 엄마가 더 많은 시간 육아를 담당하면서 아기의 욕구에 민감하게 반응했기 때문일 거예요. 특히 아기가 불편한 정서를 보일 때, 엄마는 무엇 때문에 아기가 힘든지 알고 해결하려는 반면 아빠들은 당황해하며 엄마에게 아기를 건네줄 때가 많지요. 이런 경험을 반복적으로 하게 되면 어린 아기들도 아빠는 놀 때는 재밌고 유용하지만 자신의 불편함을 달래주는 것은 엄마가 더 잘한다고 생각하여 엄마를 찾게 되는 것입니다.

아빠가 아기의 마음을 잘 살피고 안정감을 찾게 도와준다면 아기도 아빠의 품에서 편안함을 느끼게 되겠죠? 따라서 앞으로는 아빠도 아기의 정서적 욕구에 좀 더 민감하게 반응할 필요가 있으며, 엄마의 격려와 지지가 필요합니다. 아기가 아빠를 밀치고 엄마에게 왔을 때 엄마는 아기를 안아주고, 아빠가 옆에서 아기의 기분을 달래주면서 아기를 진정시키는 역할을 담당할 수 있도록 기회를 주세요.

#밤잠 #밤 수유

Q. 8개월 아기인데, 자다가 자주 깨요. 빨리 다시 재우고 싶은 마음에 깰 때마다 젖을 물리거나 업어 재우려하는데, 다시 잠드는 시간이 점점 늦춰지는 것 같아요. 그러다보니 점점 더 늦게 일어나고, 취침시간도 뒤로 가고, 정말 힘이 들어요.

: 생후 6개월이 되면 밤에 먹지 않아도 잠을 잘 수 있어요. 통상적으로 밤중 수유 중단은 생후 5개월부터 시작하는데, 자다가 배가 고파서 깨는 경우 1회 정도의 밤중 수유는 괜찮지만, 2회 이상으로 늘어나면 수면의 질이 나빠질 수 있어요. 자주 먹게 되면 먹는 양이 늘어나면서 소변의 양도 많아지고 체온, 소화, 내분비 리듬의 변화도 발생하면서 수면 패턴이 망가지게 되는 것입니다. 아기를 빨리 재우고 싶어 밤 수유를 하기보다는 서서히 밤중 수유를 끊을 수 있도록 수유 주기를 바꿔야 합니다.

또한 아기가 자다가 잠시 뒤척일 때마다 바로 안아주거나 젖을 물리는 큰 행동을 하면 아기가 잠에서 완전히 깨어날 수도 있습니다. 사람은 얕은 잠에서 깊은 잠에 이르는 대략 5단계를 한 주기로 하는 수면싸이클을 밤새 4~5회 반복하는데, 성인의 한 주기가 대략 90분 정도입니다. 유아의 경우는 그 주기가 훨씬 짧다고 알려져 있어요. 아기가 칭얼거리고 뒤척일 때는 수면 주기 중 얕은 잠을 잘 때로, 대개는 잠시 뒤척이다가 깊은 수면 단계로 넘어가게 됩니다. 하지만 이때 부모가 아기를 달랜다고 말을 걸거나 안거나 업거나 젖을 먹이게 되면 아기는 잠에서 깨어나버리게 되는 것이지요.

6개월 이전의 아기가 불편감을 보일 때는 신속하게 반응해야 하지만 6개월이 지난 아기라면 아기의 수면 중 뒤척임에 즉시 반응하기보다는 5~10분 정도는 조용히 지켜봐주시는 것이 좋습니다. 아기가 눈을 완전히 뜨고 고개를 들어 주변을 둘러볼 수도 있는데, 비몽사몽 중이라 다시 잠들게 될 것입니다. 육아를 할 때 반드시 필요한 인내심을 여기에서도 발휘해야만 합니다. 이와 함께 아기의 건강한 수면생활을 위해 올바른 수면의식을 꾸준히 진행하는 것도 잊지 마세요.

#발달 #걸음마 #구강기 #언어발달

Q. 아기와 놀아주려고 이런 저런 장난감들을 샀는데, 제대로 갖고 놀지 않고 자꾸 입으로 가져가려고만 해요. 더럽다고 제한하느라 놀이가 이루어지지 않네요. 어떻게 하면 입에 넣지 않게 할 수 있을까요?

: 이 시기는 '구강기'라서 입으로 빨거나 씹을 때 심리적 만족감을 느낍니다. 또한 감각적으로 사물을 탐색하는 단계라 입에 넣어서 탐색활동을 하기도 하구요. 감각 운동 통합 능력이 발달되면 보다 다양한 감각과 운동을 통해 사물을 파악할 수 있기 때문에 입으로 가져가는 일은 줄어들겠지만 아직은 손과 눈으로 탐색, 조작하는 것에 미숙한 어린 아기들은 여전히 입으로 가져가게 될 거예요. 앉지 못하고 손가락으로 잡기, 누르기 등이 서툰 아기들은 손에 쥔 물건들을 거의 입으로 가져갑니다.

아기 입에 넣어도 위험하지 않을 것들을 제공해주세요. 위험하거나 비위생적인 것은 치워두고, 입에 넣어도 될 것들을 놓아두거나 갖고 놀아주세요. 또한 아기가 다양한 감각과 신체운동능력을 통해 사물을 탐색할 수 있게 도와주고, 놀이자극도 부지런히 주어야 합니다. 특히, 눈과 손을 함께 사용하는 간단한 조작활동은 아이가 사물을 입에 가져가는 행동을 줄이는 데 큰 도움이 되며, 인지능력과 신체협응력 발달도 촉진시켜줍니다.

Q. 우리 아기는 9개월에 일어서더니 10개월부터 걸음마를 시작했어요. 주변에서는 너무 일찍 걸으면 다리가 휠 수 있으니, 많이 걷게 하지 말고 유아차에 태우라는데, 아기가 걷는 걸 좋아해 유아차에 앉지 않으려 해요.

: 일찍 걷기 시작하면 다리가 휘어져 O자형 다리가 된다는 말이 있는데, 실제로는 그렇지 않습니다. 아기들은 엄마 배 속에서 다리를 쪼그리고 있었기 때문에 다리가 휘어 보이는 상태로 태어납니다. 점차 다리에 힘이 생기면서 곧아져요. 돌 전 아기는 다리가 동그랗게 보이고 1~2세는 서서히 직선으로 보이다가 2~3세쯤에는 다리가 밖으로 벌어지고, 6~7살이 되면 성인처럼 다리가 직선으로 곧아지게 됩니다. 구루병이라던지 선천성 질병이 있는 경우 다리가 휠 수 있는데, 이런 경우에는 소아과 의사가 보면 알 수 있으니 미리 걱정할 필요는 없습니다.

다리가 휘어질까봐 걱정되어 한창 걷기 시작할 나이에 걷지 못하게 하면 신체운동 조절능력에 문제가 생길 수 있으며, 움직임이 너무 적어 과체중이 된다면 오히려 휜 다리가 될 수 있어요.

Q. 아기의 언어발달을 위해 말을 많이 건네려고 하는데, 어떻게 말해야 아기에게 언어전달이 잘 될까요? 언어적 자극을 제대로 주는 방법을 알고 싶어요.

: 엄마는 아기에게 사회적 관계를 맺는 첫 대상으로, 아기는 엄마를 통해 세상을 배워나가요. 언어 역시 엄마와의 관계를 통해, 그리고 엄마의 말을 듣고 따라하면서 배우게 됩니다. 언어적 자극을 줄 때 가장 중요한 것은 따뜻하고 애정이 가득한 관계를 형성하는 것입니다. 아기에게 말을 걸 때는 눈을 맞추고 따뜻한 어투로 말하고, 아기가 의미 있는 단어가 아닌 소리를 낼 때도 잘 들어주고 즐겁게 반응해주어야 합니다.

돌 이전의 아기가 엄마의 말소리를 아기가 따라하지 못하더라도 실망할 필요는 없어요. 말을 하기 위해서는 우선 많이 들어야 하므로 아기에게 반복적으로 언어를 들려주는 것이 좋고, 처음에는 '조롱조롱', '떼굴떼굴', '옹알옹알'처럼 재밌는 리듬이 있는 비언어적인 소리부터 들려주세요.

아기의 이름도 자주 불러주고 아기에게 말을 할 때는 아기가 엄마의 입 모양을 분명히 볼 수 있게 입을 또렷하게 벌려주는 것도 좋아요.

#부부싸움

Q. 아기 앞에서 심한 말다툼을 할 때가 종종 있습니다. 남편은 아직 아기가 어려서 말귀를 알아듣지 못하니 괜찮다고 하지만 왠지 찜찜하기만 합니다. 말다툼 후 냉전, 이런 식으로 싸우는 편이고, 물건을 던진다거나 신체적인 싸움은 하지 않았어요. 이렇게 말로만 싸운 건 괜찮지 않을까요?

: 영아기의 발달이 놀랄 만큼 빠르게 진행된다는 것은 아기가 주변 자극을 스펀지처럼 쭉쭉 빨아들인다는 것을 뜻합니다. 이때 아기들은 좋은 것이든, 나쁜 것이든 자기 주변에서 일어나는 일들을 여과 없이 모두 다 빨아들입니다. 만약 아기 주변에 부정적인 자극이 많다면 아기는 그것조차 흡수하게 될 것이고, 그 결과 치명적인 손상을 입게 될 수도 있습니다.

아기들은 생후 6개월만 되어도 찡그린 사람의 표정을 보고 두려움을 느껴 고개를 돌릴 정도로 정서가 발달합니다. 부모의 다툼으로 큰 소리, 화난 표정을 자주 들려주고 보여주었다면 아기는 이런 정서자극을 흡수하면서 꽤 큰 스트레스를 받고, 반응으로 강한 감정표출을 하게 될 수 있습니다. 오랜 시간 크게 울거나 머리를 벽에 박거나 계속 몸을 흔든다면 아이가 정서적으로 매우 불편한 상태라는 의미입니다.

불편한 정서자극이 오랫동안 지속될 때 아기가 더 이상 울거나 보채지 않고 주변에 무심한 모습을 보이기도 합니다. 이 반응은 아기가 괜찮아졌다는 뜻이 아니라, 울어도 소용이 없다는 것을 알게 되면서 나타내는 무력감의 표현입니다. 평화로운 부부관계와 부모의 건강한 스트레스 대처 방식은 행복하고 건강한 육아의 필수조건입니다.

#대리 양육자 #일관성

Q. 백일 간의 출산 휴가를 끝내고 회사 복귀를 앞둔 맞벌이 부부입니다. 아기를 돌봐줄 대리 양육자를 구해야 해서 주 3일은 친정어머님, 2일은 시어머님, 주말에는 저희 부부가 보는 걸로 계획하고 있어요. 이런 방법 괜찮을까요?

: 돌봐줄 사람들이 많다는 건 분명 아기에게 이로운 일입니다. 이때 주의해야 할 점은 양육자들의 일관성입니다. '사공이 많으면 배가 산으로 간다'는 속담처럼 양육자들이 많고 각자 양육관이나 방법이 상이하다면 아기는 매우 혼란스러울 것입니다. 어린 아기들은 아직 환경에 대한 적응능력이 부족하기 때문에 너무 변화가 많은 환경에 처하게 되면 스트레스를 받습니다. 돌 전의 아기가 스트레스를 겪게 되면 장기적으로 부정적인 영향을 미칠 수 있으므로, 양육자들이 함께 모여 육아와 관련된 논의를 충분히 해야해요.

기본적으로 아기의 생리적 주기를 고려한 일과를 구성하고, 아기를 달래는 법, 재우는 법 등 매일 반복되는 일들에 대해 양육자들이 비교적 비슷한 방법으로 대해야 합니다. 어르신들이 경험을 바탕으로 조언을 해주시겠지만, 아기의 육아와 관련된 결정에서 가장 중요한 사람은 부모라는 점도 잊으시면 안 되겠죠? 부모가 중심을 잡으면서 최종 결정과 조율을 하는 존재가 되었을 때 육아는 흔들림 없이 올바른 방향으로 나아갈 것입니다.

chapter 2

12개월~24개월

12개월~24개월

우리 아이에게 이동 능력이 생겼어요!

생의 두 번째 해의 가장 획기적인 사건은 바로 '이동 능력'을 갖추게 된 것입니다. 이제 아기는 더 이상 부모에게 의지하지 않고 자신이 가고 싶은 곳을 갈 수 있게 되었습니다. 그리고 드디어 첫 단어를 말한 후 몇 개월이 지나면 주당 10~20개의 새로운 어휘를 배웁니다. 24개월 무렵이 되면 무려 200여 개의 단어를 알고, "아빠 가", "엄마, 줘. 우유"와 같은 문장을 말할 정도의 언어능력도 갖추게 됩니다.

직립하여 걸을 수 있고, 언덕을 오르거나 내려갈 수도 있으며, 원하는 사물의 이름을 말하여 얻을 수도 있게 된 아기는 의기양양한 기분에 한껏 자아도취의 상태에 빠집니다. 자신감이 충만해진 아기는 이제 자신의 삶을 스스로 주관할 수 있다고 느끼며, 많은 것을 제 뜻대로 하고자 합니다. 그러나 바로 이때 태클을 거는 존재가 있으니 바로 '부모'입니다.

부모는 아기가 위험한 일을 할 때 제한하고, 하기 싫은 것을 하게 하거나 하고 싶은 일을 못하게 막습니다. 아기는 부모의 이런 행동이나 말을 자신의 자율성과 독립성을 방해한다고 여겨 "싫어!", "아니야!"라고 거절하고 화를 내며 떼를 심하게 부리기도 합니다. 아기의 이런 행동에 부모는 좌절하고 때론 화가 나기도 합니다.

만일 부모와 아기 사이의 갈등이 오래 지속되면 아기의 자율성과 독립성 발달에 해가 될 수 있습니다. 지나친 제한과 억압, 부모의 아기를 향한 부정적인 감정은 아기를 울적하게 하고 의존적으로 만들거나 반항적으로 만들 수 있습니다. 반대로 너무 제한을 하지 않게 되면 아기는 무분별하게 행동하는 자기통제력의 문제를 갖게 될 수 있으며, 부모가 자신을 안전하게 보호해주지 않는다고 여겨 불안감을 느낄 수 있습니다.

대부분의 아기는 자율성을 주장하기 위해 고집과 떼를 부리고 무모한 시도를 하기도 하지만 점차 자신의 한계를 깨닫고 아직은 좀 더 부모의 지도와 도움이 필요하다는 사실을 받아들이면서 자신이 할 수 있거나 해도 되는 것, 그리고 할 수 없거나 하면 안 되는 것들을 변별하는 진정한 자율성 발달을 이루게 됩니다. 부모가 아기 스스로 할 수 있는 것을 해볼 수 있는 기회를 제공하고 도전을 격려하며, 할 수 없거나 하면 안 되는 일에 대해서는 필요한 도움과 지시를 주고, 명확하고 일관성 있는 제한을 한다면, 그리고 아기가 좌절했을 때 따뜻한 위로와 편안함을 준다면 아기는 부모의 제한이 자신의 안전과 성장을 위해 꼭 필요한 것임을 알게 되어 신뢰감과 애착이 더욱 깊어지게 됩니다.

재미있는 놀이로 아기와 의사소통하며 자율성을 발달시켜요!

모든 아기들이 생의 두 번째 해가 끝나기 전에 '자율성'을 위한 투쟁을 하고 이를 발달시키는 것은 아닙니다. 아기가 제대로 자신의 신체를 조종할 수 없고, 언어를 통해 자신의 의사를 표현할 수 없다면 자율성 발달은 이루어질 수 없습니다. 이동 능력을 갖춘 아기들이 여기저기 움직이며 공간 감각을 익히고, 자신들이 속한 물리적 세계를 조작하고 탐색하며 언어적으로 명명할 수 있을 때 아기들은 자신감을 갖고 독립 준비를 시작할 수 있습니다. 따라서 보호자는 공간 감각을 포함한 다양한 신체지각능력을 높여주고, 언어적, 비언어적 의사소통을 활성화하며, 지시와 제한을 받아들이는 데 도움이 되는 흥미로운 놀이를 많이 해주어야 합니다.

12개월~24개월

아기 코알라

아기가 '아기 코알라'가 되어 부모 코알라에게 꼭 달라붙어 집 안 여기저기를 돌아다니며 신체균형능력과 부모와의 유대감을 강화시키는 놀이입니다.

★ 이 놀이가 가능한 월령 : 12개월 ~

★ 준비물 : 필요할 시 보자기 혹은 목도리

놀이방법

- 아기를 등에 올라타게 한 후, 보호자의 목(혹은 몸)을 꼭 잡으라고 말합니다. 이때 보호자는 아기를 잡지 않고, 아기의 힘으로 매달려 있게 하세요.

  "안녕, 아기 코알라야! 엄마를 꽉 잡아!"
  "아기 코알라야! 엄마한테 잘 매달려 있으렴! 자, 어디를 가볼까? 안방에 가볼까?"

- 몸을 일으켜 천천히 걷거나 움직여보세요.

  "안방으로 가려면 여기 소파를 넘어가야 해! 그러려면 엄마가 몸을 일으켜야 해! 옳지! 잘 했어! 우리가 소파를 잘 넘었다!"

- 몸을 앞, 뒤, 위, 아래로 흔들거나 속도를 높여보세요

  "이제, 또 어디로 가볼까?! 이번에는 조금 빨리 달려볼까!"
  "어구, 저쪽에서 호랑이가 오네요. 어서 도망갑시다!"

 놀이할 때 주의사항 & 응용

- 걸을 수 있고, 손으로 물건을 잡을 수 있을 때 이 놀이를 하세요.
- 균형 감각이 좋은 아기는 보호자의 몸이 움직이면 자연스럽게 자신의 몸을 낮춰 엎드린 자세로 보호자의 몸을 잡지만 균형 감각이 미숙한 아기들은 당황하거나 무서워할 수 있습니다. 아기가 불안해하지 않도록 아기의 몸을 엎드리게 한 후 보호자의 몸을 잡을 수 있도록 도와주세요.

- 아기가 잡거나 움켜쥐기 쉬운 재질의 옷을 입으세요. 보호자의 몸에 보자기를 묶어 아기가 보호자의 등에 매달렸을 때 잡을 수 있도록 해주는 것도 좋고, 매달린 아기의 몸 위로 보자기나 목도리를 안전띠처럼 둘러주어도 좋습니다.
- 겁이 많은 아기는 보호자의 얼굴이 보이지 않아 두려워하며 이 놀이를 거부할 수도 있습니다. 이때는 보호자의 다리에 매달리게 하거나 아기를 발등 위로 올려서 '코알라 놀이'를 할 수 있답니다.
- 아기가 위협감을 느끼지 않는 수준에서 몸을 움직이고, 몸을 일으키거나 속도를 빨리 할 때는 한 손을 아기 몸 가까이 대어 보호해주세요.

 이 놀이의 발달 효과 _ #유능감 #성취감 #유대감 #균형감각 #근육 #상호호혜성

- 보호자의 몸을 자신의 온몸과 손가락을 사용해 감싸 안고 잡으면서 대근육 발달과 협응을 이루고, 소근육 근력을 강화시킵니다. 또한 보호자의 움직임에 맞춰 자신의 자세와 힘을 조절하는 경험을 통해 균형감각도 높아지지요. 상황에 맞게 자신의 신체를 조절해냈다는 성취감과 유능감도 느끼게 됩니다.
- 걸음마기 아기는 스스로 하고 싶어하는 것도 많고 하겠다고 떼도 쓰지만 보호자가 없으면 두렵고 불안합니다. 보호자가 자신을 항상 안전하게 보호해주며 곁에 있어 줄 거라는 확신을 필요로 해요. 신체적으로 밀착된 상태에서 보호자가 자신을 보호해주는 존재라는 확신이 들 때 아기는 바깥 세상에 대한 탐험을 시작할 수 있게 됩니다.
- 서로의 힘과 자세에 맞추어 몸을 조절하면서 두 사람 모두 상대방에 대한 관심과 민감성을 발달시키고, 상호호혜성을 익히게 됩니다.

12개월~24개월

나비처럼 훨훨, 토끼처럼 깡충깡충

동물의 몸짓이나 특성을 흉내내며 상징화와 비언어적 의사소통을 연습하는 놀이입니다.

★ 이 놀이가 가능한 월령 : 12개월 ~
★ 준비물 : 동물 카드나 그림책

놀|이|방|법

- 아기와 동물 사진이나 동물 그림책을 보며 동물의 모습을 흉내내어 보여줍니다.

    "와, 지수야! 여기 큰 나비가 있네. 커다란 날개를 흔들며 훨훨 날아가요!(두 팔을 벌려 위 아래로 펄럭이며)"
    "토끼 귀가 쫑긋, 깡충깡충!(두 손을 머리 위로 올리고 무릎을 굽혀 뛰는 시늉을 하며)"

- 아기도 동물을 흉내내 보도록 합니다. 스스로 하지 않으면 동작을 만들 수 있게 도와주세요.

    "자, 팔을 벌리고 위로 아래로, 이렇게 움직여보자! 와, 나비가 되었네. 훨훨 날아요!"

- 아기가 동작들을 익혔으면 아기에게 동물 이름을 말해주고 동작을 해보게 하세요. 아기가 기억하지 못하면 부모가 동작을 보여주세요.

    "지수야, 나비가 어떻게 하지? 나비처럼 해보세요!"
    "나비는 두 팔을 벌리고 이렇게 날아가지요!"

 놀이할 때 주의사항 & 응용

- 아기들은 반복해서 보고 들으며 익힙니다. 한두 번으로는 기억하기 어려워요.
- 2~3개의 동작으로 시작하세요. 너무 많은 자극은 아기의 뇌를 피곤하게 만들 수 있어요.
- 평소 자주 사용하는 말도 몸짓으로 표현해보세요. 고개를 숙이며 "안녕!", 손을 흔들며 "빠이빠이", 고개를 흔들며 "아니아니" 등은 이 시기 아기들이 따라할 수 있는

몸짓 언어입니다. 상황마다 말과 동작을 함께 보여주세요.
- 아기가 동물 이름을 알고 말할 수 있다면, 보호자가 동물을 나타내는 동작을 하고 아기가 맞혀보게 해도 좋아요.

 이 놀이의 발달 효과 _ #언어 #사회성

- 단어와 몸짓을 연결하는 '의사소통 몸짓'은 아기의 언어발달을 촉진합니다. 의사소통 몸짓을 많이 사용하는 아기는 그렇지 않은 아기에 비해 어휘력이 더 좋아요.
- 흉내를 내는 것은 외현적 상징화 능력이 생겼다는 의미입니다. 무언가를 '상징'해서 표현하는 것은 사고가 시작되었다는 신호입니다.
- 몸짓과 같은 비언어적인 방식의 소통경험은 아기에게 의사소통의 효과와 즐거움을 느끼게 해줍니다. 이는 앞으로의 언어발달과 사회성에도 긍정적인 영향을 준답니다.
- 보호자의 몸짓과 소리, 동작을 관찰, 모방하며 학습의 기초를 형성해요.

12개월~24개월

주세요, 고마워요!

장난감이나 간식을 집을 때, 그리고 갖게 되었을 때 해야 하는 몸짓과 언어를 사용하며 사회적 규칙을 익히는 놀이입니다.

★ 이 놀이가 가능한 월령 : 12 ~ 18개월
★ 준비물 : 아기가 좋아하는 장난감, 간식, 바구니

놀|이|방|법

- 바구니에 아기가 좋아하는 장난감이나 간식을 넣어두고, 하나씩 꺼내 아기에게 보여줍니다.

  "지수야, 여기에 우리 지수 까까 있네. 까까 먹을까?"
  "엄마가 지수한테 빠방차를 보여줄게. 빠빵차를 갖고 싶니?"

- 아기가 장난감이나 간식으로 손을 뻗으면 부모는 양손을 모으고 "주세요!"라고 말하는 모습을 보여 주며 아기가 따라해보도록 합니다.

  "그래, 지수야! 까까 먹고 싶구나! 그러면 '주세요!' 해야지, 엄마처럼, 이렇게 해봐!"

- 아기가 따라하면 아기 손에 장난감이나 간식을 올려주며 "네. 여기 있습니다."라고 말해주고, 고개를 숙여 인사하는 법을 보여주고 해보도록 합니다.

  "우리 지수가 엄마한테 '주세요!' 했어요! 참 잘했어요! 여기 줄게요!"
  "이제 고맙다고 인사해야죠. 이렇게 고개를 숙이고 '고맙습니다'라고 하는 거야!"

- 부모도 아기에게 두 손을 모아 내밀며 "주세요! 엄마도 까까 주세요!"라고 해보고 고맙다고 고개 숙여 인사합니다. 아기와 부모가 번갈아 물건을 주고받으며 인사를 나눕니다.

  "지수야, 엄마도 까까 주세요! 와, 고맙습니다."
  "지수야, 뭐 줄까? 빠방차 줘요? 그럼 어떻게 해야 하지? '주세요~' 해야지!"

놀이할 때 주의사항 & 응용

- 즐겁고 유쾌한 분위기가 중요합니다. "'주세요'라고 안 하면 안 줄 거야!", "왜 인사 안 해!"라고 야단치듯이 말할 필요는 없어요. 아기가 스스로 하지 않으면 손을 잡거나 고개를 숙이게 도와주고 "이렇게 하는 거야! 잘했어!"라고 칭찬해주면 됩니다.
- 간식이나 장난감은 한 번에 하나씩만 보여주세요. 여러 개를 보게 되면 아기는 부모의 말에 귀기울이지 못합니다.
- 감정이나 의견을 나타내는 몸짓 언어를 알려주세요. 고개를 옆으로 흔들며 "싫어요!", 고개를 위아래로 끄덕이며 "좋아요!", 얼굴을 찡그리며 "화가 나요!", 웃으며 "기분이 좋아요!"라고 반복해서 말해주세요.

이 놀이의 발달 효과 _ #비언어적 소통력 #상호작용

- 그동안 전폭적인 사랑과 지지를 받았다면 이 시기부터는 조금씩 참고 기다리며 지시에 따르는 법을 익힐 차례입니다. 자기조절력을 관장하는 뇌 영역인 전전두엽의 안와전두피질은 돌부터 세 돌 사이에 완성되는 영역으로, 이 영역의 발달을 위해서는 참고 기다리며 비언어적으로 소통하는 능력을 배우는 것이 매우 중요합니다.
- 즐거운 놀이와 칭찬을 통해 아기에게 기다리고, 요청하며 인사하는 법을 가르치면 소유의 개념이 생기기 시작하는 18개월 이후의 발달도 수월하게 이루어집니다.
- 몸짓 언어를 통한 소통과 상호작용 경험은 이후 언어적 의사소통과 상호작용을 더욱 촉진시킵니다.

`12개월~24개월`

아장아장 산책

집 주변을 걸으면서 운동협응과 호기심을 발달시키는 놀이입니다.

★ 이 놀이가 가능한 월령 : 걷기가 가능할 때

★ 준비물 : 없음

놀|이|방|법

- 화창한 날에 함께 밖으로 나갑니다.
  > "지수야, 오늘 날씨가 좋네! 엄마랑 바깥 구경 가보자!"
  > "바람이 살랑살랑 부네. 햇볕도 따뜻하구나!"

- 아기의 속도로 걸으며 주변 구경을 합니다. 손잡는 것을 원치 않으면 혼자 걷도록 합니다.
  > "지수가 혼자서 걷고 싶어? 좋아!"
  > "노란 꽃이 피었네! 지수가 꽃한테 가는구나!"

- 아기가 관심을 보이는 것을 함께 살펴봐주고, 보호자가 보는 것을 아기도 볼 수 있게 해줍니다.
  > "아하, 그건 돌멩이야! 반짝반짝한 돌멩이네."
  > "지수야, 저기 좀 봐! 저쪽에 멍멍이가 있네!"

- 지형지물을 탐색하고 경험해 볼 수 있게 격려해줍니다.
  > "여기 턱이 있구나. 올라가야겠네! 자, 다리를 올려서! 옳지! 짝짝짝!"
  > "엄마 손을 잡고 내려가자. 천천히, 영차영차, 와, 우리 지수가 계단을 내려갔네."

 놀이할 때 주의사항 & 응용

- 아기가 혼자 걷는 것을 겁낸다면 처음에는 손을 잡고 함께 걷다가 주변에 관심을 갖고 걷기에 익숙해지면 자연스럽게 손을 놓고 스스로 걸을 기회를 주세요. 보호자가 손을 뻗으면 닿을 수 있는 거리에서 함께 걸으며 필요할 때 도와주시면 됩니다.

- 아기가 엉덩방아를 찧었을 때 호들갑스럽게 반응하지는 마세요. 지나친 호들갑이나 걱정은 아기를 놀라게 하거나 불안하게 할 수 있습니다. 아기가 다친 게 아니라면 밝게 "넘어졌어!"라고 말해주고, "어머, 지수 옆에 꽃이 있네!"처럼 주변에 관심을 갖도록 유도해주세요. 앉은 채로 잠시 주변을 탐색한 다음 다시 산책을 이어나가면 됩니다.
- 아기들의 시야는 아래쪽으로 치우쳐있어서 바닥에 있는 작은 것들을 잘 봅니다. 땅에 떨어진 것들을 만지려고 할 때 너무 더럽거나 위험하지 않다면 만지고 살펴볼 기회를 충분히 주세요. 결벽은 아기의 호기심과 탐색행동을 제한시킬 수 있습니다.
- 흙, 콘크리트, 모래 등 다양한 길을 걸어보고, 다채로운 주변 환경을 경험시켜주며, 아기가 보고 들은 것에 대해 말해주세요.

 이 놀이의 발달 효과 _ #운동협응 #사회성 #언어

- 운동숙달에는 상당한 연습이 따릅니다. 걸음마를 배우는 과정에서 아기들은 하루에 6시간 이상, 30미터 가까이 돌아다니면서 연습한다고 해요. 이러한 연습을 통해 아기의 작고 불안정한 걸음이 점차적으로 긴 걸음으로 변하고, 발을 더 모아 걷게 되고 발가락은 앞을 향하며 다리는 대칭적으로 협응을 할 수 있게 됩니다.
- 아기와 부모가 같은 사물과 사건에 주의집중을 하는 것을 '공동주의'라고 합니다. 공동주의는 아기의 사회성과 언어발달을 촉진시켜줍니다.
- 집에서 벗어나 더 큰 세계를 경험하는 것은 아기의 호기심과 탐색활동을 촉진시킬 뿐 아니라 기분 전환에도 도움이 됩니다.

12개월~24개월

아기 거인

> 아기를 높이 들어 돌려주고, 목마를 태워 신체 지각을 발달시켜주는 놀이입니다.

★ 이 놀이가 가능한 월령 : 12개월 ~
★ 준비물 : 없음

놀|이|방|법

- 아기의 겨드랑이에 손을 넣어 번쩍 들어올립니다.
  "아빠가 높이 들어줄게!"
  "와, 지수가 높이 올라갔네! 지수 키가 커졌네!"
- 아기를 들어올리고 한 바퀴를 돌며 주변을 살펴보게 합니다. 천천히, 그리고 빠르게 돌려줍니다.
  "지수야! 뭐가 보여? 거인이 되니까 식탁 위도 보이고, 아빠 책상도 보이겠네!"
  "이번엔 빠르게 돌아갑니다. 휘이익~ 슝!"
- 아기의 몸통을 안전하게 잡고 부모의 어깨 위에 올려놓아줍니다.
  "와! 아까보다도 훨씬 높아졌지! 지수가 아빠 어깨에 앉았어! 거인이 되었어요."
- 목마를 태운 채로 집 안 이곳저곳을 돌아다니며 구경합니다.
  "지수 거인이 안방으로 가요! 다음엔 어디로 갈까요?"
  "높은 곳에 있으니 엄마 머리를 만질 수 있네!"

 놀이할 때 주의사항 & 응용

- 갑작스럽고 과도한 움직임은 메스꺼움 등 소화기 장애를 유발하고 두려움을 고조시킬 수 있습니다. 천천히 들어올려주세요.
- 전정계 발달이 미숙한 아기는 높이 올려지는 것을 두려워합니다. 이런 아기는 앞쪽으로 감싸 안고 천천히 움직여주세요.

- 아기가 목마를 탄 상태에서 아래, 위, 양 옆을 볼 수 있게 해주고, 방향마다 아기의 흥미를 끄는 사물을 놓아두는 것도 좋습니다. 손을 뻗어 물건을 잡아보게 하거나 높이에 따라 사물이 다르게 보이는 것도 느껴보게 하세요.
- 아기를 들어올릴 때 앉은 자세에서 시작하여 천천히 몸을 일으켜 세우면 허리에 무리가 덜 가요.

 이 놀이의 발달 효과 _ #전정계 조직화 #신체지각 #시공간 감각

- 일어서고 걷고 높은 곳과 흔들림 속에서 몸의 균형을 유지하는 놀이는 전정계 조직화에 큰 도움이 됩니다. 중력에 대한 저항을 담당하는 전정계에 이상이 생기면 균형상실, 어지럼증을 겪을 수 있고 다른 감각들과의 통합이 방해받아 학습의 어려움으로 이어지기도 합니다.
- 다양한 신체활동은 아기로 하여금 뇌에 신체에 대한 내적 감각, 즉 신체지각을 형성하게 해줍니다. 신체지각은 상황에 맞는 신체 움직임을 조정하게 만들어주어 문제해결에 도움을 줍니다.
- 몸을 움직이고 새로운 시공간 감각을 경험할 때 아기는 기분 좋은 흥분과 각성을 느끼게 됩니다.

○── 12개월~24개월

이불 탐험 여행

이불 속에 들어가기도 하고 타기도 하면서 즐거움과 함께 신체운동능력을 발달시키는 놀이입니다.

★ 이 놀이가 가능한 월령 : 걷기가 가능할 때
★ 준비물 : 무겁지 않은 이불이나 담요

놀이방법

- 이불을 펼치고 이불의 그림, 무늬, 색깔, 촉감을 느끼게 합니다.
  "여기 이불이 있네. 분홍색 꽃무늬야! 이렇게 만지면 보들보들해."
- 아기의 얼굴 위로 이불을 살짝 덮었다 치웠다 하며 아기와 '까꿍 놀이'를 합니다.
  "어, 우리 지수가 어디 갔지? 사라졌네!"
  "까꿍! 지수가 나타났다! 우리 지수, 여기 있어요!"
- 아기를 눕게 하고 이불로 덮어준 후, 이불 밖에서 아기의 이름을 부르며 나오게 합니다. 아기가 나오면 안아주거나 박수를 쳐주며 환영해줍니다.
  "지수야, 우리 지수 어디 있니? 엄마한테 오세요!"
  "우리 지수가 엄마한테 왔어요! 이불 속에서 영차영차, 엄마를 찾아 나왔어요!"
- 아기를 이불 위에 앉게 하고 이불을 끌어줍니다. 천천히 시작해 조금씩 속도를 높여보세요.
  "자, 이제 이불이 자동차로 변신! 이불 자동차가 되었어요!"
  "지수야, 어디로 갈까? 저쪽 장난감 방으로 이불 자동차를 타고 가볼까요?"

 놀이할 때 주의사항 & 응용

- 갑자기 시야가 가려지고 주변이 어두워지면 아기가 놀랄 수 있어요. 처음에는 앞이 보일 정도로 이불을 덮었다가 점차 얼굴 전체를 가려주세요. 아기가 불안해하지 않도록 흥겨운 보호자의 목소리를 계속 들려주세요.

- 겁이 많은 아기라면 부모가 먼저 이불로 가렸다가 '까꿍' 하며 나타나는 놀이도 좋아요. 이 모습을 본 아기는 따라하고 싶어진답니다.
- 두껍거나 무거운 이불보다는 가볍고 촉감이 좋은 이불이나 담요를 준비해주세요.
- 의자를 양쪽에 놓고 그 위에 이불을 씌워 터널을 만들고 아기가 기어가게 하거나, 엄마와 아빠가 이불 양쪽을 잡고 흔들며 이불 그네를 태워주는 것도 아주 재미있는 놀이입니다.

 이 놀이의 발달 효과 _ #정서 #유능감 #문제해결력 #신체운동능력

- 어둠, 시야가 확보되지 않는 것은 본능적으로 '두려움'을 불러오기 때문에 피하고 싶지만, 계속 피하기만 하면 두려움은 줄어들기는커녕 증폭됩니다. 아기가 즐거운 놀이를 통해 어둡고 불확실한 상황을 경험하고 극복할 수 있는 기회를 주는 것은 정서 발달에 도움이 됩니다.
- 자신의 신체, 감각과 운동을 사용해 장애물을 헤쳐나가는 것은 아기에게 유능감과 성취감을 주며, 도전에 대한 의지, 문제해결력을 높여주는 효과가 있습니다.
- 움직이는 이불 위에서 몸의 균형을 잡으려고 노력하면서 신체운동조절력이 좋아집니다.

12개월~24개월

구불구불 런웨이

바닥에 붙인 테이프를 따라 걸으며 지시 따르기와 신체조절능력을 키우는 놀이입니다.

★ 이 놀이가 가능한 월령 : 16개월 ~

★ 준비물 : 청 테이프

놀|이|방|법

- 마룻바닥에 청 테이프를 붙여 길을 만듭니다.
  "엄마가 바닥에 길을 만들고 있어요!"
- 아기를 길의 시작점에 세우고, 바닥에 붙인 청 테이프를 따라 걷게 합니다.
  "자, 이제 이 초록색 길을 따라 걷는 거예요. 다른 길로 가면 안 돼요!"
  "와, 지수가 길을 따라 잘 걷는구나! 멋져요! 짝짝짝(박수)"
- 직선 길을 잘 걸었다면, 이번엔 우회전과 좌회전이 있는 길을 만들고 걷게 합니다.
  "이 길은 이쪽으로 구부러졌네. 길을 잘 보고 따라가세요!"
  "왼쪽으로 가는 길이네! 맞아! 그쪽 길로 가는 거지요! 잘했어요!"
- 지그재그, 구불구불한 형태의 길도 만들어 도전해봅니다.
  "와, 이 길은 이리 갔다, 저리 갔다 구불구불하네! 이쪽, 저쪽, 요쪽! 왔다 갔다!"

 놀이할 때 주의사항 & 응용

- 정교한 턴을 할 수 없으므로 직선 길이 아닐 때에는 각도를 충분히 만들어주세요.
- 걷기가 서투른 아기는 부모의 손을 잡고 걸으면 좋아요.
- 이 놀이를 잘하게 되면 "출발", "스톱"을 알려주고, 부모의 언어적 신호에 따라 움직이는 규칙을 더해 놀이를 업그레이드 할 수 있어요.

- 출발과 스톱을 익혔다면 '신호등 놀이'로 또 한 번 업그레이드 할 수 있어요. 아기에게 초록색은 출발, 빨간색은 멈춤이라는 것을 알려주고 초록색과 빨간색 카드를 번갈아 보여주며 이에 따라 움직이게 하는 것입니다.
- 아기들은 시야가 좁아서 주변을 잘 살피지 못해요. 주변의 위험한 것들을 미리 치워주세요.

 이 놀이의 발달 효과 _ #신체조절력 #순발력 #감각 통합

- 자기 마음대로 걷는 게 아니라 보호자의 지시를 따르고 지정한 곳으로 걷는 것은 규칙 이해의 가장 기본이 되는 '지시 따르기'를 연습하는 것입니다. '지시 따르기'가 가능해야 일상생활훈련을 비롯한 학습이 보다 용이하게 이루어져요.
- 가던 길의 방향을 바꾸는 것은 여러 감각의 통합으로 가능한 행동입니다. 상황에 맞게 신체를 움직이고 조절하는 연습을 많이 할수록 더 훌륭한 신체조절력과 순발력을 갖추게 됩니다.
- 길을 따라가며 소리를 듣거나 색을 보고 멈추고 움직이는 놀이는 아기가 신체 움직임과 시각 혹은 청각 자극을 결합시켜야 가능한 보다 복잡한 학습활동으로, 동시정보처리 능력을 높여줍니다.

12개월~24개월

흔들흔들 쿠션

쌓아놓은 쿠션 위에 서서 균형을 잡으며 신체조절력을 높이고 도전을 경험하는 놀이입니다.

★ 이 놀이가 가능한 월령 : 15개월 ~

★ 준비물 : 쿠션 혹은 방석들

놀|이|방|법

- 한 개의 쿠션이나 방석 위에 아기를 세워놓고 춤을 추거나 콩콩 뛰며 즐겁게 움직여보게 합니다.
  "지수가 방석 위에 올라갔어요! 춤을 춥시다!"
  "콩콩콩, 쿵쿵쿵! 지수가 방석 위에서 발을 굴러요!"
- 쿠션 위에 또 다른 쿠션을 더해 그 위로 아기가 올라가게 합니다.
  "와, 지수 키가 더 커졌구나. 지수가 두 개의 방석위에 올라갔어!"
- 쿠션 3개를 쌓고 아기가 그 위에 서서 균형을 잡을 수 있도록 합니다.
  "이번에 하나 더! 와! 정말 높아졌구나!"
  "오~ 방석이 높아지니 흔들흔들! 조금씩 움직여요! 지수가 잘 서 있구나!"
- 보호자가 아기 앞에서 팔을 벌리고 쿠션에서 점프하는 아기를 안전하게 잡아줍니다.
  "자, 이제 엄마한테 오세요! 엄마가 안아줄게요! 점프! 옳지!"

 놀이할 때 주의사항 & 응용

- 도전이 필요한 놀이에서 보호자가 불안한 모습을 보이면 아기의 두려움도 커져요. 부모가 아기를 보호해줄 것이기 때문에 두려워할 필요가 없으며 도전을 하는 것을 '기분 좋은 떨림'으로 느끼게 해주세요.
- 아기가 더욱 높은 곳에 올라가려 할 때, 발달수준을 넘는 도전이라고 판단되면 부

드럽게 제한해주세요.
- 쿠션이나 방석이 지나치게 푹신하면 아기가 균형을 잡기 어려워요. 두께감은 있지만 너무 푹신하지 않은 쿠션이나 방석으로 준비해주세요.
- 처음에는 아기의 손을 잡아 균형을 잡도록 도와주고, 익숙해지면 스스로 몸의 균형을 잡을 수 있게 해주세요.
- 처음 점프할 때는 낮은 높이에서 시작하고, 점차 높이를 올려주세요.
- 쿠션에서 균형을 잘 잡는다면, 짐볼 등 큰 공 위에서 보호자의 손을 잡고 균형을 유지하는 놀이를 해도 좋아요.

 이 놀이의 발달 효과 _ #신체조절력 #감각 통합 능력 #자긍심 #유대감

- 새로운 것을 시도하고, 어렵고 힘들어 보이는 것을 해보려는 '도전' 놀이는 아기들에게 성취감과 숙달감을 주고 불안을 완화시키는 데 도움이 되는 활동입니다. 보호자는 아기의 발달수준보다 약간 높은 것을 해볼 수 있는 놀이기회를 제공하고 격려해주어야 합니다.
- 흔들리는 곳에서 균형을 잡는 것은 평평한 곳에서보다 더 많은 감각 통합 능력을 필요로 합니다. 변하는 자극에 맞춰 균형을 유지할 때 아기의 신체조절력이 향상됨과 동시에 자신의 능력에 대한 자긍심도 높일 수 있어요.
- 높은 곳에서 보호자의 품으로 뛰어들어 안기며 보호자에 대한 아기의 신뢰가 높아지며, 유대감도 강화됩니다.

12개월~24개월

오래오래 매달리기

봉에 매달려 버텨보며 팔의 근력과 중력에 저항하는 힘을 키우고 인내심을 배우는 놀이입니다.

★ 이 놀이가 가능한 월령 : 12개월 ~
★ 준비물 : 아기가 매달릴 수 있는 막대 봉

놀|이|방|법

- 벽과 벽 사이에 막대 봉을 설치하고 아기를 안은 상태에서 아기가 봉을 만져볼 수 있게 합니다.
  "우리 지수 손으로 봉을 잡아볼까요?! 자~ 이렇게~ 잘 잡았네!"
- 봉 쪽으로 아기 몸을 돌려 안고 아기가 두 손으로 봉을 잡게 해줍니다.
  "자, 두 손으로 잡아보자! 옳지! 와, 지수가 철봉에 매달렸네!"
- 아기를 안고 있는 상태에서 막대 봉을 잡고 있는 아기를 앞뒤로 흔들어줍니다.
  "철봉 그네를 타볼까? 흔들흔들!"
  "우리 지수가 그네를 타요. 앞으로 뒤로, 흔들흔들 왔다갔다!"
- 아기를 잡은 손을 점점 느슨하게 만들며 아기 힘으로 매달릴 수 있게 합니다. 아기 스스로 매달리는 시간을 조금씩 늘려줍니다.
  "지수가 혼자서 매달렸네! 멋지다!"

 놀이할 때 주의사항 & 응용

- 아기의 손에 맞는 굵기의 막대 봉을 준비해주세요.
- 처음에는 막대 봉을 아기의 키보다 두 뼘 정도 높은 곳에 설치하고, 점차 높이를 올려주세요.
- 바닥에 푹신한 매트나 방석을 깔아두면 좀 더 마음 편하게 놀이할 수 있어요.

- 다양한 방식으로 매달릴 수 있어요. 팔과 다리를 봉에 감싸서 나무늘보처럼 매달려 볼 수도 있고, 아기가 봉을 잡은 상태로 보호자가 아기 다리를 들어올려 물구나무를 선 것처럼 해볼 수도 있어요.

 이 놀이의 발달 효과 _ #근력 #균형감각 #인내심 #지구력

- 손과 팔에 힘을 주고 버티거나 꽉 쥐어보는 활동은 근력을 키우는 데 도움이 됩니다. 이 근력은 숟가락질이나 글씨 쓰기와 같은 소근육 활동의 기초가 됩니다.
- 지구의 모든 생물들은 평생 중력에 저항하며 살아야 합니다. 중력에 버티며 몸을 지탱하는 힘을 키우게 될 때 바른 자세를 유지할 수 있습니다. 똑바로 앉거나 서는 신체활동 시 활력의 기본이 됩니다.
- 균형감각은 귀의 세반고리관과 전정기관, 소뇌의 발달과 관련이 있습니다. 아기가 균형감각을 키우기 위한 활동을 할 때 소뇌의 신경연결이 강화됩니다.
- 다소 불편하고 힘이 드는 자세를 유지하면서 인내심과 지구력을 키우게 됩니다.
- 아기를 스스로 해보도록 격려하고 쉴 수 있도록 안아주며 안전하게 돌봐주는 보호자의 행동은 아기가 보호자를 더욱 신뢰하고 안전감을 느끼게 해줍니다.

12개월~24개월

더 높이, 더 높이

오르막길과 높은 곳을 기거나 걸어 올라가면서 신체감각지각을 발달시키는 놀이입니다.

★ 이 놀이가 가능한 월령 : 12개월 ~

★ 준비물 : 이불이나 방석, 매트, 낮은 높이의 탁자, 장난감이나 간식

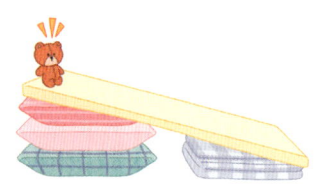

놀|이|방|법

- 이불이나 방석을 쌓고 그 위에 매트를 덮거나 낮은 탁자를 이용해 오르막길을 만듭니다. 제일 높은 곳에 아기가 좋아하는 장난감이나 간식을 놓아둡니다.

  "와, 저기 위에 우리 지수 곰돌이가 있네! 곰돌이를 찾으러 가보자!"

- 아기를 응원해주고, 엉덩이를 밀어주거나 몸을 받쳐 오를 수 있게 도와줍니다.

  "우리 지수가 오르기를 시작했습니다! 영차, 영차, 힘내라!"

- 아기가 다 올라가면 마음껏 칭찬하고, 장난감이나 간식을 즐길 시간을 줍니다.

  "와, 지수가 정말 잘 올라가는구나! 곰돌이도 찾았네!"
  "(짝짝짝) 우리 지수 멋져요! 높은 곳까지 잘 올라갔어요! 지수가 찾은 간식도 냠냠!"

- 내려올 때 점프를 하거나 반대편으로 내려올 수 있게 격려합니다.

  "이제 내려와야겠구나. 거기서 점프를 하면 엄마가 잡아줄게!"
  "자, 이제 이쪽으로 내려오세요! 몸을 뒤로 해서 내려가면 더 편하겠네!"

 놀이할 때 주의사항 & 응용

- 낮은 계단, 낮은 미끄럼틀, 놀이터의 경사 오르기를 활용해도 좋아요.
- 오르기를 힘들어하면 아기가 끈을 잡고 오를 수 있게 도와주세요. 좀 더 많은 도움과 격려가 필요한 아기들도 있어요.
- 겁이 많은 아기라면 보호자가 먼저 오르기 시범을 보이거나 인형을 이용해 오르는

법을 재미있게 보여줘도 좋아요.
- 내려오기 역시 아기에게는 만만한 일이 아닙니다. 특히, 고개를 아래로 향한 채 내려올 때 아기는 낭떠러지에 떨어지는 것과 같은 두려움을 느낄 수도 있습니다. 이때 몸을 돌려 서있는 자세로 벽을 잡고 내려오게 도와주세요. 필요하다면 아기의 발을 교차해서 움직여 내려오는 법을 알려주세요.
- 아기에게 신체활동은 많은 에너지 소모하는 일입니다. 놀이를 한 후에는 낮잠을 자거나 빈둥대며 쉴 수 있는 시간을 주세요.

 이 놀이의 발달 효과 _ #신체감각 지각 #시공간 지각 #자율성

- 아기들은 수평적인 공간과 수직적인 공간 모두를 탐색하고자 합니다. '오르기'는 아기가 중력과 움직임에 대한 감각들을 잘 조직화하고 신체감각들과 시각정보를 통합하도록 돕습니다.
- '오르기'는 특히 시공간 지각의 발달을 위한 중요한 활동으로, 거리와 깊이 개념 발달을 도와줍니다.
- 장난감이나 간식을 얻기 위해 능동적으로 몸을 움직여 성취하는 놀이경험은 아기가 자신의 신체를 목적 지향적으로 사용할 수 있게 이끌고, 자율성을 높여줍니다.

12개월~24개월

신나는 볼링

세워둔 페트병으로 공을 굴려 넘어뜨리며 신체조절능력 및 수 개념의 기초를 발달시키는 놀이입니다.

★ 이 놀이가 가능한 월령 : 12개월 ~

★ 준비물 : 페트병, 공

놀|이|방|법

- 아기와 함께 공을 굴려봅니다.
  "지수야, 여기 공이 있네. 공을 굴려보자! 데구르르, 공이 굴러 간다".
- 페트병을 아기 앞에 세우고 공을 굴려 맞혀 보게 합니다.
  "이 병을 공으로 맞혀보자! 공을 병 쪽으로 데구르르! 페트병을 쓰러트렸구나!"
- 아기와 함께 쓰러진 페트병을 세어봅니다.
  "지수가 몇 개를 맞혔나 볼까?"
  "하나, 둘, 셋! 와, 지수가 세 개나 맞혀서 쓰러트렸네!"
- 아기와 함께 페트병을 세워놓고 다시 맞혀봅니다.
  "페트병을 세워줄까? 자, 일어나세요! 옳지! 잘했어!"
  "다시 한 번 공으로 맞춰보자! 하나, 둘, 셋! 굴려주세요!"

 놀이할 때 주의사항 & 응용

- 너무 크고 딱딱하고 무거운 공, 너무 작고 탄성이 강한 공은 아기가 다루기 어려워요. 지름이 15센티미터 정도인 스펀지 공이 적당합니다.
- 처음에는 아기의 손을 잡고 함께 공을 굴려주세요. 아직 어린 아기라면 공을 던지거나 발로 차서 맞춰도 좋아요.

- 5~6개 정도의 페트병을 준비해주세요. 페트병에 모래나 콩을 조금 넣어서 무게감을 더하면 좀 더 힘을 사용해 구르게 하는 법을 배울 수 있어요. 아기가 24개월 이상이라면 공도 지름이 20센티미터 이상이 되는 것으로 바꿔주세요.
- 페트병에 소리가 나는 방울을 넣어주면 아기가 더욱 흥미로워해요. 다양한 종류의 페트병을 사용하면 다양한 형태와 그림, 재질을 경험할 수 있어요.

 이 놀이의 발달 효과 _ #신체조절능력 #집중력 #시공간 지각 능력 #수 개념

- 목적을 가지고 몸을 움직이면 아기의 두뇌 발달이 촉진됩니다. 두뇌에서 신체의 움직임을 처리하는 부위와 학습을 처리하는 부위가 같기 때문에 아기가 몸을 많이 움직이면 학습능력에도 긍정적인 영향을 미쳐요.
- 공을 맞춰 물건을 쓰러트릴 때 아기들은 신체적 즐거움과 동시에 정신적 쾌감도 느낄 수 있어요.
- 페트병을 쓰러트리기 위해서 집중력과 대소근육 조절능력, 시공간 지각 능력을 골고루 사용합니다.
- 페트병이 몇 개 쓰러졌는지, 몇 개 남았는지 세면서 수 개념을 익힐 수 있어요. 놀이를 통해 수 개념을 알려주면 두 돌 이후에 세는 법을 배우는 데 도움이 됩니다.

◦ 12개월~24개월

눈은 어디 있나, 여기!

노래를 부르며 신체와 사물에 대한 인식을 발달시키는 놀이입니다.

★ 이 놀이가 가능한 월령 : 12개월 ~

★ 준비물 : 인형이나 여러 사물들

놀|이|방|법

- <눈은 어디 있나?> 노래에 아기 이름을 넣어 부릅니다. 신체부위 명칭이 나올 때마다 아기의 손을 잡고 해당 신체부위를 짚어줍니다.

  "지수 눈은 어디 있나? 여기! 지수 코는 어디 있나? 여기!"

- 노래에 보호자를 넣어 부르며 아기가 맞는 신체부위를 짚도록 합니다. 서투른 아기라면 손을 잡고 도와주면 됩니다.

  "엄마 입은 어디 있나? 여기~ 와, 잘 찾네!"
  "아빠 귀는 어디 있나? 어디 있나? 여기!"

- 팔과 다리, 손과 발, 엉덩이 등의 신체부위도 노래가사에 넣어 부르며 함께 신체부위를 찾아봅니다.

  "지수 발가락은 어디 있나? 여~기!!"
  "엄마 엉덩이는 어디 있을까? 바로 여기!"

- 아기가 좋아하는 인형, 장난감, 알고 있는 사물 이름을 노래에 넣어 찾아봅니다.

  "아기 오리는 어디 있나? 여~기! 뿡뿡이는 어디로 갔나? 바로 바로 저~기!"

 놀이할 때 주의사항 & 응용

- 가장 기본이 되는 신체부위부터 시작해 점차 세부적으로 발전시켜보세요.
- 눈, 코, 입, 귀 등 얼굴에 있는 신체부위를 알았으면 팔, 다리, 목, 배, 엉덩이, 배꼽, 손과 발도 알려주세요.

- 〈머리, 어깨, 무릎, 발〉도 신체부위를 가리키는 대표적인 노래죠. 두 돌 미만의 아기는 신체특성상 허리를 굽혔다 펴는 게 어려워 이 노래에 맞춰 짚기를 하기는 어려워요. 이 놀이는 15개월 이후부터가 적절하며, 노래는 아기의 속도에 맞춰 천천히 부르고, 서서보다는 다리를 쭉 펴고 앉아서 신체부위를 짚도록 이끌어주세요.
- 아기가 신체부위를 알아도 가리키는 손가락 모양을 만드는 것을 어려워할 수 있어요. 두 번째 손가락만 편 아기의 손을 잡아 손가락으로 짚을 수 있도록 도와주세요.

 이 놀이의 발달 효과_ #자아 존중감 #언어

- 자아 발달은 자기신체에 대한 인식부터 시작해요. 자기를 인식할 수 있어야 타인도 인식할 수 있어요. 내 눈과 엄마 눈, 내 몸과 엄마 몸을 구별할 수 있을 때 자신과 타인이 별개의 존재임을 알게 되고, 독립적인 자아를 발달시키게 됩니다.
- 자신의 신체에 긍정적인 느낌은 높은 자아 존중감으로 이어져요. 아기에게 신체부위를 알려주고 귀하게 취급해주면 아기는 자신이 소중하고 사랑받는 사람임을 느끼게 됩니다.
- 18개월 이전의 아기에게 신체부위, 좋아하는 동물, 익숙한 사물 이름을 자주 들려주고 가르쳐주면 언어발달이 촉진됩니다.
- 알고 있는 단어와 실제 모습을 연결시키고, 단어만 듣고 실제를 찾는 놀이는 고도의 지적 활동을 요하며, 두뇌 발달을 촉진시킵니다.

12개월~24개월

숨바꼭질

부모와 아기가 번갈아 숨고 서로를 찾으며 신뢰감과 대상항상성을 발달시키는 놀이입니다.

★ 이 놀이가 가능한 월령 : 15개월 ~

★ 준비물 : 없음

놀|이|방|법

- 아기가 볼 때 소파나 의자 뒤에 숨는 모습을 보여주고, 찾아보게 합니다.

  "지수야, 엄마랑 숨바꼭질하자! 엄마 숨는다! 엄마 찾아보세요! 와! 엄마 찾았어!"

- 아기의 눈을 감게 하고 보호자가 숨은 다음 아이에게 찾아보게 합니다.

  "지수야, 엄마가 숨을게. 보면 안 돼! 이렇게 눈 감고!"
  "자, 엄마 숨었다! 엄마 찾아보세요!"

- 아기가 부모를 찾으면 팔을 벌려 안아주고 기뻐해주세요.

  "와, 엄마 찾았네! 엄마 여기 있었지?! 우리 지수 만났다!"

- 술래를 바꿔 아기가 숨고 부모가 찾으러 갑니다.

  "이제 지수가 숨으세요! 엄마가 찾을게요."
  "꼭꼭 숨어라, 머리카락 보인다. 지수야, 다 숨었니?"

- 아기를 찾는 시늉을 하고, 만나면 반갑게 맞아주세요.

  "지수가 어디 갔지? 우리 지수, 어디 있나?"
  "아, 여기 있네, 찾았다! 우리 지수! 엄마가 보고 싶었어!"

놀이할 때 주의사항 & 응용

- 숨바꼭질이 처음인 아기는 부모 중 한 명이 아기와 함께 술래가 되거나 함께 숨어 놀이 방법을 알려주세요.
- 숨는 영역의 반경을 점차 넓혀주세요. 처음엔 아기가 보는 앞에서 숨는 것에서 시작해, 아기가 보지 않을 때 아기 근처에 숨는 것에서 집 안 전체를 숨바꼭질 장소로 사용할 수 있어요. 영역이 넓어져 아기가 쉽게 찾지 못할 때에는 아기 이름을 불러 주어 주어 신호를 듣고 찾을 수 있도록 해주세요.
- '술래잡기'와 '숨바꼭질'을 합친 놀이도 좋아요. "나 잡아봐라!" 하고 도망가다가 숨고, 찾게 하는 거예요.

이 놀이의 발달 효과_ #대근육 #시공간 지각 #대상항상성 #신뢰감

- 뛰어다니고 집 안 이곳저곳을 살펴보면서 대근육 및 시공간 지각력이 발달합니다.
- 눈앞에 보이지 않아도 보호자가 늘 존재한다는 사실을 경험함으로써 안정감과 신뢰를 느끼고, 대상항상성이 발달됩니다. 대상항상성은 애착대상이 눈에 보이지 않거나 함께 있지 않은 상황에서도 여전히 존재하며 연결되어 있다고 느끼는 상태를 의미합니다. 대상항상성이 잘 형성된 아기는 분리불안을 느끼지 않게 됩니다. '까꿍 놀이'와 '숨바꼭질'은 대상항상성을 발달시키는 데 도움이 되는 놀이입니다.
- 놀이의 룰인 순서 지키기와 기본 규칙을 익히게 해줍니다.

12개월~24개월

미로 탈출

박스나 여러 소품으로 만든 미로를 헤쳐 나오며 시공간 지각력과 사고력을 발달시키는 놀이입니다.

★ 이 놀이가 가능한 월령 : 15개월 ~
★ 준비물 : 박스, 작은 가구, 이불 등 미로를 만들 때 필요한 소품, 아기 인형과 인형 유아차

놀|이|방|법

- 박스나 작은 가구를 이용해 여러 개의 코너가 있는 길을 만듭니다.
  "지수야, 엄마가 이것들을 이용해 길을 만들 거야!"
- 아기 인형을 유아차에 태우고 아기가 유아차를 밀어 길을 지나가게 합니다.
  "이제, 지수가 똘똘이 아가랑 이 길을 지나서 엄마한테 오면 돼요!"
  "똘똘이 아가가 유아차에서 떨어지지 않게 조심조심해서 엄마한테 오세요."
- 보호자는 길의 끝에서 아기를 기다리며, 잘 오는 지 확인하고 응원해줍니다.
  "우리 지수, 출발! 어서 엄마랑 만나자!"
  "지수가 어디쯤 왔나? 잘 오고 있지요?!"
- 아기를 만나면 두 팔 벌려 안아주고 기뻐해줍니다.
  "와, 우리 지수가 무사히 왔네! 똘똘이 아가도 잘 데려왔구나!"

 놀이할 때 주의사항 & 응용

- 박스를 양쪽으로 세워 벽처럼 만들 때 너무 좁지 않게 해주세요. 의자 여러 개를 양쪽으로 세우고 위를 담요로 덮어 길을 만들 수도 있는데, 이때는 너무 어둡지 않도록 빛이 투과되는 얇은 이불을 사용하면 좋아요. 너무 어둡거나 갑갑하면 아기들

이 겁낼 수 있어요.
- 인형 유아차는 아기가 밀 수 있을 정도의 크기가 좋아요. 장난감 쇼핑 카트나 아기가 타는 장난감 자동차도 좋아요.

 이 놀이의 발달 효과 _ #시공간 지각 #사고력 #성취감 #자존감

- 이제 아기는 자기 자신의 몸뿐 아니라 다른 사물까지 고려하며 환경에 반응하는 능력을 갖출 정도가 되었어요. 12개월 이상의 아기는 유아차가 벽에 부딪히면 계속 같은 방향으로 밀어붙이지 않고 다른 방향으로 틀어줄 수 있어요. 이는 아기들이 정신적 표상 능력을 갖추게 되었음을 의미해요. 정신적 표상 능력은 사고력 발달에 필수적인 요소랍니다.
- 유아차나 카트가 앞쪽으로 향하게 움직이고, 목적지에 도달하기 위해 주변을 살피는 동안 아기의 시공간지각능력은 더욱 발달하게 됩니다.
- 무사히 목적지에 도달한 아기는 성취감과 유능감을 느끼며 자존감이 높아져요.

○─── 12개월~24개월

뜯어져라, 얍!

집 안 곳곳에 붙여놓은 스티커나 접착테이프를 떼어내며
미세운동 협응력과 문제해결능력을 키우는 놀이입니다.

★ 이 놀이가 가능한 월령 : 12개월 ~
★ 준비물 : 여러 종류의 스티커, 접착테이프

놀|이|방|법

- 아기의 몸이나 옷 위에 스티커나 접착테이프를 붙이고 떼게 합니다.

  "어, 여기에 뭐가 붙었네! 아, 뽀로로 스티커구나!"
  "자, 떼어보자! 이렇게, 잡아서 얍!"

- 집 안의 가구나 사물에 스티커나 접착테이프를 붙인 후, 아기가 돌아다니며 찾아서 떼게 합니다.

  "또, 어디에 스티커가 있을까? 지수가 찾았어! 어디 영차, 영차 떼어보자!"

- 마룻바닥에 스티커나 접착테이프를 붙이고 떼어보게 합니다.

  "마루에 스티커가 찰싹 달라붙었네!"
  "와, 쉽지 않아! 그래도 떼어보자, 영차, 영차, 힘내라!"

- 떼어낸 스티커나 접착테이프를 책받침이나 종이에 붙여보게 합니다.

  "여기에 스티커를 붙이자! 지수가 찾은 스티커를 여기에 쫙! 잘 붙였어요!(짝짝짝)"

 놀이할 때 주의사항 & 응용

- 처음에는 도톰한 스티커로 시작해 얇은 접착테이프로 발전시키면 좋아요. 처음에는 몸이나 옷에 붙여서 쉽게 떼어낼 수 있게 하고, 점차 가구나 마룻바닥처럼 어려운 곳으로 옮겨주세요.
- 몸에 스티커가 붙는 것을 불편해 하는 아기도 있어요. 이때는 보호자 몸이나 아기

의 옷 위에 붙여주는 것부터 시작하세요.
- 아기가 떼기 쉽도록 스티커나 접착테이프의 한쪽만 살짝 붙여주세요.

 이 놀이의 발달 효과 _ #눈-손 협응력 #문제해결력 #소근육 #미세협응력

- 첫 돌이 지난 아기는 버튼 누르기, 스티커 떼기 활동에 집중해요. 아기의 눈-손 협응력을 키워주는 데 매우 효과적인 활동입니다.
- 자기 몸에 붙어 있는 스티커를 떼는 것은 보호자의 몸에 붙은 스티커를 떼어낼 때보다 더 복잡한 사고력을 요합니다. 어떤 손을 어떻게 움직여야 하는지 생각해야 하죠. 이때 문제해결력을 키우고 사고를 관장하는 뇌가 활성화돼요.
- 바닥에 붙은 접착테이프를 떼는 것은 인내력, 정교한 손동작, 근력을 필요로 하는 활동으로 소근육 및 미세협응력 발달에 큰 도움이 됩니다.

> 12개월~24개월

짝꿍 찾기

집 안에서 사용하는 물건들을 짝지어보며
시각적 변별력 및 분류 능력을 키우는 놀이입니다.

★ 이 놀이가 가능한 월령 : 12개월 ~

★ 준비물 : 짝을 이루는 물건들

놀|이|방|법

- 양말, 장갑, 신발 등 짝을 이루는 물건들을 바구니에 담고 아기에게 보여줍니다.

  "지수야, 여기 봐봐! 엄마가 바구니에 무엇을 넣었을까?!"

- 양말이나 장갑들 중에 한 켤레만 집어 아기에게 보여주며 같은 짝을 찾아보게 합니다.

  "어, 이거 누구 양말이지? 지수의 빨강 양말이구나!"
  "양말이 하나뿐이네. 또 다른 하나는 어디 있을까? 짝을 찾아보자! 와, 찾았다!"

- 바구니에 엄마, 아빠, 아기의 양말을 각각 한 켤레씩 넣고 아기에게 주인을 찾아보게 합니다.

  "우리 지수 양말 어디 있지? 찾아보자!"
  "아빠 양말은 어떤 걸까? 맞았어요! 우리 지수가 아빠 양말 찾아줬어요!"

 놀이할 때 주의사항 & 응용

- 많은 물건을 한꺼번에 제시하면 아기는 혼란스러울 수 있어요. 서너 개의 물건부터 시작하세요.

- 아직 분류개념이 미숙한 아기들에게는 "노랑 양말이 또 어디 있지?", "여기에 나비가 그려져 있네, 그럼 나비가 그려진 다른 양말을 찾아봐야겠다!"와 같이 안내해주는 게 큰 도움이 됩니다.

- 같은 그림이 그려져 있는 숟가락과 젓가락을 찾거나, 집에 있는 노란색 물건들을

찾아보는 것처럼 형태는 다르지만 그림이나 색깔이 같은 물건을 찾는 놀이도 좋습니다. 두 돌이 지난 아기와는 '욕실에서 쓰는 물건', '부엌에서 쓰는 물건'처럼 기능에 따른 분류하기도 시도해보세요.

 이 놀이의 발달 효과 _ #시각 변별력 #수리능력 #분류 능력

- 돌이 지나면 아기들은 똑같은 물건을 찾아낼 수 있을 정도의 시각적 변별력을 갖추게 됩니다. 이 시기에 물건 찾기와 같은 놀이로 시각적 지각을 보다 발달시킬 수 있습니다.
- 아기는 같은 형태, 모양, 색깔의 짝을 찾으며 형태지각력, 일대일 대응 등 수리능력을 발달시키게 됩니다.
- 짝을 찾고, 물건의 소유를 찾아보며 논리적 사고력의 기초가 되는 분류 능력과 소유개념을 익히게 됩니다.

12개월~24개월

바벨탑

블록이나 플라스틱 반찬통을 쌓고 무너뜨리며 소근육과 수 개념을 발달시키는 놀이입니다.

★ 이 놀이가 가능한 월령 : 12개월 ~

★ 준비물 : 종이 블록이나 스펀지 블록, 플라스틱 반찬통 등

놀|이|방|법

- 블록을 양손에 들고 부딪쳐 소리를 내기도 하고, 여러 방법으로 세우고 쓰러트려 봅니다.

    "블록 박수 시작! 짝 짝 짝!"
    "엄마가 블록을 세웠다. 톡~ 쓰러졌네!"

- 아기가 블록을 이리저리 만져보며 탐색할 수 있게 합니다.

    "블록을 눕혔다가, 이번엔 블록을 세웠네!"

- 먼저 부모가 블록 3~4개를 쌓으며 숫자를 세는 모습을 보여주고, 아기도 블록을 쌓아보게 합니다.

    "자, 블록을 쌓아보자! 하나, 둘, 셋!"
    "지수도 블록을 쌓아요! 옳지, 하나, 둘, 셋! 지수가 3개의 블록을 쌓았구나!"

- 부모는 일어서서 발로, 혹은 앉은 상태에서 손으로 블록을 쳐서 넘어트립니다.

    "이제 블록을 무너뜨리겠습니다! 발로, 슛! 블록이 와르르 무너졌다!"

- 아기도 블록을 무너뜨리게 합니다.

    "이제 지수도 블록을 무너뜨려 볼까? 지수도 발로 슛! 와! 블록이 다 무너졌다!"

놀이할 때 주의사항 & 응용

- 레고처럼 끼워지는 블록은 무너뜨릴 수 없으므로 종이나 스펀지 블록으로 준비해 주세요. 작은 택배 상자를 모아뒀다가 블록 대신 유용하게 사용할 수 있습니다.
- 플라스틱 반찬통도 블록 대용으로 사용 가능합니다. 통 안에 콩이나 팥알을 넣으면 쌓거나 무너뜨릴 때 소리가 나기 때문에 아기들이 좀 더 흥미로워 합니다.
- 블록을 무너트릴 때 신체의 다양한 부위를 이용하면 좋아요. 머리로 헤딩을 하거나 주먹으로 쳐서, 손가락으로 밀어서 무너뜨려보게 하세요.

 이 놀이의 발달 효과 _ #눈-손 협응력 #소근육 #시공간 지각 #수 개념

- 걸음마기 아기들은 블록을 쌓고 무너뜨리며 신체적인 쾌감을 느낍니다. 자신의 힘이 어떻게 외부세계에 영향을 미치는지 알게 되고, 자신의 능력에 대한 자긍심을 느끼기도 하지요.
- 블록을 쌓는 것은 소근육뿐 아니라 눈-손 협응능력과 시공간 지각능력을 요하는 활동입니다. 높이와 크기를 가늠하고 이에 따라 자신의 신체와 사물을 조절하면서 아기는 감각 운동 통합 능력을 더욱 정교하게 발달시키게 됩니다.
- 숫자 세기는 수 개념 발달의 가장 기본입니다. 일상에서 자연스럽게 수를 세는 모습을 보여주고 들려주면 좋아요.

— 12개월~24개월

뚜껑을 찾아라!

다양한 형태와 크기의 반찬통을 준비하고, 뚜껑을 분리시킨 후 맞는 뚜껑을 찾아주면서 시각적 변별력과 분류능력을 높이는 놀이입니다.

★ 이 놀이가 가능한 월령 : 12개월 ~
★ 준비물 : 뚜껑이 있는 다양한 형태와 크기의 반찬통이나 그릇

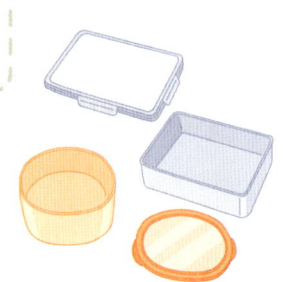

놀|이|방|법

- 아기에게 다양한 반찬통을 보여주며 크기, 색깔, 모양에 대해 이야기합니다.

    "지수야, 여기에 반찬통이 정말 많다! 이건 지수가 좋아하는 노란색 통이야!"
    "이건 네모낳고, 이 통은 동그랗네!"

- 아기와 함께 반찬통의 뚜껑을 열어 분리합니다.

    "이건 잡아당겨야 하네! 영차, 영차! 열렸다!"

- 분리한 반찬통의 뚜껑을 뒤섞습니다.

    "뚜껑들을 섞어요! 이리저리 섞어요! 지수도 뚜껑들을 쉑쉑!"

- 아기에게 반찬통 하나를 보여주고 뚜껑을 찾아보게 합니다.

    "이제 뚜껑을 찾아주자! 이 네모난 반찬통 뚜껑이 어디 있을까?"
    "엄마랑 함께 찾아볼까? 크고 네모 모양에 노란색 뚜껑아 나와라!"

- 나머지 반찬통의 뚜껑도 찾아보게 합니다.

    "이제 이 반찬통의 뚜껑을 찾아주세요!"
    "와, 지수가 찾아줬어요. 딱 맞아요! 고맙습니다!"

놀이할 때 주의사항 & 응용

- 뚜껑 찾기를 처음 시작할 때는 2~3개의 반찬통부터 시작하세요. 원형과 사각처럼 모양이 확연히 다른 것부터 시작하면 좋아요.
- 아기가 제법 잘하기 시작하면 같은 모양이지만 크기가 다르거나, 색깔이 다른 것으로 준비해주세요.
- 아기가 틀린 뚜껑을 찾았을 때 "아니야!" 대신 뚜껑을 반찬통에 맞춰보고 무엇이 잘못되었는지 친절하게 알려주세요. "아, 이거는 너무 크구나. 좀 더 작은 걸 찾아볼까?" 이렇게 가이드를 해주며 아기가 다시 찾아볼 수 있도록 도와주세요.
- 15개월 이후의 아기에게는 반찬통 안에 건포도, 뻥튀기와 같은 작은 간식을 넣어두고 아기가 직접 뚜껑을 열어 꺼내 먹게 하세요. 개폐 방식이 다양한 반찬통, 입구의 크기가 제각각인 반찬통을 준비해주시면 더욱 좋아요.

이 놀이의 발달 효과 _ #시각 #형태지각력 #근력 #분류 능력

- 형태, 색깔, 크기와 같은 여러 요인을 고려해 짝을 찾는 놀이활동은 아기들에게 좀 더 정교한 시각적 변별력과 형태지각력을 발달시키는 데 도움을 줍니다.
- 반찬통을 열어보고 맞춰보면서 근력과 소근육이 발달됩니다.
- 다양한 개폐방식이 있는 반찬통을 조작하면서 아기는 돌리기, 비틀기, 누르기 등 다양한 움직임을 경험합니다. 또한 입구의 크기에 따라 그 내용물을 얻는 방식이 다르다는 점도 배우게 됩니다. 이를 통해 물리적 세계에 대한 조작법을 익히게 됩니다.

12개월~24개월

어디에 숨었을까?

휴대전화로 집 안에 있는 물건을 찍어 아기에게 보여준 후, 함께 찾으며 주의력과 시각적 관찰력, 사물인지능력을 증진시키는 놀이입니다.

★ 이 놀이가 가능한 월령 : 15개월 ~

★ 준비물 : 휴대전화

놀|이|방|법

- 휴대전화로 주방, 안방, 거실, 세탁실 등에 있는 물건들을 찍고, 아기에게 보여줍니다.
    "지수야, 엄마가 사진 보여줄게! 이거 봐봐!"
    "어, 이건 뭐지? 하얗고 네모난 모양에, 아주 큰 것 같은데?"
- 아기에게 사진에 나온 물건들을 찾아보게 합니다.
    "이건 세탁기 같은데? 이 세탁기는 우리 집 어디에 있을까?"
- 집 안 여기저기를 돌아다니며 사진에 나온 물건을 찾아봅니다.
    "정말 똑같다. 지수가 찾았네! 와, 멋져요! 세탁기는 다용도실에 있었구나!"
- 사진에 찍힌 다른 물건들을 하나씩 찾아봅니다.
    "이번엔 이걸 찾아보자! 까맣고 네모난 모양에, 텔레비전인가?"
- 며칠 후에 사진을 다시 보여주고 찾기 놀이를 해봅니다.
    "지난 번 사진에 나온 거 찾기 놀이했었지? 또 해보자!"
    "이 세탁기는 어디에 있었지?"

놀이할 때 주의사항 & 응용

- 아기가 평소 자주 접했던 물건부터 시작해서 점차 집 안의 다양한 물건들을 찾아 보게 하세요. 물건을 원래 장소에서 옮기거나 숨기지는 마세요.
- 아기가 물건을 찾을 때 물건의 이름, 간단한 기능, 물건이 속해 있는 장소에 대해 정보를 주세요. "이건 냉장고야! 냉장고에는 먹을 것들이 들어 있어. 맛있는 요리를 할 수 있어요. 냉장고는 부엌에 있어!"처럼 하면 됩니다.
- 주인이 있는 물건이라면 주인이 누군지에 대해서도 알려주세요. '아빠 안경', '엄마 지갑', '지수 인형'처럼 해당 물건이 누구에게 속해있는지 말해주면 좋아요.

이 놀이의 발달 효과 _ #주의력 #시각 관찰력 #사물인지

- 주의지속력과 기억력은 학습에 꼭 필요한 요소입니다. 아기들의 흥미를 자아내는 찾기 놀이를 통해 이러한 능력들을 높여줄 수 있어요.
- 이 놀이를 통해 일상생활에서 자주 보는 물건들의 이름과 기능을 알고, 그 물건들이 속해있는 장소와 사람을 짝지을 수 있어요. 아기들은 한 번 보고 배운 것은 쉽게 잊을 수 있으므로 완전히 습득할 때까지 반복해서 알려주면 좋아요.
- 주변 사물들에 각각 이름이 있고, 고유의 기능을 있음을 알게 되면 아기들은 주변에 더욱 흥미와 관심을 가질 수 있어요.

12개월~24개월

가족사진

가족사진을 보며 가족구성원을 이해하고 언어발달을 촉진하는 놀이입니다.

★ 이 놀이가 가능한 월령 : 12개월 ~
★ 준비물 : 가족사진이나 동영상

놀|이|방|법

- 가족사진을 아기 눈높이에 맞춰 벽이나 냉장고에 붙입니다.
  "지수야, 여기에 엄마가 사진을 붙여놨어!"

- 사진 속에 있는 가족구성원을 손가락으로 짚어보며 이름을 알려줍니다.
  "지수야, 엄마 어디 있어? 엄마, 여기 있네! 엄마!"
  "아빠는 어디 있을까? 아빠 찾아보자!"

- 아기의 손가락을 잡고 함께 가족구성원을 짚으며 이름을 말해줍니다.
  "지수야, 우리 지수 찾아보자! 그래, 맞아! 여기 지수가 있네!"

- 아기가 사진 속 가족을 보고 옹알이를 하거나 손가락으로 가리키면 반응해줍니다.
  "마마! 지수가 '마마' 했어! 그래, 엄마지! 여기 엄마가 있네!"
  "빠빠, 빠빠! 아빠지? 지수가 아빠를 봤어! 아빠가 웃고 있네!"

- 사진의 배경, 사물, 사진을 찍을 당시에 관한 이야기를 해줍니다.
  "우리 지수는 빠빵차를 탔어! 빨강 빠빵차네!"
  "이때 아빠가 지수를 업어줬지! 지수가 많이 걸어서 다리가 아팠지!"

놀이할 때 주의사항 & 응용

- 들고 다닐 수 있을 정도의 크기로 아기 앨범을 만들어주면 좋아요. 아기사진과 가족사진, 자주 보는 친구나 친척들의 사진을 앨범에 넣어주세요. 자주 사진을 보며 가까운 사람들의 이름을 알려주고 즐거웠던 시간을 떠올리게 해주세요.
- 동영상을 함께 보는 것도 좋아요. 동영상에서 인상 깊은 장면이 나오면 화면을 정지시키고 아기가 좀 더 잘 볼 수 있도록 도와주세요.
- 아기들이 손가락으로 사진이나 동영상을 가리킬 때, 이를 보며 옹알이를 할 때는 충분히 주의를 기울이고 반응해주세요.

 이 놀이의 발달 효과 _ #신체 변별력 #언어 #자아 인식 #기억력 #의사소통

- 자신의 모습과 타인의 모습을 구별하는 신체적 변별력은 자기개념의 기초가 됩니다. 자신과 타인이 다르게 생겼고 각각 이름이 있다는 것을 알려줄 때 자아 및 타인 인식을 할 수 있게 됩니다.
- 사진을 보면서 사진에 나오는 사람, 사물, 경험에 대해 이야기해주는 것은 아기의 기억력 발달에 도움이 됩니다.
- 부모의 이야기를 들으며 아기도 손짓과 옹알이로 반응하며 사회적 의사소통능력을 발달시킵니다.

12개월~24개월

요상한 촉감놀이

마른 식재료를 물에 넣고 불려가면서 다양한 촉감을 경험하고 사물의 특성과 변화를 인지하는 놀이입니다.

★ 이 놀이가 가능한 월령 : 15개월 ~
★ 준비물 : 마른 미역이나 다시마, 마른 표고버섯, 마른 당면이나 쌀국수

놀|이|방|법

- 마른 재료들을 보여주고 만져보게 하세요.

  "와, 지수야, 이게 뭘까? 만져보자!"
  "이건 아주 딱딱해. 위에 하얀 가루 같은 것도 있어!"

- 아기와 마른 재료들을 만져보며 이름과 특성을 알려주세요.

  "까맣고 하얀 가루가 있고 딱딱한 이것은 다시마야!"
  "이건 버섯이야! 동그란 갈색이 머리같지? 이건 먹는 거야! 보글보글 끓이면 맛있는 버섯 요리가 되지요!"

- 물이 담긴 큰 그릇에 마른 재료들을 넣습니다.

  "여기 물이 있는 그릇에 다시마랑 미역이랑 버섯이랑 국수를 넣을 거야!"
  "엄마랑 지수랑 같이 넣자! 자, 여기 지수 꺼! 지수가 버섯 넣어!"

- 물에 불린 식재료를 관찰하며 이야기를 나눕니다.

  "지수야, 이거 봐! 다시마가 아까보다 커졌어! 미역도 키가 커졌는데?"

- 그릇에 손을 넣고 식재료를 만지며 변화를 느껴봅니다.

  "어? 아까 미역은 딱딱했는데, 지금은 아주 미끌미끌해~"
  "이 버섯 좀 봐! 침대처럼 푹신푹신해졌어!"

- 식재료를 다양한 방식으로 탐색해봅니다.

  "버섯을 찢어볼까? 쭈~욱, 찢어졌다!"

놀이할 때 주의사항 & 응용

- 커피 가루나 발포 비타민 등 물에 닿으면 녹는 물질, 종이나 스펀지처럼 물이 닿았을 때 변화가 일어나는 사물을 관찰해도 좋아요.
- 마른 식재료는 딱딱하고 날카로워 손을 다칠 수 있으니 주의해야 합니다.
- 이 놀이를 마치고 사용한 식재료로 요리하는 과정을 통해 같은 식재료가 또 다르게 변하는 모습을 관찰할 수 있어요. 완성된 음식에서 버섯과 미역 등을 찾아봐도 재미있겠죠.
- 재료의 특성과 변화에 대해 다양한 단어로 표현해주세요.
- 목욕 놀이를 할 때 식재료를 준비해 몸이나 욕실 벽에 붙여보고, 짜기, 비틀기 등 다양한 경험을 할 수 있어요.

 이 놀이의 발달 효과 _ #촉각 #언어 #인지

- 촉각은 외부 세계를 인식하는 매우 중요한 감각기관 중 하나입니다. 손의 촉각을 이용해 여러 사물을 탐지하는 동안 뇌는 활발히 정보처리활동을 해요.
- 동일한 사물이 환경에 따라 다르게 변하는 것을 관찰하면서 아기는 사물의 특성에 대한 이해를 넓혀나가게 됩니다.
- 사물을 표현하는 다양한 어휘를 들으면서 언어발달이 촉진됩니다.

○─ 12개월~24개월

엄마가 된 아기

아기 인형을 돌보는 가상 행동을 하며 상징적 사고와
감정이입능력을 키우는 놀이입니다.

★ 이 놀이가 가능한 월령 : 18개월 ~
★ 준비물 : 아기 인형, 아기를 돌보는 데 필요한 물품들
(젖병, 포대기, 숟가락, 담요 등)

놀|이|방|법

- 아기에게 아기 인형과 돌보기에 필요한 물품들을 보여줍니다.
  "지수야, 여기 똘똘이 아가야! 똘똘이 기저귀, 똘똘이 젖병도 있네!"

- 아기를 돌보는 행동을 할 수 있도록 이끌어 줍니다.
  "어머, 지수야, 똘똘이가 배가 고프대! '응애응애, 우유 줘!' 하네!"
  "똘똘이가 졸린가봐! 업어줘야겠다. 지수가 똘똘이 업어주자!"

- 아기가 인형을 돌볼 때 곁에서 격려해줍니다.
  "지수가 똘똘이에게 우유를 주었구나. 똘똘이가 정말 잘 먹네!"

- 다양한 돌보기 행동을 해볼 수 있도록 합니다.
  "지수야, 똘똘이가 이제 놀고 싶대! 뭘 하고 놀아줄까?"
  "아, 딸랑이! 지수가 똘똘이에게 딸랑이를 흔들어주고 있어요!"

- 아기 인형을 눕히고 재우는 것으로 놀이를 마무리합니다.
  "아기가 피곤한가봐! 너무 많이 놀아서! 이제는 자고 싶대!"
  "어디에 눕힐까? 아, 지수 침대에 똘똘이 눕혀줄 거야! 눕히고 자장자장 해주자!"

 **놀이할 때 주의사항 & 응용**

- 아기가 받은 돌봄을 인형에게 해볼 수 있도록 유도해주세요. 아기가 엄마 젖을 먹었다면 아기가 인형을 품에 안고 젖을 먹는 시늉을 해보게 하고, 아기를 도와 인형에게 기저귀를 채우고, 옷을 입혀보게 해주세요.
- 눕히면 눈이 감기고 세우면 눈에 떠지는 인형이나 실제 아기와 닮은 인형을 무서워하는 아기라면 귀여운 봉제 인형을 사용하면 됩니다. 성장하며 사물인식능력이 좋아지면 이런 두려움은 자연히 사라져요.
- 아기 인형의 목소리로 아기 인형을 소중히 다루는 법도 지도해주세요.

 이 놀이의 발달 효과 _ #인지 #상징적 사고 #감정이입 #사회성 #상호호혜성

- 18개월 전후의 아기들은 다른 사람이나 물건의 흉내를 내거나 인형에게 우유를 먹여주는 등의 가상놀이를 할 수 있게 됩니다. 가상놀이는 상징적 사고 과정을 요하는 수준 높은 인지활동으로, 가상놀이를 잘하는 아이들이 인지능력도 우수해요.
- 자신의 경험을 아기를 통해 표현하고, 아기를 돌보는 엄마의 역할을 해봄으로써 다른 사람의 입장을 이해하고 공감하는 감정이입능력을 발달시키게 됩니다. 감정이입능력은 사회성의 핵심요소입니다.
- 부모와 주거니 받거니 역할놀이를 하고, 아기 인형을 소중히 돌보면서 또래관계에서 꼭 필요한 상호호혜성과 타인에 대한 존중을 배우게 됩니다.

12개월~24개월

그대로 멈춰라

노래에 맞춰 동작을 멈추고 시작하면서 집중력과 자기 조절력을 키우는 놀이입니다.

★ 이 놀이가 가능한 월령 : 18개월 ~
★ 준비물 : 없음

놀|이|방|법

- 아기와 노래를 부르며 춤을 춥니다.
  "랄랄라~ 와! 우리 지수 춤을 잘 추네! 엉덩이를 씰룩씰룩, 다리를 흔들흔들!"
- 아기와 손을 맞잡고 <그대로 멈춰라!> 노래에 맞춰 춤을 춥니다.
  "즐겁게 춤을 추다가~ 그대로 멈춰라! 멈추래! 춤추지 말고 가만히!"
  "다시 즐겁게 춤을 추다가~ 그대로 멈춰라! 다시 멈추세요! 와, 잘한다!"
- 멈추는 시간을 짧게, 길게도 해봅니다.
  "와, 이번엔 한참을 기다렸네! 잘 참았구나!"
  "빨리, 빨리. 다시 춤을 춥니다!"
- 가사를 바꿔 부르고(만세를 하세요, 악수를 하세요, 앉으세요 등), 가사에 맞춰 동작을 합니다.
  "즐겁게 춤을 추다가~ 만세를 하세요!"
  "와, 지수가 '만세!' 했어! 노래를 잘 들었구나!"

 놀이할 때 주의사항 & 응용

- 휴대전화나 시디플레이어로 노래를 들으며 춤을 추는 것도 좋아요.
- 노래의 기본 박자를 익힌 다음 속도를 다양하게 변주하여 불러주세요. 빠를 때는 빠르게 움직이고 느릴 때는 몸을 천천히 움직이면서 리듬감을 키울 수 있어요.
- 신체발달이 더딘 아기라면 처음에는 노래를 천천히 불러주세요. 몸을 움직이다가

갑자기 멈추는 것은 신체균형능력을 필요로 해서 운동능력이 미숙한 아기들은 겁을 먹을 수 있어요.
- 다양한 노래와 음악을 들으며 같이 율동 동작을 해보세요. 걸음마기에 맞는 대근육과 몇 가지 소근육 동작이면 충분합니다. 노래에 처음부터 끝까지 가사에 맞는 율동을 하기에는 무리가 있어요. '생일축하' 노래에는 손뼉치기나 '후' 하고 촛불 끄는 시늉하기, '꼬부랑 할머니' 노래에는 '꼬부랑' 단어가 나오면 허리 굽히기 정도가 적당해요.
- 아기가 '멈춰라!'의 뜻을 이해하지 못할 수 있어요. 이때는 아기의 손이나 몸을 '멈춰라!'에 맞춰 잡아주세요. 오래 잡으면 두려워할 수 있으므로 멈춘 아기를 칭찬하고, 바로 즐겁게 춤을 추는 게 좋아요.

 이 놀이의 발달 효과 _ #집중력 #자기 조절력 #신체균형능력 #순응성

- 음악이나 소리를 듣고 동작을 표현하는 것은 뇌 발달에 좋은 놀이입니다.
- 지시에 따라 동작을 멈추는 놀이는 소리를 변별해서 듣는 집중력, 움직이고 싶은 욕구를 참아야 하는 자기 조절력, 신체균형능력을 요구해요. 즉, 인지와 자기조절, 그리고 운동능력 모두가 필요한 놀이활동입니다.
- 아기들은 신이 나면 멈추지 않고 계속 하려고 합니다. 그래도 지시에 맞추어 잠시라도 멈췄다면 충분히 칭찬해주세요. 그래야 앞으로 지시에 대한 순응성이 좋아집니다.

12개월~24개월

옛날 옛날에~

그림책을 보며 어휘력과 표현력을 키워주고 교감을 높이는 놀이입니다.

★ 이 놀이가 가능한 월령 : 18개월 ~
★ 준비물 : 그림책이나 그림 자료

놀|이|방|법

- 그림이나 사진이 있는 그림책이나 그림 자료를 보여줍니다.
    "지수야, 여기 토끼가 있네. 엄마랑 토끼 보자!"
    "와, 이게 뭘까? 예쁜 그림들이 있네. 재미있겠다!"
- 그림책을 읽어주거나 그림 자료를 보여주며 관련된 이야기를 나눕니다.
    "코끼리는 정말 커! 지수랑 엄마랑 아빠랑 동물원에서 코끼리 봤지! 회색의 아주 커다란 코끼리가 코를 번쩍 들었어, 그래서 지수가 깜짝 놀랐지!"
- 아기가 손가락으로 가리키거나 말을 하는 것에는 더 큰 반응을 해줍니다.
    "아, 이거, 이건 원숭이! 원숭이는 바나나를 좋아한대요!"
    "원숭이는 털을 만져주는 걸 좋아해! 끽끽 소리를 낸대."
- 그림의 상황이나 얼굴표정 등에 대해서도 말합니다.
    "어머, 아기 곰이 울고 있네! 슬픈가봐!"
    "울지 말라고 쓰담쓰담 해주자! '울지 마! 곰돌아!'"(그림 곰을 쓰다듬는 시늉을 하며)

 놀이할 때 주의사항 & 응용

- 책의 처음부터 끝까지 읽는 독서 방법은 걸음마기 아기에게 적합하지 않습니다. 그림책에 관심을 가질 수 있도록 재미있는 표정이나 소리를 더해주세요.
- 아기가 그림과 관련해 말하거나 행동하면 충분히 관심을 가져주세요.

- 그림책은 일상생활과 밀접한 사물이나 경험과 연관이 있으면 가장 좋아요. 주변에서 흔히 볼 수 있거나 접할 수 있는 것들의 명칭과 기능을 알고, 사람들이 자주 경험하는 정서표현에 대해 아는 것이 중요하니까요.
- 아기가 몸을 비틀고 다른 곳으로 가려하거나 흥미 없어하면 책 읽기를 멈추세요. 억지로, 끝까지 읽히려고 하면 오히려 책에 대한 거부감이 높아질 수 있어요.

 이 놀이의 발달 효과 _ #언어 #이해력 #교감력

- 18개월에서 24개월은 주당 10~20개의 새로운 어휘를 습득할 정도로 언어발달이 급속히 일어나는 시기입니다. 이 시기에는 '모든 것에는 이름이 있다'는 사실을 깨달으며 사물명칭을 배우려는 욕구가 강하기 때문에 일상생활에서 볼 수 있는 친근한 사물들의 이름을 자주 들려주는 것이 좋아요.
- 이 시기는 거울 신경 세포가 가장 활발한 시기이기도 합니다. 보호자의 말을 따라하려는 욕구가 크기 때문에 많이 들려주고 보여주는 것이 중요합니다.
- 걸음마기 시기에 정서적 경험에 대한 대화를 많이 나누면 자신과 타인의 감정에 대한 이해능력이 보다 잘 발달해요. 사물 명칭뿐 아니라 '슬프다', '화가 났다', '~하고 싶다'처럼 감정과 상황을 표현하는 단어들도 많이 사용해주세요.

12개월~24개월

거울 속의 나

아기가 거울을 보고 얼굴에 붙은 점을 떼어내며 자기 인식을 발달시키도록 돕는 놀이입니다.

★ 이 놀이가 가능한 월령 : 18개월 ~

★ 준비물 : 잼, 스티커, 거울

놀|이|방|법

- 아기와 함께 우스꽝스러운 표정을 지어봅니다.

  "지수야, 엄마 봐봐! 아~ 입을 크게 벌렸다! 지수는 눈을 크게 떴구나! 재밌네!"

- 거울 속에 비친 아기와 엄마 얼굴을 탐색합니다.

  "여기 지수가 있네! 우리 예쁜 지수!"
  "지수 옆에는 엄마가 있어요! 엄마가 지수 머리를 쓰담쓰담!"

- 아기의 이마, 코, 뺨에 잼으로 점을 찍어주고 거울을 보여줍니다.

  "어, 지수야, 이게 뭐지? 지수 코에 빨간 점이 있네!"

- 아기가 자신의 얼굴을 만져 묻은 잼을 찾아내면 칭찬해줍니다.

  "지수 코에 묻은 잼을 찾았어! 잘 찾았네!"
  "지수 뺨에 하나, 둘, 두 개의 점이 묻어 있었어! 지수가 그걸 찾았어!"

 놀이할 때 주의사항 & 응용

- 잼과 함께 핑거페인팅 물감, 스티커, 포스트잇 등을 사용할 수 있어요.
- 끈적끈적한 느낌을 불편해 하는 아기는 종잇조각이나 셀로판지 등을 이용하세요. 이때 아기가 입에 넣지 않도록 주의해주세요.
- 전신거울 앞에서 다양한 신체부위에 스티커를 붙이고 아기가 거울을 보며 찾는 놀

이도 좋아요. 이때 '무릎', '어깨', '허리' 등 신체부위에 대한 명칭을 말해주는 것도 잊지마세요.
- 거울 속에 비친 모습이 자신임을 인식하지 못하는 아기도 있어요. 거울을 만지는 아기에겐 잠시 거울을 만져보도록 한 후, 아기의 손을 잡아 잼이 묻어있는 곳을 만지게 해주며 거울 속의 자신을 이해할 수 있도록 도와주세요.

이 놀이의 발달 효과 _ #자기 인식 #타인 인식 #공감력

- 코에 얼룩이 묻은 것을 거울을 통해 발견하고 자신의 코를 만지는 행동을 하는 것은 거울 속의 모습이 바로 '자기'임을 안다는 의미입니다.
- 18개월~20개월의 아기들은 거울 속에 비친 존재가 자신이라는 '자기 인식'이 생기게 되면서 거울을 보는 것을 좋아합니다. 거울을 보며 우스꽝스러운 표정을 짓는다거나 장난을 치며 적극적으로 자신을 탐색해 나가지요.
- 거울 속의 자기를 인식하게 되면서 아기는 '나', '나의', '내 것'과 같은 인칭대명사를 이해하게 됩니다. 또한 다른 사람의 관점이나 감정을 이해하며, 또래의 행동을 모방하는 것도 가능해집니다. 타인의 감정이나 상황을 이해하는 타인 인식은 자기 인식 이후에 이뤄져요.
- 거울을 보고 여러 표정을 지으면서 아기는 '마치 ~처럼' 꾸미는 가장놀이를 할 수 있는 표상 능력을 발달시킵니다.

12개월~24개월

이게 나야?!

큰 종이에 아기의 몸을 그리고 꾸며주면서 신체적 자기 인식을 높여주는 놀이입니다.

★ 이 놀이가 가능한 월령 : 16개월 ~

★ 준비물 : 전지, 그림 도구

놀|이|방|법

- 바닥에 전지를 펼치고 그 위에 아기를 눕힙니다.

    "엄마가 여기 종이 이불을 펼쳤어요. 자, 한번 누워보세요!"

- 누운 아기의 팔과 다리를 마사지 하듯 만져주고 크게 벌려보게 합니다.

    "쭉쭉쭉쭉! 우리 지수 쭉쭉 커라!"
    "얼마나 자랐는지 볼까? 팔을 쭈~욱, 다리도 쭈~욱!"

- 색연필이나 마커를 이용해 아기 신체의 윤곽선을 그려줍니다.

    "자, 엄마가 우리 지수 그려줄게! 잠깐 가만히 있어주세요!"

- 다 그린 후, 아기와 함께 그림을 보며 신체부위를 찾아봅니다.

    "와, 우리 지수가 이만큼 컸네! 지수 손은 어디 있을까? 맞아! 여기 손이 있네!"

- 그림 도구를 이용해 함께 꾸며봅니다.

    "우리 지수를 예쁘게 해주자! 스티커를 붙여줄까?"
    "크레용으로 칠해주자! 지수는 노란색을 골랐구나!"

놀이할 때 주의사항 & 응용

- 아기들은 집중력이 짧아서 오래 한 자리에 누워 있는 것을 어려워해요. 신체 윤곽선은 되도록 빨리 완성해주세요.
- 아기들은 신체 윤곽선을 그리는 동안 몸을 움직이고 간지러워하기도 합니다. 사소한 움직임은 유쾌하게 받아주세요.
- 미리 눈, 코, 입 모양의 스티커를 준비했다가 함께 얼굴에 붙이는 것도 좋아요.
- 모자, 양말, 바지 등을 그림 위의 알맞은 곳에 놓아주는 놀이도 할 수 있어요.
- 아기들은 아직 제대로 된 형태의 그림을 그리지 못하므로 알아보지 못하더라도 실망하지는 마세요. 지금은 아기가 그림 도구를 쥐고 끄적이며 표현하려 하는 것이 중요한 단계입니다.

 이 놀이의 발달 효과 _ #자기 인식 #신체조절력 #소근육 #미세운동 협응력

- 자신의 신체 크기나 신체부위를 볼 수 있는 경험을 제공하여 신체적 정보에 대한 이해력을 발달시킵니다. 자신의 신체를 아는 것은 자기 인식의 기초가 됩니다.
- 신체 윤곽선을 그리는 동안 기다리면서 신체 조절력을 키울 수 있습니다.
- 큰 종이 위에 자유롭게 그림을 그리고 색칠하면서 소근육과 미세운동 협응력을 연습합니다.

○─ 12개월~24개월

전화가 왔어요!

부모와 아기가 각각 전화를 하는 척하며 의사소통과 상징놀이를 발달시키는 놀이입니다.

★ 이 놀이가 가능한 월령 : 15개월 ~

★ 준비물 : 장난감 전화기나 사용하지 않는 전화기나 휴대전화 2대

놀|이|방|법

- 아기와 장난감 전화기를 만지고 누르며 탐색합니다.
  - "지수야, 여기 전화기가 있네! 이건 우리 지수 전화기야!"
  - "여기를 누르니까 따르릉따르릉! 전화 오는 소리가 나요!"
- 전화 받는 모습을 보여주고, 아기의 귀에도 전화기를 대며 전화를 받게 합니다.
  - "여보세요? 여보세요? 누구세요?"
  - "지수도 전화를 받아보자! 따르릉, 따르릉, 전화 왔네! 여보세요?"
- 아기에게 전화를 걸고 아기와 통화하는 시늉을 합니다.
  - "여보세요? 지수야? 엄마야! 응, 밥 잘 먹고 지금 놀고 있다고! 그렇구나!"
- 아기가 전화기를 귀에 갖다 대면 보호자는 얼른 전화를 받는 시늉을 하며 아기의 옹알이나 말에 적극적으로 반응합니다.
  - "여보세요? 아, 지수야! 지수가 엄마한테 전화했어!"
  - "아~ 그랬어요~ 네. 이따가 또 만나요! 네, 끊어요. 안녕히 계세요!"

 놀이할 때 주의사항 & 응용

- 버튼을 누르면 다양한 소리가 나는 장난감 전화기는 아기의 흥미를 더욱 높여줄 수 있습니다.
- 주변에 아기에게 친숙한 인형을 놓고 "곰돌이 바꿔주세요!"처럼 지시해봐도 좋아요.

- 이 시기의 아기는 2, 3음절의 몇 단어를 말할 수 있어요. 긴 음절을 지닌 단어는 옹알이처럼 불분명한 형태로 말하게 되는데, 미숙한 언어표현에 대해 지적하지 말아야 합니다. 오히려 알아들은 것처럼 혹은 아기가 말했을 것이라 생각되는 내용을 또렷한 발음으로 천천히 반복하며 유쾌하게 반응해주세요.

 이 놀이의 발달 효과 _ #의사소통 #언어 #사회성

- 15개월 전후의 아기들은 전화기를 귀에 대거나 청소기를 미는 등 자신의 몸을 중심으로 하는 자동적 상징놀이가 가능해요. 16개월이 지나면 인형에게 우유를 먹이거나 주사를 놓거나 전화를 받게 하는 단순상징놀이행동을 할 수 있게 됩니다.
- 상징놀이는 언어발달과 밀접하게 연관되어 있어요. 또한 사회성에도 영향을 미칩니다. 아기들은 일상에서 일어나는 일들을 유심히 관찰하고 이를 상징놀이를 통해 표현하고 연습하면서 많은 사회성 기술들을 익힐 수 있어요.
- 전화놀이를 하며 순서대로 말하는 것을 배우고, 언어예절을 익힐 수 있어요.

12개월~24개월

주인을 찾아라!

물건들의 주인을 찾아주며
소유의 개념을 익히는 놀이입니다.

★ 이 놀이가 가능한 월령 : 18개월 ~
★ 준비물 : 가족구성원의 물건들

놀|이|방|법

- 엄마, 아빠, 할머니, 아기 등 가족구성원의 물건들을 담은 바구니를 아기에게 보여줍니다.

    "지수야, 이 바구니에 무엇이 들었을까?"
    "여기에 안경도 있고, 모자도 있고, 전화기도 있네!"

- 빈 바구니에 각각 가족구성원 사진을 붙입니다.

    "이 바구니는 아빠 꺼야. 여기 아빠 사진이 있지!"
    "이건 우리 지수 바구니! 엄마가 예쁜 지수 사진을 붙였어!"

- 물건들이 함께 담긴 바구니에서 아기 물건을 찾아 아기 사진이 붙은 바구니에 넣습니다.

    "이건 우리 지수가 좋아하는 인형이네. 이건 지수 꺼!"
    "지수 꺼는 지수 바구니에 쏘옥 넣어주자!"

- 아기에게 바구니 속 물건들의 주인을 찾아주게 합니다. 찾을 때마다 칭찬도 듬뿍 해줍니다.

    "지수야, 이 안경은 누구 꺼지?"
    "맞아! 그 안경은 아빠 꺼야! 아빠 바구니에 넣어주자! 우리 지수가 잘 찾는구나!"

 놀이할 때 주의사항 & 응용

- 물건은 소유가 분명하고 아기에게 익숙한 것들로 준비해주세요.
- 아기가 평소에 탐내고 뺏으려고 하는 물건은 제외하세요. 떼가 발생할 수 있어요.
- 가족구성원이 아기가 물건을 찾아줄 때마다 "고맙습니다!" 하고 인사하는 모습을

보여주면 예절을 배우는데 큰 도움이 됩니다.
- 물건의 주인을 찾아줄 때마다 주인 이름, 물건의 명칭, 기능에 대해 말해주세요. 예를 들면 "이건 할아버지 모자야! 할아버지가 밖에 나갈 때 이 모자를 쓰시지!"처럼요.

 이 놀이의 발달 효과 _ #소유개념 #타인 인식 #분류 능력 #사물인지

- 자기 인식이 생기면서 "내 꺼야!" 같은 소유에 대한 주장도 강해집니다. 소유 가리기 놀이를 통해 물건의 주인을 이해하고 수용하는 연습을 할 수 있습니다.
- 타인과 주변에 대해 살펴보는 것에 흥미를 느낄 때 사회적 관찰과 타인 인식 능력이 증가합니다.
- 일상에서 자주 사용하는 물건들의 기능을 이해하고 소유를 나누어보며 분류와 사물인지 개념을 익히게 됩니다.

> 12개월~24개월

손가락 그림

물감을 손가락에 묻히고 이리저리 움직여 그림을 그려보면서 눈-손 협응력을 키우는 놀이입니다.

★ 이 놀이가 가능한 월령 : 15개월 ~

★ 준비물 : 물감이나 과즙, 두꺼운 종이

놀|이|방|법

- 한두 색깔의 물감을 준비하고 손가락에 물감을 묻힙니다.
  "지수야, 여기에 예쁜 색의 물감들이 있네!"
- 아기의 손을 잡고 종이에 물감을 떨어뜨리거나 찍어보게 합니다.
  "지수야, 기분이 어때? 물감이 묻으니 시원해요?"
  "종이에 손가락을 찍어보자! 와, 동그랗게 나왔네!"
- 아기의 손을 잡고 손가락으로 동그라미, 수평선, 수직선 등을 함께 그려봅니다.
  "동글동글, 지수가 빨강 동그라미를 그렸어요!"
  "이번엔 비가 온다고 해볼까? 쭈욱 쭈욱! 비가 내려요!"
- 자유롭게 손가락으로 마음대로 그려보게 합니다.
  "와, 지수가 여기부터 여기까지 쭈욱 그렸구나!"
  "어, 이건 토끼가 깡충깡충 뛰어가는 것 같은데?!"

 ### 놀이할 때 주의사항 & 응용

- 아기가 사용할 물감은 유해성이 없고 쉽게 지워지는 것으로 선택해주세요.
- 욕실에서 목욕 전에 이 놀이를 하면 좋아요.
- 손가락을 입으로 가져가는지 주의해서 살펴보세요. 만일 손을 자주 빠는 아기라면 물감 대신 과즙을 사용하면 좋아요. 딸기나 수박의 과즙을 이용해 그려보세요.

- 물감을 손바닥과 발바닥에 묻히고 종이에 찍는 놀이나 물감을 묻혀도 되는 물건들을 종이에 찍는 놀이도 재미있어요.

 이 놀이의 발달 효과 _ #눈-손 협응력 #자기 표현 #유대감 #정서 안정

- 손가락으로 그림을 그리는 연습을 하면 눈-손 협응능력이 발달되어 연필이나 붓과 같은 그림 도구 사용을 보다 능숙하게 할 수 있어요.
- 손가락을 움직이는 것에 따라 형태가 다르게 나온다는 것을 알면서 다양한 방식으로 신체 움직임을 시도하게 됩니다.
- 아기의 그림에 보호자가 의미를 부여해줄 때 아기는 그림을 통해 자기를 표현하는 법을 배우고, 보호자와의 유대감도 한층 깊어집니다.
- 손과 손가락에 물감을 묻히고 이리저리 움직이고 찍는 활동은 아기의 정서적 이완과 발산에 도움을 줍니다.

12개월~24개월

쉬 쉬, 응가 응가

아기 인형의 배변을 도와주며 배변 훈련에 대한 거부감을 줄이는 놀이입니다.

★ 이 놀이가 가능한 월령 : 18개월 ~

★ 준비물 : 아기 인형, 유아용 변기, 물, 작은 포도알이나 잘게 자른 바나나 껍질 조각

놀|이|방|법

- 아기와 아기 인형을 가지고 놀이합니다.

  "지수야, 아기가 잠에서 깼네!"

- 아기 인형이 용변이 마려워 변기를 사용하는 상황을 설정합니다.

  "아가야, 쉬야 마려? 그럼 뽀로로 변기에 가서 쉬야 하자!"
  "우리 아기가 응가가 마려워요! 응가는 변기에 가서 해야지요!"

- 아기와 함께 인형을 유아용 변기로 데려가 옷을 벗기고 변기에 앉힙니다.

  "지수야, 아기를 뽀로로 변기에 앉혀주자!"

- 인형이 용변을 보는 시늉을 하고 물이나 포도알 또는 바나나 껍질을 유아용 변기에 넣습니다.

  "와, 아기가 쉬야를 했어요! 참 잘했어요! 시원하겠다!"
  "아가가 포도똥을 쌌네! 아까 포도를 먹었더니 포도똥이 나왔네!"

- 아기와 함께 아기 인형의 뒤처리를 해주는 시늉을 합니다.

  "아가가 응가했으니까 똥꼬를 깨끗이 닦아주자! 간질간질, 아가가 간지러운가봐!"
  "응가도 잘하고, 쉬야도 잘하고, 깨끗이 닦고! 멋지다!"

- 아기와 함께 욕실로 가 배변 통을 치우는 시늉을 합니다.

  "응가는 이제 친구들 만나러 가야해! 화장실 변기에 아가 응가를 넣어줘야지!"
  "쉬야! 잘 가! 친구들 만나서 재미있게 놀아! 이제 물 내린다! 슈~웅! 갔다!"

놀이할 때 주의사항 & 응용

- 유아용 변기를 마련해주세요. 성인용 변기는 아기에게는 너무 크고 높아요.
- 아기가 변기에 대한 거부감으로 인형을 변기에 앉히기 싫어한다면 유아용 변기를 의자처럼 사용하세요. 변기에 앉아서 놀이를 하고 동화책을 읽다 보면 변기에 대한 거부감이 줄어들게 됩니다. 아기 인형도 변기에 자주 앉혀서 변기에 익숙해질 수 있게 해주세요.
- 용변과 변기에 대해 "더럽다!", "냄새난다!" 등 부정적 표현이나 불쾌감을 나타내지 않는 것도 중요해요.
- 평소 용변 보는 모습을 감추려 하지 마세요. 아기는 직접 관찰한 것을 보다 잘 따라합니다.
- 휴지나 색 지점토로 응가를 만들면 물에 녹기 때문에 화장실 변기에 버려도 됩니다.

 이 놀이의 발달 효과_ #배변 #자율감 #근육

- 두 돌 전후 아기들의 중요 발달과업 중의 하나가 바로 '배변 훈련'입니다. 먼저 변기와 친숙하게 만들고, 용변을 본 다음 어떤 일들이 일어나는 지를 즐거운 방식으로 알게 해줄 때 배변 훈련이 좀 더 쉬워집니다.
- 배변 훈련은 자신의 신체와 욕구에 대한 조절을 요구하죠. 배변 훈련을 잘 마친 아기는 자신의 능력에 대한 자긍심을 갖고 자율감을 발달시키게 됩니다.
- 생후 18개월 이후 아기는 대소변 조절 관련 근육을 통제하는 능력을 발달시킵니다. 신체발달이 미숙한 아기에게 너무 조급하게 배변 훈련을 강조하는 것은 좋지 않지만 그림책이나 인형 놀이를 통해 배변 훈련과정을 준비시키는 것은 필요합니다.

12개월~24개월

돼지 저금통

> 저금통에 동전을 넣으며 눈-손 협응력을 발달시키는 놀이입니다.

★ 이 놀이가 가능한 월령 : 18개월 ~

★ 준비물 : 돼지 저금통, 동전

놀|이|방|법

- 아기에게 돼지 저금통을 보여줍니다.
    "지수야, 여기에 꿀꿀 돼지가 있네. 이건 돼지 저금통이야."
- 돼지 저금통에 동전을 넣는 모습을 보여줍니다.
    "이 돼지는 동전을 먹고 산대!"
    "자, 엄마가 돼지에게 먹이를 줄 거야. 동전이 이 구멍으로 쏘옥 들어갑니다."
- 아기에게 동전을 주고 저금통에 넣어보게 합니다.
    "이번엔 지수가 돼지에게 밥을 줄까? 이 구멍에 쏘옥 넣으면 되는 거야."
- 다양한 크기의 동전을 넣어보게 합니다.
    "지수야, 이건 작은 동전이네. 이것도 넣어보자."
    "와, 지수가 쏙 넣었어. 이번엔 제일 큰 동전을 넣어주자, 돼지가 배부르겠네."

 놀이할 때 주의사항 & 응용

- 동전이 잘 들어갈 수 있도록 저금통의 구멍을 넉넉하게 뚫어주세요. 아기가 동전을 잘 넣게 되면 구멍이 작은 저금통으로 바꿔주세요.
- 저금통이 동물 모양이면 아기들이 좀 더 흥미를 느낄 수 있고, 먹이를 주는 역할극을 할 수도 있어 좋아요.

- 넣은 동전이 들어가는 모습을 볼 수 있는 투명한 저금통도 좋습니다.
- 아기와 함께 상자를 꾸민 후, 칼로 구멍을 뚫어 저금통을 만들어보세요. 구멍의 크기를 다른 여러 개의 저금통을 만들어 다양한 크기의 동전을 준비해 맞는 저금통에 넣어보는 놀이를 할 수도 있습니다.
- 동전을 넣기 전과 넣은 후 저금통을 흔들어 소리를 듣고 비교해보세요.

 이 놀이의 발달 효과 _ #눈-손 협응력 #소근육 #성취감 #분류 개념

- 납작한 원형의 동전을 저금통의 작은 구멍 안에 넣는 것은 매우 정교한 눈-손 협응을 요하는 활동입니다. 아기는 시각적 관찰로 구멍의 모양을 확인하고 자신이 들고 있는 동전을 구멍의 위치에 맞춰 넣어야 하는데, 동전은 조금만 삐뚤어져도 저금통 안에 들어가지 않습니다. 이 과정을 통해 소근육과 시지각의 협응을 연습하고 발달시킬 수 있게 됩니다.
- 도전을 요하는 이 놀이로 아기는 숙달감과 성취감을 느낄 수 있어요.
- 구멍의 크기에 따라 들어갈 수 있는 동전의 크기가 다른 것을 알게 되며 사물의 특성에 따른 분류 개념을 익힐 수 있습니다.

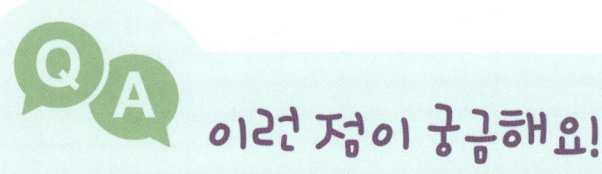
이런 점이 궁금해요!

#언어발달 #말이느린아기

Q. 4개월 즈음에 "엄마"라고 해서 말이 빠른 아기인 줄 알았는데, 돌이 지난 아직도 말을 잘하지 못해요. 언제 말을 잘할 수 있게 될까요?

: 생후 12개월 전에 아기가 내는 소리는 언어 이전의 단계입니다. 가끔 아기가 3~4개월 때 첫말을 시작했다는 부모님들이 계시는데, 사실 그건 일종의 입놀림, 즉 옹알이입니다. 옹알이는 'ㅁ'소리부터 내기 시작하기 때문에 '엄마', '맘마'처럼 들릴 수 있어요. 발음이 비슷하기 때문에 우리는 아기가 엄마를 알아보고 '엄마'라는 단어를 사용했다고 믿는 것이지요. 아기의 말에 보호자가 적극적으로 반응해주기 시작하면서 아기는 의사소통을 위한 언어발달을 점차 이루어냅니다.

아기들은 보통 13~15개월 사이에 엄마, 아빠부터 시작해 할머니, 할아버지, 맘마, 까까, 쉬 등 약 10개 정도의 단어를 말하게 됩니다. 18개월 전후에 "엄마, 물"처럼 두 개의 단어를 이어서 말하는 이어문 단계에 돌입하고, 22개월 무렵에는 "엄마, 물 줘"처럼 세 단어를 조합해 문장으로 말하는 다어문 단계에 들어서게 됩니다. 하지만 모든 발달에는 개인차가 존재하지요. 아기의 발달상태나 환경, 성별에 따라 빨리, 혹은 천천히 나타날 수도 있기 때문에 너무 개월 수에 집착하여 불안해하실 필요는 없습니다.

Q. 아기에게 언어적 자극을 많이 주는 게 좋다고 해서 동영상을 자주 보여주었어요. 그런데, 동영상의 말은 따라하고, 말을 걸면 대답하지 않아요. 왜 그럴까요?

: 아기들이 말을 이해하고 따라하려면 상황적 맥락에 맞게 말을 해주고 들려주는 게 필요합니다. 예를 들어, 아기가 우유병을 가리키며 울 때, 아기와 눈을 맞춘 후 아기와 우유병을 번갈아보며 "배가 고팠구나!" "배가 고파요? 우유 줄까요?" 하고 말을 걸고, 우유병을 주면서 "배가 고파요~. 우유 주세요!"라고 상황에 적합한 말을 해주는 거죠. 아기는 엄마를 쳐다보고 엄마가 가리키는 곳을 함께 바라보면서 엄마의 말을 이해할 수 있게 되고, 이 과정을 여러 차례 반복하면서 따라 말하게 됩니다. 실생활에서 겪은 생생한 경험은 언어적 상호작용, 즉 의사소통능력을 발달시켜 줍니다.

반면 동영상이나 오디오북은 일방적인 자극을 제공하고, 아기와 교감을 나누거나 말을 걸지 않습니다. 일방적 자극을 많이 접한 아기는 단어를 알고 말을 그대로 따라할 수 있어도 주고받는 의사소통능력은 부진할 수 있습니다. 아기의 언어발달을 촉진시키고 싶다면 아기에게 말을 걸고, 함께 같은 것을 보고 몸짓이나 신호와 함께 말을 해주며, 소통을 원하는 아기의 몸짓과 언어에 적극적으로 반응해주어야 합니다.

Q. 아기가 요즘 새로운 사물에 대한 관심이 많아져서 처음 본 물건이 있으면 손으로 가리키며 엄마 얼굴을 쳐다봐요. 그런데 자세히 설명해줄 때 아기가 말을 끝까지 듣지 않고 다른 곳으로 가버려요.

: 아기가 사물에 이름이 있다는 것을 알게 되면서 사물의 이름을 알고 배우는 것에 관심이 많아져요. 그래서 처음 보는 사물이 있으면 그것을 손으로 가리키며 소리를 내어 궁금증을 표현하기 시작합니다. 이때 "이건 공, 공이야!"라고 말해주면 따라 말하기

도 하죠. 이렇게 호기심과 모방행동이 결합되어 언어가 급속히 발달하기 시작합니다. 이 시기에 언어적 자극을 적극적으로 제공해주면 그만큼 언어발달도 촉진됩니다.

그러나 반드시 알아야 할 것은 아직 아기들의 이해력, 사고력, 주의력이 미흡하다는 사실입니다. 여전히 아기들은 경험을 통해서 배우기 때문에 말로만 설명해주면 이해하지 못하고, 길게 설명하면 더더욱 알아듣지 못합니다. 아기가 끝까지 듣지 않았다면 설명이 너무 길거나 아기의 이해력을 초과했을 가능성이 높습니다.

아기에게 말을 건네고, 새로운 단어를 알려줄 때는 아기가 실물을 직접보고 만지며 단어와 사물을 직접 연관시켜 생각할 수 있게 해주는 것이 좋습니다. 또한 명사와 동사 위주로 간단히 말해준 후에 수식어를 덧붙여주는 것이 좋고, 길게 말하기보다는 짧은 문장으로 반복해 말해주며 표정이나 행동을 통해 아기의 이해를 도와주는 것이 필요합니다. 상황적 맥락에 맞게 말을 해줄 때 언어가 가장 잘 발달됩니다.

#분리불안

Q. 아기가 밖에 나가면 손을 잡지 않고 혼자 돌아다니려고만 해서, 놀이터에 나갔을 때 제가 잠시 숨어 있었어요. 그래도 신경 쓰지 않고 한참을 돌아다니더니 어느 순간 엄마가 없어진 걸 깨닫고는 크게 울었거든요. 그 뒤로 혼자서 돌아다니지는 않는데, 대신 한시도 제게서 떨어지지 않으려 해요. 어떻게 해야 할까요?

: 잘 걷기 시작한 아기는 자신의 능력에 자부심을 느끼며 궁금한 것으로 가득 찬 세상을 탐색하려는 왕성한 의욕을 보입니다. 하지만 세상을 탐색할수록 자신에 대한 무력

감도 느끼게 되지요. 뭐든지 할 것 같은 마음과 마음대로 안 되는 경험이 공존하면서 아기는 독립 욕구와 의존 욕구 사이의 갈등을 겪습니다.

특히 16~24개월 아기가 이런 욕구 갈등을 많이 겪어요. 아기에게 의존이 필요한 순간 의존대상이 곁에 없거나 도와주지 않게 되면, 아기는 무력감과 위협감을 느끼면서 의존하고자 하는 욕구가 급상승되어 분리불안 등의 증상을 나타내게 됩니다. 따라서 이 시기의 보호자는 아기 주변에 있으면서 잘 살펴보고 필요할 때 적절한 도움과 개입, 제한을 해주는 역할을 해야 합니다. 아기가 심각한 좌절과 불안을 겪는데도 무관심한 태도를 취하거나 말을 듣지 않는다고 "그럼 엄마 가버릴 거야"라고 말하는 것은 아기의 의존성을 높이고 분리불안을 유발하며 자율성 발달을 저해할 수 있습니다.

#떼쓰는 아이 #그치는 방법

Q. '끔찍한 두 살' 답게 떼가 심해요. 한 번 울면 최소 30분 이상입니다. 안 되는 이유를 말로 설명해주려고 노력하지만, 별 소용이 없어요. 눈물로 얼룩진 아기 얼굴을 보면 너무 속상해요. 떼를 빨리 그치게 하는 방법이 있나요?

: 두 돌이 가까워지면서 아기들의 떼가 심해져요. 아직 옳고 그름, 해도 되는 것과 할 수 없는 것, 자신의 능력과 그에 따른 한계를 잘 몰라 막무가내로 떼를 쓰는 아기를 달래는 건 쉽지 않지요. 애써 참으면서 부드럽게 이유를 설명해주지만 통하지 않습니다. 아직 언어를 배우는 과정인 아기는 우리가 하는 모든 말을 이해할 수 없고, 이해하더라도 자신의 욕구를 조절하는 데 어려움이 있습니다.

따라서 아기가 마음을 진정시킬 수 있도록 우리의 도움이 필요해요. 가장 효과적인 방법은 '주의분산법'입니다. 할 수 없는 것 대신 해도 되는 것에 관심을 가지도록 주의를 분산시켜주는 것입니다. 가게의 장난감을 만지려 할 때, 아기의 마음을 읽어주고 안 되는 이유도 간단히 말해준 다음, "어머, 저기 풍선이 있네! 풍선 보러 가자!" 하고 관심을 돌려주는 것입니다. 아기들은 아직 동시에 여러 관점을 유지하지 못합니다. 유쾌하거나 즐거운 자극으로 관심을 돌려주면 아기들이 울다가도 방긋 웃는 모습을 보이는 것도 이 때문입니다.

#외출 #걸음

Q. 잘 걸을 수 있게 되어 외출을 자주 하며 바깥경험을 주려고 하는데, 아기가 외출하는 걸 싫어해요. 사람들이 '귀엽다'고 하면 울고 집에 들어가자고 떼를 쓰죠. 스트레스를 받는 것 같아 외출을 하지 말아야 하나 고민입니다.

: 아마도 아기는 낯선 것에 대한 두려움이 많고 회피하는 기질을 가졌을 것으로 보입니다. 이런 성향의 아기들은 적응하는 데 어느 정도의 시간이 걸리기 때문에 보호자가 인내심을 갖고 친숙함을 느낄 수 있도록 지도해주셔야 합니다. 외출을 할 때는 사람들이 많거나 시끄러운 장소보다는 한적하고 조용한 곳에서 산책하듯 주변을 걸으며 자연이나 사물들에 대해 호기심을 갖게 하는 것부터 시작하세요.

자연이나 사물은 스스로 움직이지 않아서 두려움이 큰 아기도 좀 더 쉽게 다가갈 수 있습니다. 반면 사람이나 동물은 갑자기 다가오거나 예기치 않은 행동을 하여 좀 더 무서운 존재처럼 느껴지지요. 그래서 갑자기 말을 시키거나 귀엽다고 머리를 쓰다듬을 때 놀라고 두려워하는 것입니다. 아기가 충분히 탐색하고 위험하지 않다고 느끼게 하는 것부터 시작해야 합니다. 산책로의 벤치나 집의 베란다에서 지나가는 사람들의 행동을 관찰하면서 흥미로운 해설을 덧붙여주거나, 보호자가 타인과 편하게 이야기하는 모습을 보여주고 아기의 경계심이 누그러들 때 타인이 아기에게 미소짓거나 아기가 좋아하는 장난감을 건네는 식으로 상호작용을 시작하는 것이 좋습니다.

Q. 한창 예쁠 때여서 외출할 때 꾸며서 나가고 싶은데요, 아기가 머리핀을 꽂으면 다 빼버리고, 타이즈도 자꾸 벗으려고 해요. 공주 드레스도 입히고 싶고 꽃 달린 헤어밴드도 해주고 싶은데, 속상해요.

: 이 시기 아기들은 패션에 대한 욕구가 없어요. 아직 미적인 감각이 발달하지 않았고 주변 시선도 별로 의식하지 않기 때문에 자신이 좋고 편한 게 최고입니다. 특히 기질적으로 감각 예민성이 높은 아기들은 달라붙거나 당기거나 하는 촉각적 불편에 민감하게 반응하기 때문에 딱 붙는 레깅스나 타이즈를 못견뎌하고, 걸리적거리는 치마를 불편해 합니다. 머리도 바짝 묶어주면 울고, 머리카락에 매달려있는 머리핀을 견디지 못합니다.

활동성이 높은 아기들도 편한 옷을 선호합니다. 물론 무던한 아기들은 입혀주는 대로, 꾸며주는 대로 가만히 있겠지만, 만일 불편함을 참지 못하는 아기를 두었다면 아기를 예쁘게 꾸며주고 싶다는 보호자의 욕구를 잠시 접어두셔야 합니다. 아기를 씻기고 깨끗한 옷을 입히는 것으로 만족하시고, 아기가 편안해 하는 방식으로 꾸며주세요. 편한 것만 고집하던 아기도 점차 커가면서 주변의 또래들이나 다른 사람들의 반응을 의식하면서 공주 옷을 사달라고 떼를 쓰거나 아침에 거울 앞에서 머리 손질하는 데 많은 시간을 보내게 될 것입니다.

Q. 11개월에 걷기를 시작한 아기가 매우 잘 걸어다니는데요, 문제는 까치발로 다녀요. 빨리 걸을 때도 까치발로 종종종 뛰어가니 힘들 것 같기도 하고, 넘어질 것 같아 늘 불안합니다.

: 까치발은 걸음을 걸을 때 발 앞쪽으로 걷는다고 하여 '첨족보행'이라고 합니다. 이러한 까치발은 만 2~3세 이하의 아기들에게서는 자주 나타나는 것으로 대부분은 문제가 되지 않습니다. 보행기가 높아서 까치발로 밀고 다니던 습관이 한동안 이어져서 그럴 수도 있고 재미삼아 혹은 걸음마를 배우는 시기에는 까치발로 다닐 수도 있습니다. 대개 만 3세가 지나면 사라지므로 걱정하지 않으셔도 됩니다.

하지만 신경학적 원인으로 인해 종아리 근육에 경련성 마비가 일어나 까치발로 걷게 된 경우나 종아리 뒤쪽 근육이 선천적으로 짧고 팽팽한 경우에는 전문적인 치료가 필요합니다. 아기가 쪼그려 앉아 있을 수 있고, 발바닥 전체로 잘 디딜 수 있으며 발바닥을 손으로 밀었을 때 발목관절이 다리 쪽으로 밀어지는 경우에는 까치발을 해도 문제가 없으나 지나치게 긴장되고 뻣뻣한 상태를 보인다면 병원 상담과 함께 발바닥 마사지, 종아리 뒤쪽 근육 스트레칭을 자주 해주며 코끼리처럼 걸어보기, 선 채로 몸 뒤로 젖히기 놀이 등으로 뒤꿈치에 힘이 들어갈 수 있게 지도해주세요.

#놀이 #놀다가 갑자기 짜증

Q. 노는 것을 워낙 좋아하는 아기여서 열심히 놀아주고 있어요. 활동량도 많고 운동능력도 좋은 편이라 거친 신체놀이를 해도 지치지 않고, 하루 종일 뛰어다니는 놀이를 하자고 조릅니다. 하지만 놀이를 하다가 짜증을 내서 그만 놀자고 하면 계속 놀겠다고 또 짜증을 내요. 이럴 땐 어떻게 해야 할까요?

: 아기들은 지금 현재에 집중해요. 지금 하고 있는 게 재미있으면 계속 그것만 하려고 하고, 쉬어야 할 때와 멈춰야 할 때를 알지 못합니다. 일어날 일을 예측하고 그에 맞게 계획을 세울 수 있는 능력은 훨씬 늦게 발달하는 것이기에 한동안 보호자가 아기의 일과나 활동을 계획하고 조절해줘야 합니다. 정적인 활동과 동적인 활동, 휴식과 놀이를 알맞게 배치해주어야 아기는 생리적, 신체적, 정신적으로 편안하며 건강해질 수 있습니다.

뇌는 주어진 시간 동안 일정량의 정보에만 집중할 수 있습니다. 집중적으로 에너지를 소모하고 나면 에너지 충전을 위한 휴식이 필요합니다. 그래야 다음 활동에 필요한 에너지를 얻고 집중할 수 있지요. 하루 일과를 모두 새로운 자극으로 채우거나 과하게 활동을 하면 뇌는 급속히 지치게 될 것이며, 스트레스 반응이 나타나게 됩니다. 따라서 보호자는 아기의 요구에만 따를 것이 아니라 활동과 활동 사이에 물 마시기, 빈둥거리기, 낮잠 자기 등의 휴식을 취할 수 있게 유도해야 합니다. "그만해!"라고 단정적으로 말하기보다는 "와, 신나게 놀았더니 목이 마른 걸! 우리 뭐 마시자!"처럼 자연스럽 분위기를 바꾼다면 아기의 저항을 줄일 수 있을 것입니다.

Q. 아빠가 아기와 놀아줄 때 너무 거칠게 노는 것 같아요. 번쩍 들었다, 돌렸다, 목마 태우고… 혹시 다치기라도 할까봐 저는 걱정인데, 아기와 아빠 모두 재밌어하니 하지 말라고도 못하겠고. 혹시 그렇게 놀면 산만해지지 않을까요?

: 아무래도 엄마들보다 아빠들이 아기와 신체놀이를 더 많이 하는 경향이 있어요. 개인차는 있겠지만 대체적으로 여성들이 남성들보다 정서성이 높고, 남성들은 여성들보다 활동성이 높기 때문에 놀이방식에 있어서도 성별에 따른 차이가 나타나 아빠들이 아기들과 좀 더 활동적이고 거친 놀이를 더 많이 하게 되지요. 활동적인 놀이는 안전을 위협하지 않는다면 아기들에게 좋은 놀이입니다.

어린 아기들은 감각 통합을 위해 자신의 신체를 다양한 방식으로 움직이고 신체협응을 하는 것이 꼭 필요합니다. 아기는 자신을 든든하게 지켜주는 힘 있는 존재를 믿고 다양한 움직임을 시도해보면서 생존과 학습에 필요한 다양한 기술들을 익히게 됩니다. 아기가 아빠와의 신체놀이를 재밌어 한다면 아기도 스트레스를 받고 있지 않다는 뜻이기 때문에 엄마도 지나치게 염려하실 필요는 없습니다.

다만 과격한 신체놀이 활동은 많은 에너지를 필요로 하니 휴식시간을 가지면서 속도 조절을 하는 것은 필요합니다. 또한 신체발달이 더딘 편이라 아직 신체조절이 잘 되지 않는 아기에게 과한 신체놀이 활동은 두려움을 주거나 신체적 손상을 야기할 수도 있으므로 아기의 수준을 고려해 주의깊게 접근해야 합니다.

특히 아기의 머리가 이리저리 흔들릴 정도의 자극을 주는 것도 삼가야 하는데, 아기를 들고 심하게 흔들면 뇌가 두개골에 부딪치며 뇌손상을 입어 '흔들린 아이 증후군 shaken baby syndrom'을 겪게 될 수 있습니다. 흔들린 아이 증후군은 심한 경우 사망에 이르고, 그렇지 않을 경우에도 영구적인 뇌손상을 겪게 된다고 알려져 있습니다. 대개 아직 목의 힘이 없고 뇌혈관이 약한 2~4개월의 영아에게서 발견되고, 가볍게 장난으로 흔드는 것은 문제가 되지 않기 때문에 지나치게 염려할 필요는 없지만 아기를 공중에 던지고 받거나, 목말을 태운 채로 뛰는 행동은 자칫하면 위험한 사고로 이어질 수 있으므로 삼가는 게 좋습니다.

chapter 3

24개월~36개월

24개월~36개월

자아가 독립하고 감정과 사고가 발달해요!

이전 2년과 같은 극적인 발달변화는 없지만 생의 세 번째 해는 아기 발달에 있어서 매우 특별하고 중요한 시기입니다. 그동안 바쁘게 흡수했던 발달자극을 정리, 통합하여 좀 더 정교하고 세련되게 만들어야 하기 때문이지요. 감각 운동 통합과 언어 확장은 물론 생의 두 번째 해 동안 자율성을 위해 힘든 투쟁을 벌이며 애착대상과 겪었던 갈등도 잘 마무리하여 독립된 자아를 탄생시켜야 합니다. 또한 문화센터나 어린이집처럼 가족이 아닌 타인과 함께 지내는 경험을 하고, 정서사회성도 발달시켜야 하지요.

이 시기에는 감정과 사고를 담당하는 전두엽 발달이 왕성하게 이루어지고, 아기 역시 많은 것들에 호기심을 갖고 익히고 배우고 싶어하는 내적 동기가 높아지기 때문에 부모의 적극적인 지원이 주어진다면 아기는 생의 세 번째 해에 발달시켜야 할 과제들을 성공적으로 달성할 수 있게 됩니다.

정서사회성과 공감능력을 발달시킬 수 있도록 북돋워주세요!

좀 더 상세하게 살펴보자면, 이제 아기는 좀 더 복잡하고 연속적인 적응반응을 익혀야 합니다. 여러 감각과 운동을 동시에 사용해 몸 전체의 균형을 잡는 것, 눈과 손을 함께 사용하며 연속적인 움직임이 필요한 동작과 활동, 여러 가지 도구를 사용할 수 있는 기회를 충분히 가져야 합니다. 또한 상상력을 발휘하여 새로운 것을 만들어내거나 시도하는 것, '마치 ~처럼'처럼 꾸며서 하는 가상놀이도 열심히 해야 합니다.

효과적인 언어소통을 위해 언어예절을 배우고 감정과 상황을 표현하는 법도 배워야 하는데, 이를 위해 아기가 말할 때 적극적으로 들어주며 올바르게 말하는 방법도 자주 시범을 보여줘야 합니다. 다른 사람이 말할 때 기다려서 순서를 지켜 말하고 행동하도록 알려주고 지원해야 합니다.

만 2세가 지나면 아기는 자신과 타인의 감정을 보다 잘 이해하게 되면서 공감능력을 발달시키게 됩니다. 타인의 상황이나 감정을 이해하지 못하면 타인에 대한 배려나 협력이 어려워지며 공감대도 형성되지 않아 타인과 어울리는 것이 원활하지 못하게 되므로 공감은 사회성 발달의 중요요소라고 할 수 있습니다. 비록 이 시기에 공감발달에 필요한 능력이 생기기는 하지만 여전히 자기관점에서 파악하는 자기중심성이 아직 매우 높고, 미묘한 단서나 상황을 파악하기에는 인지적으로 제한점이 많기 때문에 아기의 공감능력을 높여주기 위해서는 평소에 아기의 감정과 생각을 수용해주면서 다른 사람의 감정과 관점에 대해 자주 이야기하는 정서적인 대화를 많이 해야 합니다.

만 2세의 아기는 질투, 당황, 창피, 죄책감과 수치심 등 보다 복잡한 정서를 인식할 수 있습니다. 때문에 비교, 비난, 조롱, 무시는 아기에게 강한 수치심과 죄책감을 불러일으킵니다. 아기가 잘못했다면 잘못된 이유를 말해주고 고치도록 지도해주어야 하지만 이 과정에서 아기의 인성과 능력을 비난하고 조롱하지 않도록 주의해야 합니다. 아기의 수치심은 낮은 자존감과 함께 새로운 것에 대한 두려움으로 이어져 자율성발달을 방해하고 이후 학습과 사회성, 그리고 부모-자녀의 관계 문제로 발전될 수 있습니다.

24개월~36개월

조물조물 반죽놀이

밀가루 반죽으로 모양을 꾸미고 찍고 자르고 소꿉놀이를 하며 눈-손 협응력과 창의성을 키우는 놀이입니다.

★ 이 놀이가 가능한 월령 : 24개월 ~

★ 준비물 : 밀가루 반죽이나 점토, 모양틀, 꾸미기 재료, 장난감 칼, 안전 가위

놀|이|방|법

- 밀가루 반죽이나 점토를 준비한 후, 아기가 마음껏 만져볼 수 있게 합니다.

    "와, 지수야! 여기 말랑말랑 반죽이 있다! 만져볼까?"

- 모양틀로 반죽을 찍는 모습을 보여주고 아기도 따라하게 합니다.

    "여기 별 모양이 있네! 엄마가 별을 만들어줄게!"
    "지수도 해보자! 여기에 별 모양을 놓고, 옳지~ 손바닥으로 꾸욱 눌러주세요!"

- 칼이나 가위로 반죽을 잘라봅니다.

    "칼로 쓱싹쓱싹, 별이 두 개로 나뉘어졌어요!"
    "와, 기다란 떡처럼 되었네. 가위로 싹둑싹둑 잘라볼까?!"

- 시리얼, 구슬, 색종이 조각 등을 이용해 반죽을 꾸며봅니다.

    "엄마는 동그란 반죽에 반짝이는 종이를 붙였어! 예쁜 접시가 되었네!"
    "지수는 구슬로 꾸며주었구나! 동글동글 구슬이 포도 같아!"

- 반죽이나 반죽으로 만든 작품을 이용해 소꿉놀이를 합니다.

    "자, 여기 피자가 나왔어요! 맛있게 드세요!"

놀이할 때 주의사항 & 응용

- 놀이를 너무 재촉하지 마세요. 반죽을 주무르는 것을 좋아하거나, 가위로 반죽을 자르는 것을 좋아한다면 이런 활동을 충분히 할 수 있게 해주세요. 아기가 새로운 자극을 온전히 흡수하고 이해하기 위해서는 시간과 반복적인 연습이 필요해요.
- 아기가 사용할 칼이나 가위는 너무 날카롭지 않은 것으로 준비해주세요. 나무로 만든 장난감 칼이나 유아용 안전 가위가 좋아요.
- 소금물에 밀가루와 식용유를 넣고 아기와 함께 신나게 주무르며 밀가루 점토를 함께 만들어보는 것도 좋아요. 식용색소나 시금치 즙, 당근 즙을 넣어 색을 만드는 것도 함께 해보세요.

이 놀이의 발달 효과 _ #눈-손 협응력 #집중력 #언어 #창의성

- 반죽이 여러 가지 모양으로 변하는 것을 보면서 아기의 집중력이 증진되고, 여러 가지 모양에 대한 어휘를 습득하게 됩니다.
- 반죽을 늘이고 뭉치고 자르고 꾸미는 활동을 하며 아기는 눈과 손을 함께 사용 합니다. 눈-손 협응력은 앞으로 모든 작업 활동을 하는 데 필요한 기본 능력입니다.
- 생후 20개월 정도의 아기는 컵에 우유를 붓는 척을 하고, 이를 아기 인형에게 먹이는 척을 할 수 있을 정도의 상상놀이 능력을 갖추게 됩니다. '마치 점토로 만든 음식을 차리고 먹는 것처럼' 꾸미고 상상하는 놀이는 아기의 추상적인 사고 능력뿐 아니라 창의성과 관련이 있습니다.
- 촉각을 자극하는 점토 놀이는 아기에게 즐거움과 정서적 편안함을 줍니다.

24개월~36개월

나 꾸미기

사진 속의 아기 얼굴을 보고 따라 그리며 신체지각력 및 공간위치개념을 발달시키는 놀이입니다.

★ 이 놀이가 가능한 월령 : 24개월 ~
★ 준비물 : 아기 얼굴 사진, 투명 비닐, 사인펜, 종이

놀 | 이 | 방 | 법

- 아기 얼굴이 크게 나온 사진을 보며 이야기를 나눕니다.
    "여기 지수가 있네! 지수가 웃고 있어!"

- 아기 얼굴 사진에서 눈, 코, 입 등 신체부위를 찾아봅니다.
    "우리 지수의 반짝반짝 예쁜 눈은 어디 있을까?"
    "어? 눈 밑에 있는 이건 뭐지? 맞아! 우리 지수의 동글동글 코!"

- 아기 얼굴 사진을 비닐로 덮은 후, 신체부위를 그려봅니다.
    "우리 지수 눈을 그려보자! 눈은 어디 있지? 맞아, 눈썹 밑에 있지!"
    "이번엔 입을 찾아볼까? 입은 코 아래에 있구나! 무슨 색으로 입을 그려볼까?"

- 아기가 비닐에 그린 그림을 종이에 옮겨 놓고 나머지 몸을 완성해봅니다.
    "지수 얼굴 아래에는 몸이 있어요!"
    "지수 팔 끝에는 손이 있지요! 지수야, 여기에 손을 그려줘!"

 놀이할 때 주의사항 & 응용

- 사진을 덮을 비닐은 코팅 필름처럼 빳빳한 재질이면 좋아요. 코팅 필름을 사용하신다면 접착면의 비닐을 떼지 말고 사진 위에 올려주세요. 그림을 완성하고 종이 위에 옮길 때 접착면의 비닐을 떼어 붙이면 편리합니다.

- 이 시기의 아기들이 사람을 그리면 동그란 얼굴과 팔, 다리만 있는 만다라 형태를

나타냅니다. 따라서 아기의 몸을 그릴 때는 보호자가 몸통과 팔, 다리처럼 큰 부위를 그려주시고, 손이나 발은 아기가 그려보도록 해주세요.
- 아기가 종이에 대고 그린 손과 발 모양을 오려서 몸을 그릴 때 붙이게 해도 됩니다.
- 가족사진도 이와 같은 방식으로 그려보게 할 수 있습니다. 안경을 쓴 아빠, 대머리 할아버지, 파마머리 할머니 등 가족의 특징 있는 모습을 그리는 것도 재미있습니다.

 이 놀이의 발달 효과 _ #자기 인식 #신체지각력 #공간위치감각 #눈-손 협응력

- 자기 인식의 첫 번째 단계는 자신의 신체에 대한 인식입니다. 아기는 차차 자신이 어떻게 생겼는지 그리고 누구인지를 알게 됩니다.
- 사진을 보며 자신의 신체에 대한 보다 구체적인 감각을 익힐 수 있어요. 이마, 눈썹, 뺨 등 신체부위에 대한 단어와 위, 아래, 밑, 옆과 같은 위치감각을 익힐 수 있습니다.
- 사진을 따라 그리는 행동은 보다 정교한 눈-손 협응력을 요하는 활동으로, 이후 쓰기 활동의 기초가 됩니다. 손으로 하는 놀이를 많이 하면 할수록 아기의 뇌가 자극되는 효과가 있어요.

24개월~36개월

병원놀이

의사와 환자 역할을 해봄으로써 공감과 상상력, 상호호혜성을 발달시키는 놀이입니다.

★ 이 놀이가 가능한 월령 : 24개월 ~
★ 준비물 : 병원놀이에 필요한 소품들, 아기 인형이나 동물 인형들

놀|이|방|법

- 병원놀이 장난감을 함께 살펴봅니다.
  "여기 의사선생님 가방에 뭐가 들어 있는지 살펴보자! 어, 이건 청진기네!"
- 아기가 충분히 병원놀이 장난감들을 탐색할 수 있도록 합니다.
  "아, 그게 뭔지 궁금해! 이건 체온계야! 열을 재는 거지!"
  "와, 커다란 주사기구나! 지난번에 지수도 주사를 맞았지!"
- 인형으로 병원놀이를 시작합니다.
  "어머, 저런 곰돌이가 아프대요! 병원으로 가야겠네!"
  "먼저 열을 재봐야겠어요!"
- 아기와 번갈아 가며 의사와 환자 역할을 합니다.
  "의사선생님! 안녕하세요? 제가 감기에 걸린 것 같아요! 주사 맞아야 하나요?"

 놀이할 때 주의사항 & 응용

- 아기가 병원을 다녀온 지 얼마 안 되었을 때 이 놀이를 해보세요. 아기들은 자신들이 경험한 것을 해볼 때 가장 흥미를 가지며 열정적으로 놀이합니다.
- 이 시기의 아기들은 막대기를 주사기처럼, 화장지를 이불처럼 사용하는 '가작화'가 가능하기 때문에 병원놀이 장난감이 없다면 일상용품을 이용하면 됩니다. 볼펜

- 을 주사기로, 종이컵을 청진기로 사용해도 좋아요.
- 보호자가 중간중간 놀이를 이어주는 아이디어를 제공해야 합니다. 예를 들어, 청진기로 진찰한 후에 아기들은 무엇을 해야 할지 모를 때가 있는데, 이때 "열도 재야 하나요?" 혹은 "주사를 맞아야 하나요?"라고 가이드를 해주면 놀이가 끊어지지 않고 진행될 수 있습니다.
- 병원놀이를 할 때 아픈 사람이 겪는 여러 가지 정서를 표현하고 공감해주는 것도 잊지 마세요. "많이 아팠어요?!", "호~ 해줄게요!", "주사가 무서워요? 내가 안 아프게 놓겠습니다!", "잘 참았어요! 멋져요!"와 같은 말도 해주세요.

 이 놀이의 발달 효과 _ #공감력 #상상력 #상호호혜성 #사회성

- 아기들은 아직 타인과 함께 하는 놀이에 익숙하지 않아 혼자 놀 때가 많아요. 아기가 흥미를 갖는 놀이에 보호자가 함께 참여할 때 아기의 주고받는 사회적 놀이 능력이 발달하게 됩니다.
- 24개월쯤 된 아기들은 병원놀이, 마트 놀이, 식당 놀이처럼 주제가 있는 놀이에 대한 관심이 높아져요. 이런 놀이를 하며 사회적 상황에 따라 어떤 일이 일어나는지 알게 되고 어떻게 행동하는 게 옳은지도 배우게 됩니다. 놀이를 하며 아기들의 사회적 상황 인식이나 대처법이 좋아지게 됩니다.
- 아기가 환자 역할뿐 아니라 의사 역할도 해봄으로써 역할에 맞는 행동을 익히고, 각자의 마음을 이해할 수 있는 공감 및 타인조망 수용능력을 발달시키게 됩니다.
- 보호자와 함께 하는 즐거운 역할놀이 경험은 보호자와 아기 사이의 유대감을 한층 높여줍니다.

24개월~36개월

우리집 미장원

샴푸 거품을 이용해 다양한 머리 스타일을 만들며 창의성을 키우는 놀이입니다.

★ 이 놀이가 가능한 월령 : 24개월 ~

★ 준비물 : 거울, 유아용 샴푸, 카메라

놀|이|방|법

- 따뜻한 물이 채워진 욕조에 아기가 들어가게 합니다.
    "즐거운 목욕 시간, 자, 물속으로 퐁당!"
- 아기가 볼 수 있는 곳에 거울을 놓습니다.
    "여기에 우리 지수가 보이네! 지금 목욕 중입니다!"
- 아기와 미장원 놀이를 시작합니다.
    "지수야, 우리 미장원 놀이 하자! 엄마가 지수 머리를 멋지게 만들어주려고!"
- 아기 머리에 샴푸를 해서 거품을 냅니다.
    "손님! 머리를 어떻게 해드릴까요? 자, 뽀글뽀글 거품 파마를 하겠습니다!"
- 샴푸 거품으로 여러 가지 머리 모양을 만들어 주고, 아기도 만들어보게 합니다.
    "이번에는 하늘로 치솟은 머리입니다."
    "와, 이번 머리는 닭은 것처럼 만들었구나!"
- 거울을 보며 머리 모양을 감상하고 휴대전화 카메라로도 찍어줍니다.
    "거울을 보여드릴게요! 어떠십니까? 정말 멋지지요!"
    "자, 여기를 보세요! 사진을 찍습니다!"

놀이할 때 주의사항 & 응용

- 샴푸 거품을 싫어하는 아이라면 물만 묻혀서 놀이해도 됩니다. 젖은 머리로도 재미있는 머리 모양을 만들 수 있어요.
- 빗, 젓가락, 머리핀 등을 이용해 다양한 헤어스타일링을 시도해보세요.
- 샴푸에 식용색소를 조금 섞어 다양한 색의 머리 모양을 만들어도 좋아요.
- 샴푸나 바디클렌저 거품을 이용해서 옷을 만드는 놀이도 해보세요. 거품으로 아기의 수영복을 만들고, 신체부위를 감추는 놀이를 할 수 있습니다.

 이 놀이의 발달 효과 _ #창의성 #상상력 #자존감

- 따뜻한 물에 몸을 담그면 몸과 마음이 이완되며 편안함을 느끼게 됩니다. 이 상태에서 보호자와 즐거운 접촉을 할 때 '사랑의 호르몬'인 '옥시토신'의 분비가 활발해지며 더욱 강력한 유대감을 형성하게 됩니다.
- 물과 목욕을 싫어하던 아기도 물속에서 즐거운 놀이를 하게 되면 거부감이 줄어듭니다.
- 거품으로 여러 모양을 만들고 시도해보면서 즐거운 상상력과 창의성이 증진됩니다.
- 자신이 꾸민 모습을 사진으로 찍고 뽐내며 자존감이 높아집니다.

24개월~36개월

나의 그림자

그림자를 찾아보고 움직임에 따라 그림자가 변하는 모습을 관찰하며 즐거움을 느끼고 인지개념을 발달시키는 놀이입니다.

★ 이 놀이가 가능한 월령 : 24개월 ~
★ 준비물 : 없음

놀|이|방|법

- 햇볕이 좋은 날, 아기와 함께 실외로 나갑니다.

  "햇님이 하늘 높이 떴네! 하늘은 파랗고, 하얀 구름도 있어요!"

- 바닥에 있는 그림자를 찾아봅니다.

  "어, 이건 뭐지? 여기 바닥을 좀 봐봐! 지수 옆에 뭐가 있네! 그림자야."
  "와, 여기 지수 그림자가 있구나! 햇님이 지수 그림자를 만들었어!"

- 몸을 움직여 그림자가 변하는 것을 봅니다.

  "여기 좀 봐! 엄마가 팔을 드니 그림자도 팔을 드네! 그림자는 따라쟁이야!"
  "지수가 춤을 추니, 지수의 그림자도 춤을 추는구나!"

- 주변 사물의 그림자도 찾아봅니다.

  "저기 큰 그림자는 누구 꺼지? 아, 미끄럼틀 그림자구나!"
  "나무가 아주 커다란 그림자를 만들어주었어! 시원한 그늘이 되었구나!"

- 막대로 아기의 그림자를 따라 그려봅니다.

  "와, 우리 지수의 머리, 여긴 어깨, 발까지! 지수 그림자도 멋지구나!"

놀이할 때 주의사항 & 응용

- 아기들은 밖에 나가면 일단 뛰려 하고, 주변의 것들에 마음을 빼앗겨 차분히 있기를 어려워하기도 합니다. 다른 것에 관심이 있는 아기를 붙잡고 '그림자'에 대해 설명하려고 하지는 마세요. 아기가 자유롭게 자신의 관심사에 따라 놀 수 있는 기회를 먼저 충분히 주세요.
- 집 안에서도 손전등을 이용해 그림자 놀이를 할 수 있어요. 손으로 재미있는 그림자를 만들고 간단한 이야기를 들려주는 것도 참 좋습니다.
- 그림자처럼 형태만 있는 그림을 보고 사물을 알아맞히는 놀이로도 확장시켜보세요.
- 수면의식으로도 '그림자 놀이'를 사용할 수 있어요. 주변을 어둡게 하고 불빛 하나로 그림자를 만들고 꾸며낸 이야기를 아기에게 연극처럼 들려주면 쉽게 잠이 들 거예요.

 이 놀이의 발달 효과 _ #인지 #이해력 #관찰력

- 주변 물체에 대한 관찰과 탐색활동을 촉진시켜줌으로써 자신이 속한 물리적 세계에 대한 이해가 높아집니다.
- 몸을 활발하게 움직이고 다양한 포즈를 만들어보며 신체활동을 하고, 이를 통한 즐거움을 얻습니다.
- 그림자로 재미있는 이야기를 만드는 그림자 연극 놀이는 아기의 창의성을 높여줄 뿐 아니라 보호자와의 유대감과 애착을 강화시켜줍니다.

24개월~36개월

아기의 집

큰 박스나 침대보로 집을 만들고 블록 등으로 집 안팎을 꾸며주며 조작 및 구성능력을 발달시키는 놀이입니다.

★ 이 놀이가 가능한 월령 : 24개월 ~

★ 준비물 : 큰 종이 박스, 여러 종류의 블록, 그림 도구, 다양한 꾸미기 재료

놀|이|방|법

- 큰 종이 박스를 이용해 아기가 들어갈 수 있는 공간을 만듭니다.
  "이제 이 냉장고 박스가 우리 지수 집이 되어요. 문도 있네요!"

- 꾸민 공간을 탐색해봅니다.
  "이렇게 문을 닫을 수도 있고, 열어놓을 수도 있고~"

- 크레용이나 사인펜 같은 그림 도구를 활용하여 종이 박스를 꾸며봅니다.
  "지수 집을 예쁘게 꾸며주자! 이곳에 창문을 만들어볼까?"
  "여기에 초록 보자기를 올려놓으니 초록 지붕 집이 되었네."

- 블록이나 여러 소품을 이용해 박스 안 공간을 꾸며봅니다.
  "이 방석을 침대로 하자, 그럼 베개는 무엇으로 할까?"
  "블록으로 의자를 만들었구나!"

- 꾸며진 공간에서 역할놀이를 합니다.
  "똑똑! 안녕하세요, 저는 옆집에 사는 사람인데요, 들어가도 될까요?"

놀이할 때 주의사항 & 응용

- 마땅한 종이 상자가 없을 때에는 침대보나 가벼운 이불을 이용할 수 있습니다. 의자 두 개를 놓고 그 위를 침대보로 덮으면 아늑한 공간이 탄생해요.
- 어두운 공간을 두려워하는 아기라면 작은 조명을 켜거나, 창문을 만들어주세요.
- 상자 안에서 작은 조명을 켜놓고 그림자 놀이를 할 수도 있어요. 상자 안이 훌륭한 연극무대가 되는 것이지요.
- 아기가 들어갈 만한 큰 종이 상자를 구할 수 없다면 작은 상자나 블록을 이용해 인형을 위한 공간을 만들어주는 것도 좋아요. 그 공간에 인형 침대, 식탁, 의자 등을 꾸며보게 하세요.

 이 놀이의 발달 효과 _ #지각력 #공간구성력 #조작 능력 #사회성

- 답답하지 않을 크기의 조용한 공간은 아기를 진정시키고 편안하게 만들어요. 만일 이런 곳에 푹신한 쿠션이 있거나 아기가 좋아하는 장난감들이 있다면 위안이 필요한 아기에게 아주 좋은 장소가 됩니다.
- 집에 있는 물건들의 기능과 그 기능에 따른 장소 배치에 대한 인식이 높아집니다. 냉장고는 부엌에, 침대는 안방에 있어야 하는 것을 알게 되지요.
- 물건을 적절한 공간에 배치하는 것은 공간 지각력과 공간구성능력, 그리고 조작 능력이 있어야 가능한 일입니다.
- 집을 배경으로 한 역할놀이를 통해 사회적 기술을 연습할 수 있습니다.

○ 24개월~36개월

집게로 꽉!

여러 물건들을 집게로 잡아 옮기면서 소근육을 발달시키는 놀이입니다.

★ 이 놀이가 가능한 월령 : 24개월 ~
★ 준비물 : 다양한 종류의 물건(구슬, 뚜껑, 블록, 스펀지, 양말, 종이 뭉치 등), 작은 주방집게, 바구니 2개

놀|이|방|법

- 아기에게 주방 집게를 보여주고 탐색할 시간을 충분히 줍니다.

  "지수야, 이게 뭘까? 이건 집게야!"
  "집게를 이렇게 눌렀다 놨다하면 집게가 입을 열었다, 닫았다! 해요."

- 바구니에 들어있는 물건 중 하나를 집게로 집어 다른 바구니에 옮겨 넣는 모습을 보여줍니다.

  "집게로 이 양말을 집을 수 있어! 자, 봐봐!"

- 아기가 집게를 사용해 물건을 집도록 격려해줍니다.

  "이제 지수가 해보자! 자, 이렇게 잡고, 옳지! 잘하는구나!"
  "아이고, 떨어졌어! 이럴 수가! 우리 지수, 속상해! 다시 힘내서, 파이팅!"

- 아기가 집는 물건의 특성에 대해서도 말해줍니다.

  "이 구슬은 작고 미끌미끌해서 잘 안 잡혀요?! 이럴 땐 집게를 꽉 잡아야 해!"
  "와, 종이는 크고 가벼워서 금방 잘 집었다!"

- 아기가 물건을 집어 바구니에 넣을 때마다 숫자를 말해줍니다.

  "양말을 집어서, 바구니에 쏘옥, 양말 하나! 들어갔습니다!"
  "바구니에 지수가 집어넣은 것이 몇 개지? 하나, 둘, 셋! 와! 세 개나 집어넣었구나!"

놀이할 때 주의사항 & 응용

- 아직 손힘이 부족한 아기는 집게를 누르는 것부터 시작해보세요. 그다음 구겨진 종이 뭉치나 털실 뭉치처럼 집기 쉬운 크기와 물체를 준비해주세요.
- 아기가 집게 사용에 능숙해지면 바구니를 멀리 옮겨 더 오랫동안 집게로 물건을 집도록 해주세요.
- 빨래집게도 이용할 수 있어요. 아기의 키에 맞게 줄을 매달고 손수건, 양말 등을 집게로 집어 널어보게 해주세요. 아기에게 "아빠 양말 갖고 오세요!", "지수 손수건 가져다주세요!"라고 지시하며 물건의 이름과 소유를 알게 해주어도 좋아요.

 이 놀이의 발달 효과 _ #눈-손 협응력 #소근육 #자부심

- 집게를 이용해 물건을 집는 활동은 뇌의 여러 영역을 자극합니다. 또 팔과 손, 손가락의 근육과 근력을 높여주고 눈-손 협응력을 발달시켜요.
- 도구를 조작하는 놀이는 이후 수저 사용, 옷 입기 등 일상생활의 자조능력에 긍정적인 영향을 미칩니다.
- 이 시기는 자율성을 추구하려는 욕구가 매우 강해서, 스스로 해냈다고 느낄 때 자신에 대한 자부심과 만족감을 느끼게 됩니다. 아기가 성취감을 느낄 수 있는 활동의 기회를 주는 것이 매우 중요합니다.

24개월~36개월

데굴데굴 김밥말이

이불로 아기를 김밥처럼 말아주며 신체조절력을 높여주고 즐거움을 제공하는 놀이입니다.

★ 이 놀이가 가능한 월령 : 24개월 ~

★ 준비물 : 이불이나 담요

놀|이|방|법

- 아기와 이불에서 편한 시간을 보냅니다.

    "여기 이불이 있습니다! 이불에서 데굴데굴 굴러보자!"

- 보호자나 인형이 이불을 감고 구르는 모습을 보여줍니다.

    "엄마는 김밥이 될 거야. 이불이 김이야! 이불을 말고 데굴데굴 굴러야지."
    "인형 김밥을 만들어볼까요? 자, 인형을 이불 위에 놓고요, 굴려보아요!"

- 아기를 이불 위에 놓고 굴려줍니다.

    "자, 이제 우리 지수 차례! 이불 위로 올라가세요!"
    "준비됐나요! 참 재미있어요! 시작합니다!"

- 이불에 말려진 아기와 재미있는 신체접촉을 합니다.

    "와! 아주 커다란 김밥이 되었어요! 김밥을 꾹꾹 눌러요! 꾹꾹, 폭신폭신!"

- 아기와 소꿉놀이를 합니다.

    "자, 이제 김밥을 먹겠어요! 쏙싹쏙싹(아기의 몸을 장난스럽게 만지며)"
    "냠냠냠, 와우, 정말 맛있네요. 다음엔 어디를 먹을까요?"

놀이할 때 주의사항 & 응용

- 아기와 김밥을 먹은 다음, 김밥 만들기를 본 다음에 이 놀이를 하면 더욱 좋아요.
- 이불 말이를 할 때는 어둠과 폐쇄된 공간에 대한 공포감을 느끼지 않도록 아기의 얼굴이 이불 밖으로 나오도록 해주세요.
- 침대 위나 두툼한 담요 위에서 이불 말이를 해주면 다칠 염려가 없어요.
- 겁이 많은 아기라면 이불을 말면서 계속 말을 건네고 눈을 마주쳐주세요.
- 옆 구르기는 어려운 신체동작으로 보호자가 먼저 시범을 보여주어야 합니다. 아기를 안고 함께 이불 말이를 하는 것도 좋습니다.
- 김발 위에 식빵을 올리고 말아보는 놀이로 확장할 수 있어요.

 이 놀이의 발달 효과 _ #근육 #신체조절력 #신뢰감 #협동심 #긍정감

- 옆 구르기와 같은 복잡한 신체 움직임은 대소근육의 발달을 촉진할 뿐 아니라 두뇌의 전전두피질과 후측 전두엽을 자극하는 효과가 있습니다.
- 이불이 몸을 탄탄하게 감아줄 때의 압박감은 아기를 진정시키는 효과가 있습니다.
- 보호자가 굴릴 때 아기도 이에 맞춰 자신의 몸을 움직이면서 서로 신뢰감과 협동성이 증진됩니다.
- 보호자와의 친밀한 신체적 접촉과 유쾌한 장난은 아기에게 즐거운 정서를 제공하고 유대감을 강화시켜줍니다.

24개월~36개월

손가락 탐정

물건을 보이지 않는 주머니에 넣고 손으로 만져 알아맞히면서 감각지각력을 높이는 놀이입니다.

★ 이 놀이가 가능한 월령 : 24개월 ~
★ 준비물 : 주머니, 여러 물건들(자동차, 연필, 숟가락, 인형, 공 등)

놀|이|방|법

- 아기 앞에 여러 물건들을 놓고 만져보며 탐색하게 도와줍니다.
  "이건 자동차네. 우리 지수가 좋아하는 병원차야! 바퀴가 빙글빙글 돌아가네."
  "이건 또 뭘까? 기다란 연필이다!"

- 아기가 만졌던 물건들을 상자에 넣은 후, 한 개를 골라 아기가 보지 못할 때 주머니에 넣습니다.
  "이제, 이것들을 상자에 쏙 넣어주자!"
  "자동차도 쏙, 연필도 쏙, 숟가락도 들어가고, 강아지 인형도 들어가세요!"

- 주머니의 입구를 벌려 아기의 손을 넣게 하고, 안의 물건을 탐색하게 합니다.
  "자, 엄마가 이 주머니 안에 물건을 넣었어! 만져볼까?"
  "만졌어? 어때? 말랑말랑하니? 딱딱해?"

- 아기에게 만진 것을 알아맞혀 보게 하세요.
  "무엇일까요? 알아맞혀 보세요!"
  "자동차? 어디 자동차인지 꺼내볼까? 와! 자동차다! 우리 지수가 알아맞혔네!"

 놀이할 때 주의사항 & 응용

- 아기가 손을 집어넣기 두려워한다면 보호자가 먼저 손을 집어넣고 즐겁게 탐색하는 모습을 보여주세요. 아기와 함께 손을 집어넣고 만져도 좋습니다.

- 놀이에 사용하는 물건들은 평소에 익숙한 것들로, 이름을 알아야 합니다. 먼저 눈

과 손으로 물건을 만지고 이름을 말하는 활동을 충분히 하면 놀이를 보다 잘할 수 있습니다.
- 한 가지 물건을 넣었을 때 잘 알아맞히면 다음에는 2~3개의 물건을 넣고, 보호자가 말하는 물건을 찾아보도록 해보세요. 곰 인형, 자동차, 숟가락을 주머니에 넣은 후, 아기에게 "밥 먹을 때 쓰는 것을 찾아주세요!"라고 말해볼 수 있지요.
- 아기가 모양과 촉감에 대해 말할 수 있도록 충분히 설명해주세요.
    "이 숟가락은 길어! 그리고 딱딱해. 만지면 시원하네!"

 이 놀이의 발달 효과 _ #사고력 #감각지각 #자긍심 #자존감

- 보지 않고 만져서 찾을 때 아기는 이전에 경험한 것과 현재 손으로 느끼는 감각을 연결하여 유추하는 능력을 발달시키게 됩니다. '유추'는 학습에 필요한 매우 중요한 사고능력입니다.
- 손을 통한 촉각적 탐색은 뇌의 촉각수용체를 자극하여 사물을 탐색하고 정보를 저장하게 합니다. 다양한 사물에 대한 이러한 정보저장이 있어야 이후 보지 않아도 기억해서 알아맞힐 수 있습니다. 이런 경험은 아기의 감각지각을 더욱 발달시켜줍니다.
- 이 시기의 아기들은 수수께끼를 알아맞혔을 때 스스로에 대한 자긍심을 느낍니다. 이 자긍심은 자존감을 높여주고 새로운 것에 대한 도전으로도 이어집니다.

24개월~36개월

그릇에 골인!

그릇을 물위에 띄우고 그 안에 구슬은 던지며 즐거움과 눈-손 협응력을 발달시키는 놀이입니다.

★ 이 놀이가 가능한 월령 : 24개월 ~
★ 준비물 : 플라스틱 그릇, 구슬

놀|이|방|법

- 욕조를 따뜻한 물로 채운 후 아기를 들여보냅니다.
  "지수야, 물놀이 하자! 물속으로 쏘옥! 따뜻하지?!"
- 크기가 다양한 플라스틱 그릇을 욕조 안에 넣습니다.
  "자, 그릇도 물속으로 들어갑니다! 그릇이 물 위에 둥둥 뜨네!"
- 그릇에 구슬을 던져 넣는 모습을 보여줍니다.
  "엄마가 구슬을 그릇에 넣어볼게! 들어가라, 얍! 그릇에 골~인!"
- 아기도 구슬을 그릇 안으로 던져보게 합니다.
  "이번엔 지수 차례! 구슬을 던져보세요!"
  "하하하, 구슬이 물속으로 퐁당 빠졌구나!"
- 아기가 구슬을 잘 던지면 더 작은 그릇에도 구슬을 던져보게 합니다.
  "와, 우리 지수가 구슬 골인을 잘하는구나! 이번엔 이 작은 그릇에 넣어보자!"
  "더 작은 그릇이 나타났습니다. 쉽지 않겠군요! 그래도 도전! 도전하는 건 멋져요!"
- 물로 작은 파도를 만들어 그릇이 움직이게 하고, 구슬을 던져 넣어보게 합니다.
  "어, 이번엔 그릇들이 움직입니다. 파도가 쳐서 그릇이 이리저리 움직이네요!"
  "움직이는 그릇에 구슬을 넣어보아요! 재밌겠는데요!!"

놀이할 때 주의사항 & 응용

- 목욕을 하기 전이나 목욕을 끝낸 후 이 놀이를 하면 더욱 좋아요.
- 던지기를 처음 할 때는 커다란 그릇부터 시작하고, 잘하게 되면 점점 그릇의 크기를 줄이거나 파도를 쳐서 그릇이 움직이게 해서 도전감을 느낄 수 있게 해주세요.
- 구슬이 그릇에 들어가지 않으면 속상해 하는 아기들도 있어요. 이럴 땐 간단히 아기의 마음을 헤아려주면서 ("아휴, 골인이 안 되서 속상해!"), 재빠르게 아기의 관심사를 옮겨주면 도움이 됩니다. "근데, 구슬이 어디로 갔지? 구슬이 꼭꼭 숨어라 하며 숨어버렸는데?"처럼 구슬 찾기로 전환하고, 아기가 구슬을 찾았으면 발로 밟거나 발가락이나 손가락으로 집어 찾게 합니다.
- 그릇에 구슬을 넣으며 언제 가라앉는지 살펴보는 놀이를 해볼 수 있습니다. 구슬을 그릇에 넣을 때마다 숫자를 세어주며 수 개념도 높여줄 수 있지요.
- 물에 뜨는 물건과 가라앉는 물건을 욕조에 넣고 그 차이를 살펴보고 분류해보는 놀이도 좋아요.

이 놀이의 발달 효과 _ #눈-손 협응력 #소근육 #인내심 #성취감 #자존감

- 움직이는 목표물 맞추기는 집중력과 눈-손 협응력과 같은 소근육 기술을 발달시켜 줍니다.
- 점점 더 어렵고 복잡한 활동을 수행하면서 아기는 도전을 시도하고, 성취감을 발달시킵니다. 이 경험은 아기의 자존감을 높여주고, 이후 학습에서 쉽게 포기하지 않고 인내심을 발휘할 수 있게 합니다.

24개월~36개월

혼자서도 잘 입어요!

인형 옷 입히기를 통해 옷을 입고 벗는 연습을 하며 기본적인 자조기술을 익히는 놀이입니다.

★ 이 놀이가 가능한 월령 : 24개월 ~

★ 준비물 : 아기 인형, 인형 옷(속옷, 양말 포함)

놀이방법

- 아기 인형과 인형 옷들을 준비합니다.

  "지수야, 여기 우리 지수가 좋아하는 콩순이 인형이 있어!"
  "콩순이 옷도 있네! 치마, 양말, 윗도리, 모자도 있네!"

- 아기 인형의 옷을 입히는 순서를 살펴봅니다.

  "콩순이가 옷을 안 입었어요! 춥겠다. 옷 입혀주자! 뭐부터 입어야 할까?"

- 아기를 도와 옷을 순서대로 입혀봅니다.

  "제일 먼저 팬티를 입어야지! 팬티를 입으려면 이곳에 발을 쏙 넣어야겠다!"
  "자, 이번엔 치마를 입어야 해요!"

- 아기가 입을 옷을 찾아봅니다.

  "이번엔 우리 지수, 옷을 갈아입자! 어떤 옷을 입을까요? 옷을 찾아봅시다!"

- 순서대로 속옷부터 겉옷까지 옷을 찾아 입어보게 합니다.

  "맞아요! 제일 먼저 팬티부터 입어야 하죠! 잘 입었어!"
  "마지막으로 예쁜 모자까지! 와, 우리 지수 멋지다!"

놀이할 때 주의사항 & 응용

- 목욕하기 전에 인형 옷 입히기를 연습하고 목욕 후 아기가 입을 옷을 찾고 순서에 맞춰 입어보게 하면 훨씬 자연스럽게 놀이를 할 수 있습니다.
- 아기 인형은 적어도 30센티미터 크기는 되어야 합니다. 크기가 작으면 아기가 다루는 데 어려움을 느껴요. 아기 인형, 특히 플라스틱 재질의 인형은 관절이 뻣뻣하여 옷 입히기에 어려움이 있으니 옷을 입힐 때는 도와주세요.
- 동물 봉제 인형에 아기가 어릴 때 입던 옷을 입혀주는 것도 좋아요. 봉제 인형은 유연하여 옷 입히기가 좀 더 편합니다.
- 아기 인형이 없다면 종이 인형을 이용할 수 있어요. 종이 인형 위에 옷을 입는 순서대로 옷을 올려놓는 것으로 옷 입히기를 대신할 수 있습니다.
- 아기가 혼자 옷 입는 연습을 할 때는 입고 벗기 쉬운 옷을 준비해주세요.
- 아기가 옷을 입은 후, 스스로 벗을 수 있도록 옷 벗기도 함께 지도하면 좋아요.

 이 놀이의 발달 효과 _ #자율성 #자긍심 #이해력 #미세운동 협응

- 이제 스스로 옷을 입고 벗는 자조기술을 연습해야 하는 시기가 되었습니다. 이러한 자조기술의 습득은 유아기의 발달과업인 '자율성'과 직접적 관련이 있습니다. 자조기술을 익히게 되었을 때 아기는 자신에 대한 자긍심과 자율감을 얻게 됩니다.
- 이 놀이를 통해 일의 순서와 과정에 대해 이해하고 배울 수 있게 됩니다. 이러한 경험은 앞으로 아기의 과제 수행 능력을 높여줍니다.
- 옷을 입고 벗는 놀이를 통해 소근육과 미세운동 협응력을 발달시킵니다.

24개월~36개월

로션 마사지

아기의 손과 몸에 로션으로 마사지를 해주며 애착을 강화시키는 놀이입니다.

★ 이 놀이가 가능한 월령 : 24개월 ~

★ 준비물 : 베이비 로션

놀|이|방|법

- 목욕 후 아기의 몸을 부드럽게 마사지해줍니다.
    "우리 지수 쭉쭉이 해줘야지! 어느새 이렇게나 컸어요!"
- 로션을 살짝 짜서 냄새와 촉감을 느껴봅니다.
    "흠, 냄새 좋다. 촉촉하기도 하고, 미끌미끌하기도 하네."
- 아기의 손등과 몸에 로션으로 모양을 만듭니다.
    "오늘은 우리 지수 하트 로션 바르자! 엄마가 로션으로 하트 모양을 만들어줄게."
    "지수 몸에 예쁜 별이 떴어요!"
- 로션을 부드럽게 문지르며 아기와 달콤한 이야기를 나누세요.
    "반짝 반짝 작은 별, 예쁜 예쁜 우리지수! 사랑해, 지수야!"
- 아기가 부모에게도 로션을 발라주게 하세요.
    "지수야, 엄마도 로션을 발라주세요!"
    "아, 우리 지수가 발라주니까 좋네. 우리 지수 손이 참 부드러워!"
- 아기와 손을 마주잡거나 볼 혹은 이마를 비비며 부드럽게 안아줍니다.
    "우리 지수 볼이 정말 부드럽고 폭신폭신, 따뜻하구나!"

놀이할 때 주의사항 & 응용

- 이 놀이를 하기 전에 액세서리는 빼고, 손을 따뜻하게 한 후 놀아주세요.
- 아토피 등 피부질환이 있는 아기들은 억지로 로션을 발랐던 경험 때문에 이 놀이를 싫어할 수도 있어요. 그런 경우에는 억지로 로션을 바르려 하기보다 평소 신체접촉을 할 때 부드럽게 매만져주면 좋아요.
- 아기가 로션을 바르는 부위를 정해도 좋아요. 아기가 다리에 발라달라고 하면 "알았습니다. 우리 지수의 튼튼한 다리에 로션을 발라요. 다리로 계단도 올라가고 공도 찰 수 있어요!"라고 말하며 로션을 부드럽게 발라줍니다.
- 보호자의 손에 로션을 듬뿍 발라 미끌거리게 한 다음, '쌀, 보리'와 같은 게임을 하는 것도 재밌어요.

 이 놀이의 발달 효과 _ #애착 #긍정감 #안전감 #유대감

- 뇌와 피부는 복잡한 신경회로로 연결되어 있어서 신체접촉이나 마사지를 해주면 아기의 뇌 발달도 촉진됩니다.
- 부드럽고 따뜻한 신체접촉은 뇌에 세로토닌과 엔도르핀의 분비를 촉진시켜주어 아기를 행복하게 만들어줍니다.
- 두 돌 전후의 아기들은 자율성을 습득하기 위해 애쓰면서 종종 애착대상과 충돌하고 갈등을 빚기도 해요. 이러한 놀이는 아기로 하여금 여전히 보호자가 자신을 사랑하고 있다고 느끼게 해주어 안심감을 주며 애착을 강화시켜 줍니다.
- 보호자 또한 아기와의 친밀한 신체접촉 경험을 통해 유대감을 높일 수 있어요.

24개월~36개월

끼리끼리 나뭇잎

나뭇잎을 비슷한 형태끼리 짝지어보며 분류 개념을 익히는 놀이입니다.

★ 이 놀이가 가능한 월령 : 24개월 ~
★ 준비물 : 여러 가지 모양의 나뭇잎

놀이방법

- 공원이나 야외 놀이터에서 아기와 함께 나뭇잎들을 줍습니다.
    "지수야, 여기 나뭇잎이 많이 떨어져 있다! 나뭇잎을 주워보자!"

- 주운 나뭇잎들을 바닥에 펼쳐놓고 살펴봅니다.
    "와, 여러 종류의 나뭇잎이 있네! 이건 빨갛고, 이건 노란색이야!"
    "이 나뭇잎은 동글동글하게 생겼네, 어머, 이 나뭇잎은 길고 뾰족해!"

- 특성(색깔, 모양, 크기 등)이 비슷한 나뭇잎들을 찾아보게 합니다.
    "우리 똑같이 생긴 나뭇잎을 찾아보자! 이 나뭇잎과 똑같은 건 어디 있을까?"
    "이번엔 같은 색깔의 나뭇잎들을 찾아보자!"

- 나뭇잎들을 비교하며 어떤 점이 다른지 혹은 같은지 찾아보게 합니다.
    "이 나뭇잎 두 개는 좀 다르게 생긴 것 같은데? 어떤 점이 다른 것 같아?"
    "아, 이 둘은 모양은 같지만, 얘는 초록색인데, 얘는 노란색이구나!"

놀이할 때 주의사항 & 응용

- 가지에 붙어 있는 나뭇잎을 떼지 않도록 지도해주세요. 식물도 살아있는 것이므로 조심히 다뤄야 함을 알려주어야 합니다.
- 가시가 있거나 피부를 다치게 할 수 있는 나뭇잎도 있으니 주의해주세요.
- 주운 나뭇잎과 열매들을 집으로 가져가 콜라주로 꾸며보는 것도 좋아요.

- 바닥에 떨어진 나뭇잎이 어느 나무에서 온 것인지 찾아보세요. 요즘 스마트폰은 나뭇잎을 찍으면 어떤 나무인지 알려주기도 해요. 아기가 찾은 나뭇잎의 사진을 찍고 스마트폰으로 나무의 이름을 함께 찾아볼 수도 있어요.
- 다양한 기준으로 나뭇잎을 분류해보세요. '예쁜 것', '튼튼해 보이는 것', '힘이 셀 것 같은 나뭇잎' 등으로 분류하고, 아기의 생각을 들어보는 것도 참 좋아요.

 이 놀이의 발달 효과 _ #변별력 #주의력 #관찰력 #사고력 #언어

- 비슷하면서도 다른 나뭇잎들을 보고 그 차이를 구별할 수 있으려면 시각적 변별력과 주의력을 갖추어야 해요. 우리 주변에 늘 있지만 평소 별로 신경 써서 살펴보지 않았던 나뭇잎을 주의깊게 살펴보며 환경에 대한 관찰력을 키울 수 있어요.
- 기준을 세우고 그에 따라 분류를 하는 능력은 보다 고차원적인 사고력을 위한 토대가 돼요.
- 나뭇잎을 관찰하고 이에 대한 대화를 나누면서 비교와 차이를 나타내는 수식어를 비롯한 다양한 어휘를 배우게 됩니다. 또한 자신의 생각을 표현하는 방법도 익힐 수 있습니다.

24개월~36개월

맛있는 얼굴

음식 재료로 다양한 얼굴표정을 만들며 정서표현에 대해 배우는 놀이입니다.

★ 이 놀이가 가능한 월령 : 30개월 ~

★ 준비물 : 야채, 시리얼 등 다양한 먹을거리, 종이 접시

놀|이|방|법

- 아기와 먹을거리를 탐색해봅니다.

    "이건 건포도, 또 저건 토끼가 좋아하는 당근이네!"
    "지수야, 여기 시리얼 등 모양 좀 봐! 동그란 것도 있고, 네모난 것도 있다!"

- 종이 접시 위에 먹을거리를 올려놓으며 얼굴 모양을 만들어봅니다.

    "엄마는 콩으로 눈을 만들어야지!"
    "지수 눈은 방울토마토구나!"

- 만든 얼굴을 보며 기분이나 생각을 추리해봅니다.

    "지수가 만든 얼굴은 눈이 동그랗네! 입도 동그랗게 벌린 것 같다!"
    "이 얼굴은 지금 무슨 기분일까? 눈도, 입도 크게 뜬 걸 보면 놀란 건가?"

- 모양을 바꾸며 다양한 표정을 만들어봅니다.

    "아이, 지금 입이 삐죽해졌어! 화가 났나봐! 왜 화가 난 걸까?"

- 서로 상대가 만든 얼굴표정을 흉내내어 표정을 지어봅니다.

    "어때, 지수가 만든 얼굴이랑 엄마 얼굴 비슷해?"
    "와, 엄마가 웃고 있는 표정 만들었는데, 지수도 똑같이 웃고 있네!"

놀이할 때 주의사항 & 응용

- 아기에게 감정 단어를 말해주고 그에 맞게 표정을 꾸며보게 할 수 있습니다. "지수야, 슬픈 표정 만들어볼까?"처럼요.
- 보호자가 얼굴표정을 만들고, 아기에게 이 사람에게 무슨 일이 있는지, 기분은 어떤지 말해보게 할 수 있습니다. 아기가 쉽게 말하지 못하면 "아파서 슬픈 건가? 아님 엄마한테 혼나서 그런가, 아니면 자기 싫은 데 자라고 해서 슬픈 건가?"처럼 예시를 들어주세요.
- 식사 시간에 접시를 반찬이나 밥으로 꾸며보게 할 수 있습니다. 꾸민 후, 서로에게 보여주고 맛있게 먹으면 됩니다.
- 아기가 만드는 것보다 먹을거리를 탐색하거나 맛보는 데 관심이 많으면 굳이 만들기를 강요할 필요는 없습니다. 탐색만으로도 많은 것들을 배우고 즐거움을 느낄 수 있으니까요.

 이 놀이의 발달 효과 _ #정서표현 #언어 #창의성 #상상력

- 유아기는 인성의 기초가 되는 정서를 발달시키는 시기입니다. 정서 발달을 위해서는 감정을 인식하고 적절한 감정 단어를 이용해 표현하는 법을 배워야 합니다. 이를 위해 아기에게 감정을 나타내는 얼굴 표정과 감정 단어를 연결하여 익힐 수 있는 기회를 주는 것이 필요합니다.
- 요리를 사용한 미술활동은 아기의 시각, 촉각, 후각을 자극하여 뇌 발달에 아주 좋으며, 창의성과 상상력을 증진하는 데도 최고입니다.
- 식탁에서 음식으로 놀이를 하는 것은 식사 시간을 즐겁게 하며, 음식에 대한 거부감을 줄여줍니다.

24개월~36개월

나는 누구게?

그림의 일부분만 보고 무엇인지 맞혀봄으로써 형태지각력을 발달시키는 놀이입니다.

★ 이 놀이가 가능한 월령 : 30개월 ~

★ 준비물 : 다양한 그림이나 사진

놀 | 이 | 방 | 법

- 아기가 알고 있는 사물의 그림이나 사진을 보여주며 이야기를 나눕니다.

    "지수야, 이것 봐봐! 야~옹, 고양이가 있네!"
    "이거 전에 본 적 있지? 맞아, 지수가 놀이터에서 타고 놀았던 미끄럼틀이야."

- 그림을 접어서 일부분만 보여줍니다.

    "여기 파란색만 보이네. 다른 곳은 숨었대. 이게 뭘까?"

- 그림을 펼쳐 보여줍니다.

    "파란 자동차라고? 어디 볼까? 정말 파란 자동차인지?!"
    "자, 하나, 둘, 셋, 짜~잔! 와, 정말 파란 자동차야! 우리 지수가 맞혔다!"

- 다른 그림이나 사진을 이용해 찾기 놀이를 몇 차례 반복합니다.

    "이번엔 또 뭐가 숨었을까요? 우리 지수가 찾아주세요!"
    "어, 이건 뭐지? 여기 기다란 까만 것만 보여! 강아지라고? 어디 볼까?"

 놀이할 때 주의사항 & 응용

- 아기가 한 번도 보지 못한 사물은 무엇인지 알아맞힐 수 없어요. 평소 아기가 알고 있고, 이름을 말할 수 있는 사물이나 대상의 그림이나 사진을 이용하세요.
- 실제 사물의 일부분을 보자기로 덮어 가린 후 알아맞힐 수도 있어요.
- 아기가 이 놀이를 잘하게 되면, 가위로 그림을 자른 후 퍼즐처럼 조각을 맞춰 완성

해보게 하세요. 처음에는 3~4조각 정도로 잘라서 시작했다가 능숙해지면 조각의 개수를 늘려나가면 됩니다.

 이 놀이의 발달 효과 _ #형태지각력 #사고력 #추리력 #긍정감

- 시각을 통해 사물을 비교, 판별하고 형태나 명암의 차이를 알아보는 형태지각력이 부족할 경우, 길 찾기, 그림 그리기, 글자와 같은 상징을 배우는 데 어려움을 느낍니다. 이 놀이를 통해 주변 환경에 대한 호기심을 자극하고 형태지각력을 발달시킬 수 있습니다.
- 현상의 어떤 한 부분을 보고 전체적인 상황, 원인, 결과를 추론하는 능력은 매우 고차원적인 사고력을 요합니다. 아기들은 아직 이런 사고력을 갖추기 못했지만 사물의 부분을 보고 전체를 추리하는 경험을 통해 조금씩 추상적인 사고력을 발달시키게 됩니다. 처음에는 구체적인 사물에서 시작해, 연령이 높아지면서 정서사회적 상황과 같은 보다 복잡하고 애매한 상황에 대한 추리력으로 발달하게 됩니다.
- 아기들은 퀴즈 놀이를 하면서 성취감과 자긍심 등 긍정적인 정서를 경험합니다.

24개월~36개월

싹둑싹둑 가위질

다양한 사물을 가위로 잘라보며 미세운동 협응력을 발달시키는 놀이입니다.

★ 이 놀이가 가능한 월령 : 30개월 ~

★ 준비물 : 안전 가위, 이면지, 빨대, 수수깡, 점토, 색종이 등

놀|이|방|법

- 아기에게 가위를 보여주고 탐색하게 합니다.

    "지수야, 엄마가 가위 보여줄게."
    "가위로 여러 가지를 자를 수 있어. 가위로 봉투 자르는 거 지수도 본 적 있지?!"

- 안전 가위로 아기가 자르기 쉬운 종이부터 잘라보게 합니다.

    "자, 가위로 종이를 싹둑싹둑 잘라볼까요?"
    "이렇게 잡고, 손가락을 벌렸다, 닫았다 하면… 와, 종이가 잘렸어!"

- 아기가 잘라도 되는 재료들을 놓아두고 가위로 잘라보게 합니다.

    "이건 지수가 잘라도 되는 거야, 아무거나 자르면 안 되지만, 이건 잘라도 돼요"
    "어떤 걸 잘라볼까? 아, 이 빨대! 그럼 빨대를 싹둑싹둑 잘라봅시다!"

- 가위로 자를 때의 느낌이나 상황에 대해 이야기해봅니다.

    "이건 딱딱해서, 자를 때 힘을 줘야 해요! 영~차! 와, 잘 잘랐다!"

- 종이에 직선이나 사선을 그려서 선을 따라 자르는 시범을 보여주고, 아기도 해보게 합니다.

    "지수야, 이렇게도 자를 수 있어! 엄마 봐봐! 이 선을 따라 자르는 거야!"
    "쭉쭉~ 선을 따라 잘라요! 지수도 엄마처럼 선을 따라 잘라요!"

놀이할 때 주의사항 & 응용

- 반드시 안전 가위를 사용해주세요.
- 가위놀이를 한 다음, 아기가 보이는 것마다 자르려고 할 수 있어요. 가위는 안전한 곳으로 치워두고 아기에게 자를 수 있는 것과 안 되는 것을 말해주세요.
- 접착 시트를 자른 후, 종이에 붙여서 꾸미는 놀이를 할 수 있어요. 색종이를 잘게 자른 후, 꽃가루처럼 뿌리는 것도 아기들이 매우 좋아해요.
- 손으로 자른 종이와 가위로 자른 종이가 어떻게 다른지 비교하는 것도 좋아요.

 이 놀이의 발달 효과 _ #세운동 협응 #시각 #청각 #촉각

- 이 시기 아기는 손목을 움직이는 능력이 좋아지면서 가위질을 할 수 있게 돼요. 손뿐 아니라 손목을 움직이는 경험도 아기의 뇌를 자극하는 효과가 있어요.
- 가위질은 미세운동 협응력을 필요로 하는 활동입니다. 처음에 아기가 곡선을 자르는 것을 어려워하지만 가위질이 능숙해지면 다양한 모양을 자를 수 있을 정도로 미세운동 협응력이 발달해요. 미세운동 협응력이 발달하면 이후 그림이나 글씨 쓰기와 같은 학습활동을 무리 없게 할 수 있어요.
- 다양한 질감의 재료를 자르는 활동은 아기의 시각, 청각, 촉각을 동시에 발달시키며 즐거움과 성취감을 제공합니다.

24개월~36개월

화장실 벽화 그리기

거품으로 화장실 벽에 그림을 그리며 즐겁게 창의성을 발달시키는 놀이입니다.

★ 이 놀이가 가능한 월령 : 30개월 ~

★ 준비물 : 쉐이빙 크림, 식용색소, 그릇

놀이방법

- 욕조에 따뜻한 물을 채우고 아기를 들여보냅니다.
    "아이, 따뜻해! 물이 찰랑찰랑, 우리 지수 몸은 말랑말랑!"

- 그릇에 쉐이빙 크림을 조금 짜고, 식용색소를 아주 조금 섞어 색을 만들어보세요.
    "지수야, 이건 아빠가 면도할 때 쓰는 크림이야. 오늘은 이거 갖고 놀자!"
    "지금은 하얀색이네, 여기에 우리 지수가 좋아하는 노란색을 넣어야지!"

- 여러 색의 식용색소가 있다면 각각의 색을 쉐이빙 크림에 섞어 만들어보세요.
    "이 그릇에는 빨간색을 넣고, 여기에는 무슨 색을 넣어볼까?"
    "와, 이제 여러 가지 색이 되었다!"

- 쉐이빙 크림을 욕조 벽에 발라가며 그림을 그려보게 하세요.
    "이렇게 크림을 손에 묻혀서 벽에 그리면... 엄마는 하트를 만들었어!"

- 아기가 그린 그림을 감상하고 이야기를 나눕니다.
    "와, 지수는 여기부터 여기까지 파란색으로 쭈~욱 그렸구나!"
    "아, 토끼가 이렇게 깡충깡충 뛰어간 거야? 토끼가 잘 뛰네!"

- 다른 그림을 그리고 싶어하면 씻어내고 그리게 하세요.
    "물로 씻어내면 그림이 지워져! 이제 다시 깨끗해졌네! 어떤 그림을 그려볼까?"

놀이할 때 주의사항 & 응용

- 쉐이빙 크림이 아기 눈에 들어가지 않도록 주의해주세요.
- 쉐이빙 크림 대신 쉐이빙 폼을 사용해도 됩니다. 쉐이빙 폼은 거품이 더 풍부하기 때문에 앞치마나 더러워져도 되는 옷을 입히고 화장실에서 거품을 짜고 만지게 하면 아기들이 매우 즐거워해요.
- 붓에 쉐이빙 크림이나 폼을 묻혀서 그리는 것도 좋아요.
- 유리창에 입김을 불고 그 위에 그림을 그리거나, 마커로 그림을 그렸다 지웠다 하는 놀이도 좋아요.
- 아기들은 아무 곳에나 그림을 그리고 낙서를 하고 싶어해요. 집의 한쪽 벽에 커다란 전지를 붙여놓고 그 종이에만 그림을 그리도록 지도해주세요.

 이 놀이의 발달 효과 _ #창의성 #인과관계 #언어 #미세운동 협응

- 손의 움직임에 따라 모양이 다르게 표현되는 것을 알게 되면서 행동의 인과관계를 이해할 수 있게 돼요.
- 아기는 수직선, 수평선은 물론 동그라미도 그릴 수 있는 능력을 갖추게 됩니다. 아기가 다양한 선, 모양, 색깔을 탐색할 수 있을 때 시각적 자극을 구분하는 뇌 활동이 자극되며 미세운동 협응력도 한층 발달하게 됩니다.
- 그림을 그리고 이야기를 나누면서 아기의 상상력과 창의력, 언어표현력이 증진됩니다.
- 더러워지는 것에 대한 걱정 없이 마음껏 탐색하고 표현하는 놀이를 하며 아기는 감정을 발산하고 정화할 수 있습니다.

24개월~36개월

잘 차려진 밥상

인형에게 밥상을 차려주며 식사예절을 배우는 놀이입니다.

★ 이 놀이가 가능한 월령 : 30개월 ~

★ 준비물 : 인형, 음식물 모형, 플라스틱 식기, 낮은 탁자나 밥상(없으면 상자), 바구니

놀｜이｜방｜법

- 아기가 좋아하는 인형을 안으며 말을 겁니다.

    "지수야, 똘똘이 좀 봐! 똘똘이가 배가 고픈가봐!"

- 낮은 탁자나 밥상 앞에 인형을 앉힙니다.

    "지수야, 배고픈 똘똘이를 위한 밥상을 준비해줄까?"

- 아기에게 밥상을 닦게 합니다.

    "지수야, 밥상을 차리려면 먼저 상을 깨끗이 닦아야 해!"
    "(행주나 키친타월을 건네며) 자, 행주로 상을 쓱쓱싹싹 닦아주세요!"

- 아기에게 수저와 컵을 놓아보게 하세요.

    "밥을 먹으려면 숟가락과 젓가락이 필요해요! 아기 것을 골라주세요!"
    "지수가 아기 수저를 상위에 놓아주렴. 아기가 마실 물컵은 어디다 놓아주면 좋을까?"

- 밥과 반찬도 놓아보게 하세요.

    "이건 아기가 먹을 밥이야! 아기 앞에 놓아주렴!"
    "와, 반찬도 많다! 반찬들을 식탁 위에 예쁘게 놓아주자!"

- 인형이 밥을 맛있게 먹는 척 한 후, 밥상을 치워보게 하세요.

    "이젠 식탁을 치울 시간이 되었어! 자, 여기가 설거지 통(바구니)이에요, 이곳에 그릇을 넣어주세요! 참 잘했어요!"

놀이할 때 주의사항 & 응용

- 엄마가 밥상 차리는 것을 유심히 보며 관심을 보일 때 이 놀이를 하면 좋아요. 아기들은 아직 수저와 밥, 국을 놓는 위치에 대한 인식이 없기 때문에 평소에 식탁에서 자연스럽게 알려주세요.
- 아기들은 상대편에게 수저를 놓아줄 때 거꾸로 놓는 경우가 많아요. 이는 상대의 관점을 이해하지 못하는 유아기의 자기중심성에서 비롯되는 거예요. 이럴 땐 아기에게 "똘똘이가 숟가락을 잡기 쉽게 해주자!"라고 말하며 똑바로 놓아주면 됩니다.
- 여러 개의 인형을 놓고 필요한 만큼의 수저와 컵을 준비해보게 하는 것도 좋아요.
- 가족 식사 시간에 아기가 밥상 차리기를 돕게 해보세요. 수저와 컵을 놓고, 컵에 물을 따라보는 것도 좋습니다.

 이 놀이의 발달 효과 _ #사회성 #자존감 #성취감 #타인조망 수용

- 유아기는 기본적인 일상생활 규칙을 이해하고 배워야 하는 시기입니다. 올바른 식사예절도 그중의 하나이지요. 놀이를 통해 식탁 차림을 배우고 식탁이 차려지는 과정을 연습해 볼 수 있어요.
- 식사와 같은 매일하는 가족활동에 자신도 적극적으로 참여하고 일조한다고 느낄 때 아기의 자존감과 성취감이 높아져요.
- 사람의 수에 따라 필요한 식기를 준비하면서 자연스럽게 일대일 대응과 같은 수학적 원리를 익힐 수 있습니다.
- 수저와 밥그릇을 올바로 놓으면서 상대방의 입장에서 볼 수 있는 '타인조망 수용 능력'을 발달시키게 됩니다.

24개월~36개월

꼬물꼬물 바느질

단추와 지퍼를 잠그고 풀고, 끈을 끼워보며
소근육과 눈-손 협응력을 발달시키는 놀이입니다.

★ 이 놀이가 가능한 월령 : 30개월 ~

★ 준비물 : 운동화 끈, 구멍 뚫린 두꺼운 종이판,
지퍼가 달린 옷, 단추가 달린 옷

놀|이|방|법

- 펀치나 송곳을 이용해 구멍을 뚫은 두꺼운 종이판을 보여줍니다.
  "지수야, 이것 좀 봐! 구멍이 송송 났네! 구멍에 무엇이 들어갈 수 있을까?"
- 아기에게 운동화 끈을 보여주고, 종이판의 구멍에 넣어봅니다.
  "여기 운동화 끈이 있어. 이 운동화 끈은 들어갈까? 와, 들어갔어!"
- 아기에게 운동화 끈을 건네주고 구멍 안으로 넣어보게 합니다.
  "이번엔 우리 지수 차례! 지수도 구멍 안으로 쏘옥 넣어보자!"
- 구멍이 뚫린 여러 개의 종이판을 하나의 운동화 끈으로 연결시켜 보게 합니다.
  "지수야, 이번엔 이것들을 끈으로 묶어보자!"
  "첫 번째 구멍에 쏙, 들어갔어요. 자, 끈을 잘 잡아요, 놓치지 말고. 두 번째 구멍에도 쏙! 와, 두 개가 합쳐졌다!"
- 지퍼가 달린 옷을 보여주고, 지퍼를 열고 닫는 시범을 보인 후 아기도 해보도록 합니다.
  "우리 지수가 끈을 잘 끼우는 구나! 그럼, 이번엔 지퍼에 도전! 먼저 엄마가 해볼게."
  "그래, 여기 손잡이를 잡고 위로 쑥! 지퍼가 잠가졌어요. 지퍼를 풀려면 다시 손잡이를 잡고 아래로 쑥!"
- 단추가 달린 옷을 풀고 잠그는 모습을 보여준 후, 아기가 해보도록 합니다.
  "힘을 내요! 구멍 속으로 단추를 쑥쑥 밀고! 와! 단추를 풀었다!!"

놀이할 때 주의사항 & 응용

- 운동화 끈과 지퍼에 비해 단추를 풀고 잠그는 것은 좀 더 정교한 소근육 발달을 필요로 합니다. 먼저 운동화 끈과 지퍼로 연습한 후, 단추에 도전해보게 하세요.
- 너무 가늘거나 힘이 없는 운동화 끈보다 끝부분이 비닐로 고정되어 있는 끈이 끼기 쉽습니다. 그런 끈이 없다면 테이프로 운동화 끈의 끝부분을 감아주세요.
- 아기들의 손은 작기 때문에 지퍼의 손잡이나 단추가 너무 작으면 잘 할 수 없습니다. 아기의 손에 잡힐 수 있는 사이즈로 준비해주세요.
- 빨대를 잘라 운동화 끈으로 연결해 목걸이를 만들어 보는 것도 좋아요.

 이 놀이의 발달 효과 _ #소근육 #눈-손 협응력 #유대감

- 바느질 놀이는 정교한 손가락 근육 조절능력을 필요로 해요. 이러한 놀이를 많이 하게 되면 주의집중력과 눈-손 협응력을 포함한 소근육 발달이 좋아져요.
- 소근육 발달은 옷 입기, 식사하기와 같은 자조기술 능력과 밀접한 상관이 있어요. 소근육 발달이 제대로 이루어지지 않으면 서투른 손동작 때문에 짜증이 많고 자신감이 적으며 의존적이 되기 쉽습니다.
- 정교한 손동작은 아기 스스로 배우기보다는 보호자의 시범을 보고 연습하면서 습득하기 좋습니다. 보호자가 다양한 손동작을 재밌는 놀이로 시범 보여줄 때 아기가 보다 유심히 관찰하며 유대감이 증진되고 학습 동기도 한층 높아집니다.

24개월~36개월

너희가 패턴을 알아?!

사물을 이용해 다양한 패턴을 만들어보며
관찰력과 수학적 개념을 발달시키는 놀이입니다.

★ 이 놀이가 가능한 월령 : 30개월 ~

★ 준비물 : 콩, 단추, 시리얼, 포도알 등

놀｜이｜방｜법

- 집 안에 있는 패턴을 찾아보고 이에 대해 아기와 이야기합니다.

  "지수 옷에 파란 꽃이 있고, 다음에는 분홍 꽃이 있고, 또 파란 꽃, 분홍 꽃 그렇게 있어!"
  "이 컵에는 별 무늬 다음에는 해, 그 다음 달, 다시 별, 별, 해, 달 순서로 그려져 있구나!"

- 한 그릇에 한 종류의 사물을 담습니다.

  "파란 그릇에는 엄마가 네모 단추들을 담을 거야! 노랑 그릇에는 무엇을 담을까?"

- 그릇들에 담긴 사물을 이용해 부모가 먼저 패턴을 만듭니다.

  "지수야, 엄마가 이걸로 무늬를 만들어볼게."
  "먼저 콩알을 하나, 둘, 다음에는 네모 단추를 하나, 그리고 다시 콩알을 하나, 둘, 다음에는 네모 단추 하나! 다시 콩알 하나, 둘, 다음에는 네모 단추 하나!"

- 아기와 함께 부모가 만든 패턴을 살펴봅니다.

  "다 만들었다! 엄마가 만든 무늬에 뭐가 있지? 맞아, 콩알이 하나, 둘, 다음에는?"
  "아, 콩 두 알, 그 다음에 단추 하나… 이렇게 있구나!"

- 아기에게 이어서 패턴을 만들어 보게 합니다.

  "지수가 다음을 만들어 보렴. 엄마가 네모 단추까지 만들었지, 그 다음엔 뭐가 올까?"
  "맞아, 콩이 하나, 두알, 그리고 그 다음엔?"

- 아기가 패턴에 대해 이해했다면 아기가 패턴을 만들어보게 합니다.

  "지수도 여기 있는 콩알이랑 단추로 무늬를 만들어보자."
  "와, 지수는 콩 한 알, 단추 두 개로 무늬를 만들었구나!"

놀이할 때 주의사항 & 응용

- 처음에는 2~3개의 도형이나 사물부터 시작해서 점점 복잡하고 어려운 패턴에 도전해 보세요.
- 우리의 주변에는 다양한 패턴들이 정말 많아요. 벽지, 상표, 포장지, 옷 등, 일상생활 속에서 쉽게 발견할 수 있는 패턴 찾기를 해보세요.
- 패턴은 도형, 색깔, 크기, 사물특성 등에 따라 다양하게 구성할 수 있어요. 아기가 '탈 것'에 관심이 많다면 자동차, 비행기, 배 등으로 패턴을 구성할 수 있습니다.
- 아기들은 매우 주관적으로 패턴을 꾸미기도 합니다. 예를 들어, '예쁜 것'과 '미운 것'으로 패턴을 구성할 수도 있어요. 이럴 때 아기가 생각하는 기준에 대해 충분히 말해보도록 격려해주세요.

 이 놀이의 발달 효과 _ #사고력 #주의력 #관찰력 #수 개념 #자존감

- 패턴을 찾고 만드는 과정을 통해 사물이나 현상을 관찰하는 주의력이 높아집니다.
- 패턴 찾기와 만들기를 통해 사물간의 관계를 탐색하고, 새로운 규칙을 만들며 사고력이 발달됩니다.
- 패턴을 발견하거나 자신의 패턴을 창조하면서 아기는 성취감과 자신에 대한 가치감을 느끼게 됩니다. 이러한 감정은 자존감과 학습 동기 증진에 기여합니다.

◦ 24개월~36개월

느낀대로 그려요!

음악에 대한 자신의 느낌을 그림으로 표현하며 창의성과 감정표현을 발달시키는 놀이입니다.

★ 이 놀이가 가능한 월령 : 30개월 ~

★ 준비물 : 다양한 음악, 그림 도구(종이 또는 스케치북, 사인펜, 색연필 등)

놀│이│방│법

- 다양한 종류의 음악과 종이와 사인펜 또는 색연필을 준비합니다.

    "노래를 듣고 지수의 기분을 종이에 그려보자!"

- 첫 번째 음악을 틀어주고, 들으면서 그 느낌을 종이에 그려보게 합니다.

    "이 노래는 어때? 어떤 기분이 드니? 느끼는 대로 그려볼까?"
    "와, 빙글빙글, 꾸불꾸불! 아주 많은 동그라미가 있구나!"

- 아기가 그림에 대해 말해보도록 이끕니다.

    "이건 어떤 느낌이야? 상어가족을 들었지?"
    "아, 이게 아기 상어구나! 뚜루루루는 이렇게 동글동글 굴러가는 것 같았구나!"

- 다른 음악을 틀어주고 음악의 느낌을 그려보게 합니다.

    "자, 이번엔 〈섬집 아기〉입니다! 느낀 대로 그려보세요!"
    "와, 지수가 이 노래는 눈을 감고 들으면서 그리는 구나!"

- 음악을 들었을 때 어떤 기분이 들었는지 말해보고, 음악마다 다른 그림을 그리게 되는 지에 대해서도 이야기해봅니다.

    "〈섬집 아기〉는 슬펐구나. 그래서 여기 눈물을 그린 거구나!"
    "〈상어가족〉은 신이 나서 춤을 추듯 그린 거였구나. 신이 나는 음악은 그림들도 춤을 추는 것처럼 움직이는 것처럼 보이네. 우리 기분에 따라 그림도 달라지네!"

놀이할 때 주의사항 & 응용

- 어떤 아기들은 느낌을 그림으로 어떻게 표현해야 하는지 알지 못합니다. 그럴 땐 먼저 시범을 보여주세요. "따뜻하고 편안한 느낌이네. 엄마는 노란색으로 구불구불 그리고 싶어!"처럼요. "이건 자기 마음대로 해도 되는 거야! 어떤 모양을 그릴 필요는 없어!"라고 말해주는 것도 좋아요.
- 아기가 그림을 설명할 때 주의깊게 듣고 적절한 감정 단어로 정리해 말해주세요.
- 몇 가지 음악을 듣고 부모가 보지 못하게 그림을 그린 후, 부모는 아기가 어떤 음악을 듣고 그린 것인지 맞추는 게임을 할 수 있습니다. 반대로 부모가 음악을 듣고 그린 그림을 아기가 맞추게 해볼 수도 있습니다.

 이 놀이의 발달 효과 _ #창의성 #감수성 #표현력 #이해력

- 아름답고 조화로운 음악을 듣는 것은 심미적 인식능력과 음악적 감수성을 높여줍니다.
- 듣고 느낀 것을 그림과 언어로 표현하면서 창의적인 방식으로 정서를 표현하는 법을 배울 수 있어요.
- 자신이 느낀 것을 보호자와 나누면서 유대감이 강화되고 표현능력이 발달됩니다.
- 보호자와 자신의 느낌을 비교해보면서 비슷한 감정을 느끼고 있음을 알게 되며, 보편적인 감정에 대한 이해를 발달시킵니다.

24개월~36개월

숨은 색깔 찾기

산책 중 특정 색깔이나 모양을 찾으며 관찰력과 분류기술을 익히는 놀이입니다.

★ 이 놀이가 가능한 월령 : 30개월 ~

★ 준비물 : 휴대전화

놀|이|방|법

- 산책을 나가기 전에 아기에게 색깔 하나를 고르게 합니다.

  "지수야, 산책하러 가자! 오늘 산책은 재밌게 해볼까?"
  "산책하면서 색깔 찾기를 하자! 밖에서 지수가 고른 색이 어디 있는지 찾아보는거야. 어떤 색깔로 할까?"

- 산책을 하면서 아기가 고른 색깔을 찾아봅니다.

  "지수가 고른 분홍색은 어디 있을까?"
  "맞아! 여기 꽃잎이 분홍색이야! 이건 분홍 코스모스야! 예쁘다. 지수가 찾았네!"

- 아기가 찾아낸 것을 휴대전화로 찍습니다.

  "지수가 찾은 분홍색 코스모스를 찍어볼까요? 찰칵!"
  "놀이터의 그네도 분홍색이었구나!"

- 아기와 집으로 돌아와 찍은 사진을 함께 보며 이야기를 나눕니다.

  "우리 아파트에 분홍색이 정말 많았구나!"
  "하나, 둘, 셋, 넷… 7개나 찾았어!"

놀이할 때 주의사항 & 응용

- 놀이 중 아기가 다른 것에 관심이 생겨 색깔 찾기를 하지 않으면 강요하지 마세요. 다른 놀이를 하다가 아기와 찾기로 한 색이 나오면 "지수야, 여기 분홍색이 있다. 우리 분홍색 찾기로 했었지! 여기 하나 찾았다!" 하고 말해주면 됩니다.
- 색깔 대신 모양, 숫자, 알파벳. 한글 하나를 고르게 해서 산책하는 동안 찾아보게 할 수 있습니다.
- 부모도 찾을 것을 하나 정해서 누가 더 많이 찾는지 게임을 해볼 수 있습니다.
- 같은 색이라 하더라도 연한 것에서 진한 것까지 스펙트럼이 다양합니다. 아기와 함께 같은 색을 색의 농도에 따라 분류해보는 것도 좋습니다.

 이 놀이의 발달 효과 _ #관찰력 #인식 #사고력 #사물인지능력

- 찾기 놀이는 주변 환경에 대한 관찰과 주의력을 높여 자신이 살고 있는 환경에 대해 보다 잘 인식할 수 있게 도와줍니다.
- 특정 규칙에 따라 분류하는 경험은 아기들의 체계적인 사고력을 증진시켜줍니다.
- 아기들은 목표가 있을 때 활동에 몰입하며 지속합니다. 걷는 것을 좋아하지 않는 아기도 찾기 놀이를 할 때는 혼자서도 잘 걷습니다.
- 자신이 찾아낸 것의 이름과 기능, 개수를 살피며 사물인지능력을 발달시키고 숫자 세기를 익힐 수 있어요.

24개월~36개월

그림 설명회

자신이 그린 그림에 대해 설명하여 언어적 설명능력을 발달시키는 놀이입니다.

★ 이 놀이가 가능한 월령 : 30개월 ~
★ 준비물 : 그림사진이나 책, 종이, 그림 도구

놀|이|방|법

- 미술작품 사진을 보며 아기와 이야기를 나눕니다.
  > "이 그림 제목은 '춤추는 고래'래. 고래의 꼬리가 춤을 추는 것 같아. 눈은 웃고 있고!"
  > "이 그림은 제목이 '집에 가는 길'이네. 여기가 집인가 봐, 이 사람이 집으로 가나?"

- 그림 도구를 펼쳐놓고 자유롭게 그림을 그리는 시간을 갖습니다.
  > "지수야, 여기에 커다란 종이가 있네. 사인펜도 있고, 색연필도 있고, 크레파스도 있구나. 이걸로 그림을 그려보자! 지수가 그리고 싶은 것을 그리렴!"

- 아기가 그리는 동안 부모는 지켜보며 관심을 보여줍니다.
  > "이 그림에는 여러 가지 색깔들이 들어있구나. 아주 흥미로운 그림이야!"

- 아기가 그림을 다 그렸으면 제목을 지어보게 합니다.
  > "자, 그림을 다 그렸으면 제목을 지어야지. 지수는 어떤 제목을 지어주고 싶니?"

- 아기가 자신의 그림에 대해 설명하게 합니다.
  > "아, 제목이 '동물친구들'이야. 좀 더 자세히 '동물친구들' 그림에 대해 설명해주렴!"

- 아기의 설명을 잘 듣고 궁금한 것을 질문합니다.
  > "아, 이 노란 동그라미는 아기 병아리구나. 근데, 왜 이 병아리가 울고 있는 거야?"
  > "아, 여기 갈색 돌에 걸려 넘어져서, 아파서 울었구나!"

- 충분히 그림을 감상한 후, 집 안에 그림을 걸어둘 곳을 찾아 진열합니다.
  > "이 그림 밑에 우리 지수 이름이랑 '동물친구들'도 써서 붙여놓자!"

놀이할 때 주의사항 & 응용

- 어떤 아기들은 부모도 함께 그리거나 그림 그리기를 도와주기를 바라기도 합니다. 이때 보호자가 더 많이 그리거나 대신 그려주지 말고, 천천히 그리거나 그리는 척하며 아기의 그림에 더 관심을 보여주세요. 아기가 "난 공룡 못 그려! 엄마가 그려줘!"라고 하면 "어떤 공룡 그릴까? 큰 거? 작은 거? 색깔은?", "이빨이 너무 많아서 엄마 혼자 다 못 그리겠어. 여기는 네가 그려!"처럼 아기를 최대한 끌어들이세요. 그렇게 하다보면 어느새 아기가 적극적으로 그리고 있을 겁니다.
- 아기가 정확한 형태로 사물을 묘사하지는 못하니 못 그린다고 핀잔주지 마세요. 아기는 바닥에 점 세 개를 그려놓고는 토끼가 뿅뿅뿅 점프한 것이라고 말하기도 합니다. 그림의 질보다는 아기들이 말하는 것에 귀기울여 주세요.
- 아기가 자신의 그림에 대해 설명하는 것을 어려워한다면 그림에 대해 궁금한 것을 물어보고 답을 들은 후 잘 정리해 다시 말해주세요. "아, 이게 토끼구나. 그리고 토끼가 점프했어. 그러니까 하얀 토끼가 깡충깡충 뛰어서 여기까지 간 거구나"처럼요.

 이 놀이의 발달 효과 _ #언어 #표현력 #사고력 #상상력

- 그림으로 자신의 생각을 표현하고, 다시 이를 언어로 타인에게 설명하면서 상징을 사용한 표현능력을 발달시킬 수 있습니다.
- 제목을 정하고, 질문에 대한 답을 하면서 사고력과 상상력을 높일 수 있습니다.
- 이야기를 나누면서 다양한 어휘와 정교한 언어표현능력을 배울 수 있게 됩니다.
- 자신이 느낀 것을 설명하며 부모와 공감대를 형성하고 유대감을 쌓을 수 있습니다.

24개월~36개월

신문지 공 농구

신문지 공을 주고받으며 상호성과 운동능력을 발달시키는 놀이입니다.

★ 이 놀이가 가능한 월령 : 30개월 ~
★ 준비물 : 신문지나 습자지, 바구니

놀|이|방|법

- 신문지나 습자지를 구겨 동그랗게 공처럼 만들어 놉니다.

  "종이를 구기고 꾹꾹 눌러서 공을 만들자! 구길 때 재밌는 소리가 나네!"

- 공을 굴리고 던지게 합니다.

  "공이 데구르르 굴러간다!"
  "자, 공을 던지세요! 와! 멀리 던졌구나!"

- 공을 던져 바구니에 넣어봅니다.

  "자, 이제 공을 던져서 바구니에 쏘~옥 넣어보자! 바구니가 골대야! 와, 골인!"
  "공이 바구니 옆으로 데굴데굴 굴러서 저기 텔레비전 있는 곳까지 갔다!"

- 부모가 바구니를 잡고 아기가 공을 넣게 합니다.

  "엄마가 바구니 골대를 잡았어요! 지수가 이곳으로 골인!"
  "와, 골대를 아슬아슬하게 스치고 떨어졌습니다! 대단한데! 거의 넣을 뻔했어!"

- 바구니를 이리 저리 움직이고, 움직이는 바구니에 공을 넣어보게 합니다.

  "자, 이번엔 바구니 골대가 움직입니다. 어디 넣어보려면 넣어보세요!"
  "아니, 이럴 수가, 움직이는 골대에 공을 넣다니, 어떻게 그럴 수가 있지!"
  "와, 공이 골대에 들어갈 뻔 했습니다. 와, 공이 바구니를 정말 잘 따라오는데!"

놀이할 때 주의사항 & 응용

- 너무 뻣뻣한 종이는 구길 때 손이 베일 수 있으므로 주의하세요.
- 처음에는 넣기 쉽게 바구니를 가까이 놓아주거나 몸을 움직여 공을 받아주세요. 아기가 익숙해지면 바구니를 이리저리 빠르게 움직여주세요.
- 골인하지 못하면 울적해지는 아기에게는 유쾌하고 재밌게 반응해주면 아기들은 즐겁게 놀이를 이어나갑니다. "와, 언제 따라온 거야? 골을 먹을 뻔 했네! 대단한데?!", "와, 진짜 힘이 세구나! 공이 정말 멀리 날아갔어!"처럼 아기를 격려해주는 말을 해주세요.
- 부모와 아기의 역할을 바꿔서 놀이하는 것도 좋아요. 부모가 공을 던지고 아기가 바구니 골대를 움직이는 거예요. 바구니가 크고 무거워 드는 것이 어렵다면 세탁소 옷걸이를 구부려 동그랗게 만든 후 비닐을 씌워 골대를 만들어도 됩니다.

 이 놀이의 발달 효과 _ #상호성 #운동능력 #상호호혜성 #긍정감

- 주고받는 놀이는 상호성 발달에 도움이 됩니다. 공을 던지고 받는 놀이는 아기에게 즐거움과 흥분감을 제공하여 더욱 더 적극적인 상호성으로 이끕니다.
- 바구니라는 제한적인 장소에 공을 넣고, 더 나아가 움직이는 바구니에 공을 던지면서 아기의 신체운동조절능력이 발달됩니다.
- 아기는 보호자가 바구니를 움직이는 모습을 주시하며 이에 맞춰 반응하고, 보호자는 아기에 맞춰 움직임을 조절하면서 함께 호흡을 맞추는 상호호혜성이 발달됩니다.
- 성공과 실패가 있는 놀이지만 보호자의 유쾌한 반응과 놀이를 통해 경험하는 신체적인 즐거움으로 인해 실패에도 좌절하지 않으며 놀이를 이어나갈 수 있습니다. 이러한 경험은 이후 아기가 승부욕과 경쟁심을 조절하는 데 도움이 됩니다.

24개월~36개월

무엇이 바뀌었을까? Before&After

부모의 바뀐 모습을 찾으며 시각적 주의력과 관찰력을 높이는 놀이입니다.

★ 이 놀이가 가능한 월령 : 30개월 ~
★ 준비물 : 옷, 모자, 머리띠나 헤어핀 등 작은 소품들

놀|이|방|법

- 놀이에 필요한 소품들을 미리 준비하고, 아기에게 놀이를 소개합니다.

  "지수야, 엄마랑 찾기 놀이하자! 무엇을 찾냐면, 엄마한테 바뀐 점을 찾는 거야."
  "엄마가 안방에 들어갔다 나오면 엄마한테 뭐가 하나 바뀌어 있을 거야."

- 아기와 연습 게임을 한 번 해봅니다.

  "자, 연습해보자. 먼저 엄마를 잘 보세요!"
  "이제 엄마가 안방에 들어갔다가 곧 나올 거야. 잠깐 기다려요!"

- 아기에게 부모의 바뀐 점을 찾아보게 합니다.

  "짜잔! 엄마가 돌아왔어요! 무엇이 바뀌었을까요?"
  "와, 맞아, 엄마가 모자를 썼지! 아까는 모자를 안 썼는데, 잘 찾았어요!"

- 아기가 게임 방법을 알았으면 본격적으로 찾기 놀이를 합니다.

  "자, 이번엔 무엇이 무엇이 바뀌었을까요?"
  "엄마가 이번엔 찾기 어렵게 꼭꼭 숨겼거든, 자세히 봐야 할 거야!"

 놀이할 때 주의사항 & 응용

- 처음에는 찾기 쉽게 옷이나 모자, 머리띠처럼 눈에 띄는 것으로 시작하여, 점차 귀걸이나 스카프를 맨 위치 등 자세히 봐야 하는 것으로 난이도를 높여줍니다.
- 찾는 것에 서툰 아기에게는 힌트를 주세요. "머리 쪽을 잘 봐주세요"처럼요.

- 주의력이 좋지 않은 아기들은 바뀌기 전의 모습을 잘 봐두지 않아 바뀐 점을 찾지 못할 때도 있어요. 이런 경우 보호자가 바뀌기 전의 모습을 휴대전화 카메라로 찍고 아기가 사진을 보며 바뀐 점을 찾게 해줄 수도 있어요.
- 아기와 역할을 바꿔 해볼 수도 있고, 가족 모두가 모여 '누가 누가 많이 찾나?' 게임을 해볼 수 있습니다. 이때 엄마의 소품을 이용해 아기를 꾸며주고 가족이 찾게 해보세요.
- 이 놀이에 사용했던 소품으로 패션쇼를 하거나 미장원 놀이를 해볼 수 있어요.

 이 놀이의 발달 효과 _ #주의력 #관찰력 #이해력 #긍정감

- 시각적 관찰력과 주의력은 학습과 사회성 발달에 크게 영향을 끼치는 요인입니다. 상대를 관찰하고 변한 점을 발견하며 새로운 것을 배우고 인과관계를 이해하는 능력이 발달합니다.
- 이 놀이로 주의력이 좋지 않은 아기가 주의를 기울이고 지속하도록 연습시킬 수 있습니다. "잘 보았구나!", "잘 찾았구나!" 등 보호자의 긍정적인 피드백은 주의력 부족으로 인해 자존감이 떨어진 아기에게 자신감을 회복하고 긍정적인 자아개념을 갖도록 해줍니다.
- 평소에 만지기 어려웠던 엄마의 소품을 이용해 꾸미는 것은 아기에게 즐거움과 흥분을 주는 경험이며, 각각의 물건들의 기능을 익히게 되는 기회가 되기도 합니다.

24개월~36개월

고양이를 찾아라

특정 단어가 나올 때마다 박수를 치며 청각적 주의력을 연습하는 놀이입니다.

★ 이 놀이가 가능한 월령 : 30개월 ~

★ 준비물 : 없음

놀│이│방│법

- 아기와 좋아하는 동물이나 사물에 대해 이야기를 나눕니다.

    "지수는 어떤 동물이 제일 좋아?"
    "우리 지수는 고양이를 좋아하는구나. 고양이는 정말 귀엽지, 날쌔기도 하구."

- 아기와 정한 단어가 나오면 박수를 치기로 규칙을 정합니다.

    "이제 우리는 '고양이'를 특별 단어로 정했어! 고양이'라는 단어가 나오면 그때 박수를 치는 거야. 다른 단어가 나올 때는 박수를 치면 안 돼!"

- 아기와 부모가 마주 보고 부모가 일정한 리듬으로 단어를 말합니다.

    "자, 시작합니다. 시계, 나팔, 강아지, 고양이…"
    "준비가 됐나요? 그럼, 시작합니다. 고양이, 얼룩말, 고양이, 단팥빵, 놀이터, 고양이, 고구마!"

- 헷갈리는 단어를 넣어주고 게임의 흥미를 높여줍니다.

    "잘 들으세요. 끝까지 들어야 합니다. 고릴라, 고추장, 고무줄, 장미꽃, 고양이!"

 놀이할 때 주의사항 & 응용

- 게임 규칙에 대한 이해를 돕기 위해 먼저 연습 게임을 한두 번 해보세요.
- 말할 단어가 빨리 생각나지 않는다면 미리 단어 목록을 만들어 놓으세요.
- 한 사람은 단어를 부르고, 다른 사람은 맞는지 틀리는지를 체크하며 다 함께 할 수

있어요.
- 한 가지 특정 단어를 찾는 것에 익숙해지면 찾아야 할 단어를 다른 것으로 바꿔보거나 2~3가지로 늘려볼 수 있습니다.
- 반대로 특정 단어가 나올 때는 박수를 치지 않는 것으로도 바꿀 수 있습니다.
- 평소 성급하게 반응하던 아기였다면 이 게임을 할 때 주의를 집중하고, 점차 나아지는 것에 대해 충분한 칭찬과 격려를 해주세요.

 이 놀이의 발달 효과 _ #주의력 #자아긍정감 #자신감 #유대감

- 상대방의 말을 주의깊게 듣고 끝까지 들어야 잘할 수 있는 놀이는 청각적 주의집중력을 증진시킵니다.
- 게임을 할수록 점점 실수가 줄어들고, 아기는 스스로의 능력에 대한 자신감을 느끼며, 긍정적인 자아개념을 형성합니다.
- 평소 덜렁대고 부모의 말을 귀기울여 듣지 않았던 아기는 잔소리와 지적을 많이 받게 되는데, 이러한 놀이를 하며 주의력에 대한 칭찬을 받게 되면서 부모와의 유대감이 증진됩니다.

24개월~36개월

내가 도와줄게

동화책의 등장인물의 상황과 감정을 이해하며
감정이입능력을 발달시키고 대처방법을 배우는 놀이입니다.

★ 이 놀이가 가능한 월령 : 30개월 ~

★ 준비물 : 동화책 (동화책과 관련된 인형이 있으면 더욱 좋아요)

놀이방법

- 아기와 함께 동화책을 고릅니다.
  "지수야, 엄마랑 책 읽자! 아기사슴 밤비네, 귀여운 아기사슴이 있구나!"
- 동화책을 읽으며 등장인물의 감정이나 상황에 대해 이야기를 나눕니다.
  "어머, 밤비 엄마가 총에 맞았어! 저런! 지금 밤비의 마음은 어떨까?"
- 상처받은 동화책 등장인물을 위로해주고 도와주는 방법에 대해 이야기해봅니다.
  "밤비는 지금 많이 무서울 거야, 슬퍼보이기도 하고, 이럴 때 우리가 무엇을 해주면 밤비의 기분이 좀 나아질까?"
  "와, 밤비에게 여자친구가 생겼구나, 좋아하는 마음을 어떻게 전하면 좋을까?"
- 이야기에서 나온 방법들을 직접 해보게 합니다.
  "밤비가 지금 슬프니까, 안아주고 토닥토닥 해주고 싶었어! 그럼, 책에 있는 밤비를 쓰다듬어주렴!"
  "여기 밤비를 닮은 사슴 인형을 밤비라고 생각하고 안아줄까?"

놀이할 때 주의사항 & 응용

- 아기가 이야기하기보다 책의 내용에 관심이 많다면 책을 먼저 다 읽은 다음, 인상 깊었던 장면을 다시 보며 놀이를 시도하는 것이 좋습니다.
- 책에서 나오는 상황과 감정들에 대해 충분히 이야기할 수 있게 해주세요. "왜 화가

난걸까?", "이때 기분이 어땠을까?"와 같은 질문이 도움이 됩니다.
- 아기들은 위로해주고 달래주는 방법이나 도와주는 방법에 대해 어른만큼 많이 알지 못합니다. "엄마는 슬플 때 손을 잡아주면 마음이 편해지더라." 혹은 "말로만 '미안해'라고 하지 말고 함께 부서진 장난감을 치워주고 다시 만드는 걸 도와주면 훨씬 기분이 나아지는 것 같아!"처럼 알려주세요.

 이 놀이의 발달 효과 _ #이해력 #감정이입능력 #사회성 #언어

- 36개월이 가까워진 아기는 감정이입능력이 발달해요. 그래서 보호자가 슬퍼하는 시늉을 하면 다가와 안아주기도 하고, 함께 울기도 하지요. 이런 감정이입능력이 있어야 타인과 공감대를 형성하며 어울릴 수 있어요. 또한 감정이입능력은 인간미의 기본이기도 합니다.
- 아기들이 감정이입능력을 발달시키고 이 과정에서 올바른 정서표현을 익히고 타인의 불행이나 감정, 문제상황에서 도움을 줄 수 있는 방법을 찾게 해주면 정서사회적으로 매우 유능해질 수 있어요.
- 직접 위로와 사과의 말, 자기주장을 하거나 도움을 요청하는 말을 해보도록 하는 놀이는 보다 실제적인 대처능력을 키우는 데 도움이 됩니다.

24개월~36개월

식탁 매트를 만들어요!

그림이나 장식으로 가족의 식탁 매트를 만들면서 가족 유대감과 소근육 협응력을 높이는 놀이입니다.

★ 이 놀이가 가능한 월령 : 30개월 ~

★ 준비물 : 종이, 그림 도구, 코팅지(혹은 투명 접착지)

놀|이|방|법

- 종이와 그림 도구를 준비합니다.

    "지수야, 우리 가족만의 식탁 매트를 꾸미는 거야!"

- 아기에게 자신이 원하는 대로 꾸며보게 합니다.

    "이건 세상에 하나뿐인 지수의 식탁 매트니까, 지수가 꾸미고 싶은 대로 하면 되죠!"
    "지수가 좋아하는 동물을 그려도 되고, 아님 좋아하는 장난감을 그려도 되겠다!"

- 아기가 원하면 다른 가족의 식탁 매트로 꾸며보게 합니다.

    "아빠 것도 해줄 거야? 와, 아빠에게도 식탁 매트가 생겼네!"

- 아기가 그린 종이위에 코팅지나 투명 접착지를 붙입니다.

    "식탁 매트는 젖으면 안 되니까, 이 위에 물이 묻어도 젖지 않도록 비닐을 붙여주자!"
    "자, 우리 지수가 천천히 이 비닐을 눌러주렴!"

- 아기가 완성한 식탁 매트를 식탁위에 올려줍니다.

    "지수가 식구들 자리에 식탁 매트를 놓아주렴!"
    "맞아, 거기가 아빠 자리, 그 옆은 형아 자리지!"

- 식탁 매트위에서 간단한 간식타임을 갖습니다.

    "지수가 만들어 준 멋진 식탁 매트 위에서 주스 한 잔 할까요?"

 놀이할 때 주의사항 & 응용

- 식탁 매트를 만들 때 사용하는 종이는 약간 도톰한 것이 좋아요.
- 가족구성원의 얼굴 사진이나 이름 스티커를 붙이거나 적어보게 할 수 있어요.
- 접착지나 코팅지를 붙이는 것은 아기 혼자 하기에는 어려워서 도움이 필요해요. 아기도 코팅지를 누르거나 미는 것과 같은 일을 돕게 해주세요.
- 아기가 좋아하는 만화나 장난감 그림을 붙여 식탁 매트로 만들 수 있어요. 숨은 그림 찾기나 바뀐 그림 찾기 등의 게임이 있는 식탁 매트도 좋아요.

 이 놀이의 발달 효과 _ #소근육 #유대감 #친밀감

- 그림을 그리고 꾸미면서 미적 감각과 소근육 협응력을 키워나갈 수 있습니다.
- 가족의 식탁 매트도 꾸며주면서 가족 사이의 유대감과 친밀감이 높아집니다. 가족이 좋아하는 게 무엇인지 생각해보고, 식탁 매트를 선물할 때 고맙다는 인사를 받는 것도 아기에게 중요하며 즐거운 일입니다.
- 자신이 꾸민 식탁 매트에서 식사를 할 때 식사 시간이 좀 더 즐거워지며, 무료할 때 식탁 매트를 보며 이야기를 나누거나 간단한 게임을 할 수도 있습니다. 식탁에서 자꾸 벗어나려는 아기를 좀 더 붙잡아둘 수 있는 효과도 있지요.

24개월~36개월

누군지 알아맞혀 보세요!

동물의 소리나 행동을 흉내내면서 사물인지와 신체조절력을 키우는 놀이입니다.

★ 이 놀이가 가능한 월령 : 30개월 ~

★ 준비물 : 없음

놀|이|방|법

- 동물원을 다녀오거나 동물 다큐를 본 후에 아기와 동물에 대해 이야기를 나눕니다.
  "오늘 동물원에서 정말 많은 동물들을 봤지!"
  "기린이 나뭇잎 먹는 모습 봤지? 혀가 정말 길던데!"

- 아기에게 동물 흉내를 내어보게 합니다.
  "지수가 동물 흉내내 봐! 그럼 엄마가 맞혀볼게."
  "어? 네 발로 걷는 동물이네, 뭘까?"

- 아기가 흉내낸 동물을 맞히고 함께 그림책이나 영상에서 동물을 찾아봅니다.
  "엉금엉금 아주 느리게 걷는 그 동물은 혹시 거북이? 맞았어?!"
  "지수가 진짜 거북이처럼 걸었구나, 여기 그림책에 거북이가 있어!"

- 차례를 바꿔서 부모가 동물 흉내를 내면 아기가 맞춰보게 합니다.
  "히이힝, 히이힝, 다그닥! 다그닥! 이게 뭘까요?"
  "말! 맞았어요! 놀라서 막 뛰어서 달아나는 말이었습니다!"

 놀이할 때 주의사항 & 응용

- 아기들은 자신이 보고 느낀 대로 창의적으로 표현합니다. 어른들처럼 '꼬끼오', '야옹' 하고 표현하지 않을 수 있어요. 아기의 표현을 충분히 들어주고 더 이야기해보도록 격려해주세요.

- 개구리가 점프하는 사진, 말이 놀라서 앞발을 들고 있는 사진 등, 특색 있는 동물의 포즈가 담긴 사진을 보고 흉내내는 놀이도 해보세요.
- 팬터마임처럼 상황을 말하지 않고 몸으로 표현해보고 알아맞히는 놀이도 재미있어요. 얼굴표정이나 신체동작으로 감정과 상황을 표현해보면 좋아요.

 이 놀이의 발달 효과 _ #사물인지, 신체조절능력, 이해력, 사회성

- 유아기에는 동물에 대한 관심이 높아져요. 동물들을 특성에 따라 분류하기 시작해요. 자신이 본 동물을 신체나 소리로 표현하면서 그 동물에 대한 지식과 이해를 더욱 발달시킬 수 있어요.
- 동물 흉내를 내기 위해 동물들의 모습을 주의깊게 관찰하고 자신의 몸을 이리 저리 움직여 표현하는 것은 신체조절과 동작 능력의 발달에 도움이 됩니다.
- 팬터마임처럼 상황을 흉내내는 놀이는 여러 단서들을 파악하고 조합해 인과관계나 상황을 추리하는 능력을 발달시켜줍니다. 이런 능력은 이후 사회적 단서를 유추하는 데 매우 중요해요.

24개월~36개월

짝 찾아 선 긋기

같은 모양을 선으로 이어 그으며 시각적 관찰력과 주의지속력, 눈-손 협응력을 키우는 놀이입니다.

★ 이 놀이가 가능한 월령 : 30개월 ~
★ 준비물 : 종이, 색연필이나 사인펜

놀|이|방|법

- 짝을 이루는 모양 2~3개를 그리고 짝을 찾아 선으로 이어준 후 따라 긋게 해봅니다.

  "여기 병아리, 고양이, 강아지가 있어. 같은 그림을 찾아서 선으로 이어주렴!"
  "와, 잘 찾았구나. 병아리는 병아리한테, 고양이는 고양이에게, 그리고 강아지도 강아지 친구를 만났네."

- 모양의 위치를 약간 바꾸고, 선을 몇 차례 구부려 교차한 선 긋기를 한 후, 따라 그어보게 합니다.

  "지수야, 이번에는 선이 꼬불꼬불해졌네. 이 선을 잘 따라가면 병아리가 병아리를 만날 수 있대."

- 이번에는 좀 더 선을 복잡하게 꼬고 교차해서 그려줍니다.

  "어휴, 이번에는 더 꼬불꼬불한 길이네. 길을 잘 찾아가려면 잘 봐야겠다!"
  "강아지야, 어디 있니? 내가 찾으러 갈게. 꼬부랑길을 찾아갑니다!"

- 아기가 잘하면 개수를 늘려서 해봅니다.

  "우리 지수가 잘 찾네! 이번에는 5개에 도전!"
  "아휴, 길이 복잡해요. 서로 엉켜 있어요! 하지만 잘 보면 찾을 수 있습니다!"

놀이할 때 주의사항 & 응용

- 주의력 수준에 따라 선의 복잡도를 조절해주세요. 주의력이 좋지 않은 아이들은 너무 복잡하면 포기할 수 있어요.
- 처음에는 집중할 수 있는 환경을 만들어주고 아기가 잘하게 되면 말을 걸거나 소리를 내는 등 약간의 방해 행동을 하면서 주의 지속시간을 살펴봐도 돼요. 이때는 아기에게 "네가 너무 잘해서 엄마가 말 시키고 그럴 거야. 그렇게 해도 끝까지 짝을 찾는지 봐야지!"라고 미리 말해주어야 해요.
- 아기가 교차점에서 잘못된 방향으로 가서 잘못된 짝을 찾았다면 함께 아쉬워하며, 교차점에서 주의를 기울어야 함을 알려주고 다시 해보게 하세요. 이때, 아기가 실수한 부분이 다가오면 "앗! 여기 조심해야 하는데, 여기 복잡한 곳에서 한눈 팔면 엉뚱한 곳으로 갈 수 있어요! 끝까지 잘 쳐다봐야 합니다!"라며 응원해주세요.

 이 놀이의 발달 효과 _ #관찰력 #눈-손 협응력 #주의력 #자존감

- 유아기는 자기 조절력을 발달시켜야 하는 시기로, 이때 주의력에 대한 지도를 게을리하면 산만해질 수 있어요. 놀이활동으로 주의력을 연습하고 강화하는 것이 필요해요.
- 순간 집중력은 좋지만 꾸준히 주의를 유지하는 능력이 부족한 아기들은 과제를 끝까지 완수하는 데 어려움을 겪고, 알아도 틀리는 등 실수를 많이 하는 경향이 있어요. 이 놀이는 눈을 떼지 않고 잘 살펴야만 성공할 수 있기 때문에 시각적 주의지속력이 좋지 않은 아기들에게 특히 도움이 돼요.
- 주의를 유지하며 과제를 성공했을 때 아기는 성취감을 느끼고 자존감이 높아져요.

24개월~36개월

그림 찾기

언어적 설명에 맞는 그림을 찾으며 청각적 주의력, 시각적 관찰력, 상황이해력을 발달시키는 놀이입니다.

★ 이 놀이가 가능한 월령 : 24개월 ~
★ 준비물 : 그림 동화책이나 그림 카드

놀이방법

- 아기에게 보호자가 말하는 것에 맞는 동작이나 상황의 그림을 찾는 '찾기 놀이'를 할 거라고 말해줍니다.

  "지수야, 엄마랑 그림 찾기 놀이하자!"
  "어떻게 하는 거냐면, 엄마가 말로 그림에 나온 것을 설명해줄 거야. 그러면 지수가 이 책에서 엄마가 말한 그림을 찾는 거란다."

- 처음에는 그림 속 등장인물이나 사물을 찾아보게 합니다.

  "빨간 모자를 쓰고 파란 바지를 입은 사람을 찾아보세요."
  "손잡이가 달리고 하트가 그려져 있는 노란 컵은 어디 있을까?"

- 간단한 동작이 나온 그림을 골라 설명하고 찾게 합니다.

  "지수야, 엄마가 하는 말 잘 들어봐! 한쪽 발로 공을 힘껏 차는 친구를 찾아볼까?"

- 감정이나 상황을 나타내는 장면을 설명해주고 찾아보게 하세요.

  "이번에 찾을 것은, 친구들이 놀아주지 않아 슬퍼하고 있는 물고기입니다."

 ### 놀이할 때 주의사항 & 응용

- 아기가 그림 동화책을 읽고 싶어하면 함께 동화책을 읽은 다음 이 놀이를 하세요.
- 아기가 동작을 나타내는 어휘를 많이 알지 못한다면 말과 함께 동작을 직접 보여주며 설명해주세요. 예를 들어, '점프'를 한다고 말할 때 직접 점프하는 시늉을 보

254

여주는 거예요. '까치발', '으쓱거림', '깨금발' 등 아기들이 잘 모르는 동작 단어들을 말할 때는 시범을 꼭 보여주세요.
- 아기가 설명하거나 표현하는 것을 듣거나 보고 부모가 그림을 찾아보는 것도 좋아요. 언어가 발달한 아기는 간단히 말로 설명할 수 있고, 아직 언어가 미숙한 아기라면 간단한 단어와 함께 동작으로 묘사할 수 있어요.
- 그림 동화책에 나오는 특정인물이나 사물을 찾아보는 놀이도 좋아요. 늑대가 나온다면 동화책에서 늑대 그림을 찾고 몇 번이나 나왔는지 함께 세어보세요.

 이 놀이의 발달 효과 _ #주의력 #관찰력 #이해력 #언어 #집중력

- 이 시기에는 2~3개의 지시를 담은 문장을 이해하고 따를 수 있으며, 2~4개의 단어로 이루어진 문장을 말할 수 있을 정도로 언어가 발달합니다. 이런 언어발달을 통해 자기 경험이나 생각을 간단하게나마 말할 수 있게 되지요. 언어 및 의사소통능력을 발달시키고 싶다면 다른 사람의 말을 듣고 따르며, 자기 생각을 말할 수 있는 기회를 많이 주세요.
- 다른 사람의 말을 끝까지 듣고 이를 기억해 과제를 해결하는 것은 선택적 주의력과 주의 지속력을 발달시키는 데 도움을 줍니다. 주의력이 발달해야 불필요한 것에 주의가 분산되지 않고, 과제해결에 필요한 것에 집중을 지속할 수 있습니다.
- 이 놀이를 하면서 아기는 청각적 정보와 시각적 정보를 통합할 수 있게 되어 시청각적 정보처리 능력이 향상됩니다.
- 보호자의 언어적 표현을 들으며 상황이나 장면을 설명하는 방법을 배우게 되고, 새로운 어휘를 습득할 수 있습니다.

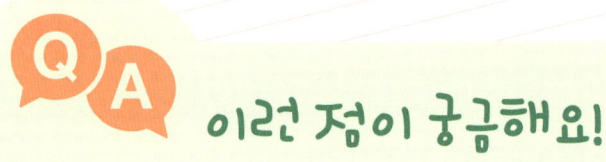 이런 점이 궁금해요!

#외국어 교육 #영어 교육

Q. 요즘 영어나 중국어등 외국어를 조기교육하시는 분이 많더라구요. 우리 아기는 말이 좀 늦은 편인데, 영어 비디오를 볼 때 춤추며 재미있어 해서 영어를 시키려고 해요. 이렇게 하면 언어능력이 좋아질까요?

: 유독 우리나라 부모님들은 외국어 조기 교육에 관심이 참 많고, 어리면 훨씬 수월하게 배울 것이라 생각하시기도 합니다. 결론부터 말씀드리자면 외국어 교육은 만 4세 이후부터 하는 게 좋습니다. 바로 이 시기가 언어를 담당하는 좌측 측두엽의 발달이 이루어지는 시기이기 때문입니다. 하지만 외국어를 배우기 전에 우선 모국어를 익혀야 합니다. 모국어를 통해 언어와 관련된 신경 세포망을 형성하고 만 4세 경 뇌 세포 가지치기를 통해 언어 신경 세포망을 정리정돈하면 전보다 훨씬 빠른 속도로 언어적 자극을 취하고 배울 수 있기 때문입니다. 모국어 발달이 느린 아이에게 어설프게 외국어 자극을 주면 두 언어 모두 발달이 지연되는 최악의 결과가 발생할 수도 있습니다.

요즘은 다문화 사회여서 보호자의 국적과 언어가 서로 다른 경우도 있습니다. 이럴 때 각자 자신의 모국어를 일상생활에서 꾸준히 사용하게 되면 아기는 두 가지 언어 모두를 모국어로 받아들여 유창한 이중 언어 사용이 가능하기도 합니다. 하지만 아직 언어 신경 세포망이 완전치 않은 어린 아기에게 일상생활 맥락과 맞지 않는 외국어 영상을 보여주거나 강압적인 방식으로 아기 수준을 넘는 외국어 자극을 준다면 얻는 것보다 잃는 것이 더 많을 것입니다.

#외출 #떼 #낯가림 #장난감

Q. 외식할 때마다 아기에게 화를 내게 되요. 음식이 나올 때까지 아기가 기다리는 걸 힘들어해요. 전에는 휴대전화로 유튜브를 보여주었는데, 지나친 영상 시청이 나쁘다고 해서 보여주지 않았더니 자꾸 돌아다니려 해서 못하게 하니 떼를 쓰네요.

: 먹을거리가 풍족하고 어떻게든 하나라도 더 먹이고 싶은 부모를 둔 요즘의 아기들은 먹을 것에 연연해하지 않지요. 먹을 것보다 새로운 장소에 대한 호기심으로 주변을 돌아다니거나, 가만히 기다리지 못해 놀 거리를 찾으려고 합니다. 호기심이 많고 주의력도 짧은 유아기에는 가만히 아무것도 안 하고 있는 것이 힘들기도 해요.

아기가 주변을 돌아다니면 민폐가 될 수 있으니 영상으로 아기의 주의를 돌리려 하는데요, 모두 다 알고 있듯이 어린 아이가 영상에 자주 노출될 경우 인지능력 저하, 시력 및 대소근육 발달 저하 등의 여러 문제를 갖게 됩니다. 기다리기 힘들어하는 아기라면 기다리는 동안 간단히 갖고 놀 수 있는 것들을 준비해주세요. 점토, 동화책, 블록, 퍼즐, 그림 도구들 중에서 몇 개를 골라 작은 가방에 넣어 외출할 때 챙겨 가면 큰 도움이 될 거예요.

Q. 양가 조부모님들이 아기 장난감을 정말 많이 사주셨어요. 그런데도 마트에 갈 때마다 새로운 장난감을 꼭 사려고 합니다. 조르고 떼를 써서 장난감을 사주면 잠시 갖고 놀다가 시들해지고, 또 새로운 장난감을 사달라고 합니다. 어떻게 하면 좋을까요?

: 아기가 가지고 있는 장난감들을 어떻게 갖고 놀아야 하는지에 대해서 알지 못할 수 있습니다. 예를 들어, 장난감 자동차를 새로 샀다면 먼저 장난감 자동차의 모습을 시각과 촉각을 통해 탐색하고, 그다음 바닥에 바퀴를 굴려 움직이게 할 것입니다. 문제는 그 다음부터 무엇을 해야 하는지 알 수가 없는 것입니다. 이렇게 되면 새로운 장난감 자동차에 대한 아기의 관심은 확 줄어들게 됩니다. 할 것을 다 했으니까요.

만일 블록으로 터널을 만들어 장난감 자동차를 통과시키거나 주유소에서 기름을 넣고 세차장에서 세차를 하는 놀이를 알고 있었다면 좀 더 오래, 그리고 재밌게 자동차 놀이를 했을 것입니다. 아기들은 보거나 듣거나 해보지 않은 것은 배울 수 없습니다. 아는 만큼 놀 수 있는 것이지요. 새 장난감이 생겼을 때, 아기가 탐색할 수 있는 기회를 충분히 준 후, 이를 가지고 놀 수 있는 다양한 방법들을 보여주며 아기의 세상을 확장시켜 주셔야 합니다.

Q. 집에서는 까불고 장난도 잘 치는데, 언제부터인가 다른 사람들 앞에서는 노래 부르거나 춤추는 걸 안하려고 해요. 창피하다고 하는데, 이렇게 어린데도 창피함을 느끼나요?

: 본디 낯가림이 심했던 아기라면 그러려니 하겠지만 전에는 사람들이 많은 공원 한복판에서도 신나는 노래가 나오면 엉덩이를 흔들던 아기가 갑자기 창피하다고 하면 혹시 어떤 문제가 생긴 것은 아닌지, 어린이집에서나 다른 곳에서 야단이나 면박을 받은 것은 아닌지 걱정이 되실 수 있어요. 물론 아기가 수치심이나 죄책감을 느낄만한 경험

을 했기 때문에 사람들 앞에 나서기를 꺼려할 수도 있지만, 두 돌이 넘어가면서 나서는 것을 부끄러워하는 아기들이 늘어나는데, 이는 자의식의 발달 때문입니다.

자의식이란 다른 사람의 시선이나 평가를 인식하는 것을 의미합니다. 두 돌이 지나면서 자기 인식 및 타인 인식이 발달하기 시작하고, 다른 사람이 자신을 쳐다보고 있다는 사실을 인식하며 칭찬, 야단에도 신경을 쓰기 시작합니다. 정서적으로 수치심, 죄책감, 실망감, 창피함, 질투심 등 다양한 감정을 느낄 정도로 발달하기 때문에 나서는 것에 부끄러움을 느끼고, 인정받지 못했다고 느끼면 울적해 질 수도 있습니다.

하기 싫어하는 아기에게 춤추고 노래하기를 강요하는 것은 좋지 않으며, 아기의 수행에 지나친 반응을 보여주는 것도 적절하지 않습니다. 노래가 나오면 아기의 손을 잡고 함께 몸을 흔들거나 아기와 눈을 맞추고 노래를 따라 부르고, 주변 사람들이 그런 모습에 요란스럽지 않게 웃어주고 리듬에 맞춰 박수를 쳐주거나 몸을 흔드는 정도가 딱 좋습니다. 이 정도의 관심과 반응이라면 아기도 견뎌낼 수 있고, 즐거움도 느끼게 될 것입니다.

#미술활동 #그림놀이 #자르기

Q. 아기와 그림 그리기를 하며 놀 때가 많은데, 아기가 자기는 못 그린다면서 처음부터 끝까지 그려달라고 까다롭게 요구해요. 소방차 그려달라고 해서 그려주면 그게 아니라고 다시 그리라며 떼를 쓰기도 해요. 왜 스스로는 그리지 않는지, 계속 대신 그려줘야 하는지… 어떻게 해야 할까요?

: 눈-손 협응력이 별로 좋지 않아 그리기가 서툴면 아기는 자신의 능력에 대해 수치심을 느껴 그림 그리기를 거부할 수 있습니다. 만 2세가 되면 아기의 자기 인식이 높아지고 수치심과 실망감과 같은 복잡한 정서도 이해할 수 있게 되면서 스스로의 수행에 대해 평가하고 울적해지기도 하는 것이지요. 이 경우라면 아기의 눈-손 협응력 등 소근육 발달을 위한 도움을 많이 주셔야 합니다. 근력을 강화시키고, 좀 더 미세한 조정을 필요로 하는 소근육 발달 활동을 많이 해주며 스스로의 능력에 자긍심을 도와주면 됩니다.

어떤 아기는 서툴진 않지만 자신보다 잘 그리는 엄마와 자신의 수행을 비교하면서 의기소침해졌을 수도 있습니다. 이럴 땐 해주는 척하면서 아기가 참여할 수 있는 기회를 많이 제공해주는 게 좋습니다. 아기가 색깔을 고르게 하거나 엄마를 도와 색칠이나 어떤 부분을 그리게 하도록 유도하며 아기의 참여를 조금씩 늘려나가는 것입니다. 또한 형태가 분명하지 않은 그림 그리기나 마구 그리기처럼 자유롭게 표현하는 활동을 하는 것도 수행결과에 대한 불안을 줄여주는 데 도움이 됩니다. 평소에 아기의 표현활동에 충분히 관심을 주고, 이에 대해 얘기를 나누거나 활동을 계속 이어나갈 수 있는 반응을 해주면 아기들도 신이 나서 좀 더 적극적으로 참여하게 될 것입니다.

Q. 아기와 미술활동을 자주 하며 가위를 많이 사용하게 되었는데요. 어느 날 인형 머리를 가위로 자르더니 급기야 자기 머리카락까지 가위로 잘라놨어요. 아무거나 자르려는 우리 아기, 어떻게 해야 할까요?

: 손을 움직였더니 뭔가가 싹뚝 잘리는 것을 경험했을 때 아기는 나름의 쾌감을 느끼게 됩니다. 마치 자신이 대단한 존재가 된 것처럼 느껴질 수도 있겠지요. 아기는 이런 즐거움을 반복해서 느끼고자 주변의 것들을 자르려 하고, 머리를 잘라본 경험이 있는 아기는 그 여세를 몰아 셀프 이발을 할 수도 있습니다. 이런 행동은 아직 잘라도 되는 것과

안 되는 것을 구별하지 못하는 인지적 제한점에서 비롯되는 것입니다.

꾸준히, 반복적으로 잘라도 되는 것과 안 되는 것을 알려주어 아기가 스스로 구별할 수 있게 해야 합니다. 가위를 사용하는 놀이를 할 때 여러 물건들을 놓고 잘라도 되는 것과 안 되는 것을 구별하는 놀이를 하는 것도 도움이 됩니다. 쉽게 구별이 안 될 때는 보호자에게 물어보도록 지도하는 것도 필요합니다. 무엇보다 가장 중요한 것은 가위를 안전한 장소에 보관하는 것입니다. 아기의 손이 닿지 않는 곳에 가위를 보관하고, 필요할 때 꺼내주고 활동을 마친 후에 다시 가위를 제자리에 놓아두는 것을 습관화한다면 가위 때문에 낭패를 보는 일은 없을 것입니다.

#놀이터 #ADHD #예민

Q. 활동량이 많고 겁도 없어서 놀이터에 나가면 한두 살 많은 형들이 하는 행동을 다 따라할 정도입니다. 높은 미끄럼틀을 무서워하지 않고, 그네도 서서 타려고 합니다. 다칠까봐 걱정되어 하지 못하게 하면 짜증을 냅니다. 너무 활발하면 ADHD(주의력 결핍/과잉행동장애)일 수도 있다는데, 검사를 받아봐야 할까요?

: 두 돌이 지나면 아기의 운동발달능력은 꽤 좋아지고, 심리적으로 자율성을 강하게 추구하기 때문에 신체활동적인 면에서도 스스로 하겠다고 고집을 부리고 여러 가지 도전을 시도합니다. 이런 행동은 지극히 당연한 것으로, 위험하거나 주변에 민폐를 끼치는 상황이 아니라면 혼자 해볼 수 있게 지켜봐주시는 것이 좋습니다. 이 과정을 통해 아기는 성공을 통한 성취감을 느껴보고, 자신의 능력의 한계를 인식하게 되면서 자율성을

발달시킵니다.

아기들의 활동량과 운동능력은 타고난 기질과 능력, 환경적인 경험의 영향을 받는데요, 본디 활달하고 좋은 운동능력을 타고난 아기들은 바깥활동이나 신체활동을 할 때 좀 더 적극적이고 유능한 모습을 보이기 때문에 다소 산만하다고 느껴질 수도 있습니다. 하지만 이것이 ADHD를 의미하는 것은 아니며, 설령 또래에 비해 많이 산만하다고 해도 ADHD 진단을 내리는 것에는 신중을 기해야 합니다.

만 5세 미만의 아기들은 아직 자기조절력 발달이 충분히 이루어지지 않아 산만한 행동을 보이는 경우가 많고, 훈육이나 경험의 부족 때문에 주의력이나 활동수준의 문제가 발생하기도 합니다. 만일 가정에서의 행동지도에는 별 어려움이 없는데, 아기가 바깥놀이에서만 산만하다면 평소 아기의 신체활동 욕구를 충족시켜주는 놀이자극이 부족했던 것은 아닌지 살펴볼 필요가 있습니다.

Q. 얼마 전 아기와 흙 놀이터에 갔는데요, 흙을 밟아본 적이 없어서 그런지 바닥에 내려놓자마자 울면서 들어가지 않으려 했어요. 겨우 들어간 후에도 뛰어다니지 않고 가만히만 있고, 발이나 손, 옷에 흙이 묻으면 짜증을 심하게 내요. 엄마인 제가 깔끔 떠는 편인데, 엄마인 저 때문에 아기가 그런가 하는 마음에 심란해요.

: 예전에는 흙, 모래, 진흙이 매우 자연스러운 것들이었지만 지금은 놀이터 바닥도 우레탄이나 고무 재질로 되어 있어서 아기들은 흙이나 모래를 만지고 밟을 일이 별로 없습니다. 그러다보니 아기들에게 이런 자연재료는 매우 낯선 것이 되어버렸지요. 특히 낯선 것에 대한 경계심이 높거나 감각적 예민성이 높은 기질을 가진 아기들은 경험해보지 못한 촉감에 놀라며 거부할 수도 있습니다. 만일 보호자가 평소 아기의 손이나 옷에 조금이라도 뭐가 묻으면 "지지, 지지! 더러워!"라고 말하며 바로 씻기거나 옷을 갈아입

했다면 아기가 더욱 더 낯선 재료에 대해 겁을 내고 거부할 수 있습니다.

　물론 아기에게 해가 되는 것들은 만지지 못하게 반복적으로 말하고 가르쳐야 하겠지만 그렇지 않은 것에 대해서는 경계심을 풀고 익숙해질 수 있도록 도와주어야 합니다. 보호자의 반응이 무척 중요한데요. 흙을 밟으면서 환한 얼굴로 "와, 시원해! 보드라운 느낌인데!", "하하, 엄마 발가락 사이에 흙이 들어갔어, 아유, 간질간질해!" 등 긍정적인 반응을 보여주며, 흙으로 할 수 있는 놀이를 먼저 시범 보여주는 것도 좋습니다. 즐거운 놀이가 주는 '몰입' 경험은 아기에게 새로운 재료가 주는 불편감과 거부감을 감소시켜주는 특효약입니다.

#놀아주기 #책 읽기 #맞벌이 부부

Q. 아기에게 다양한 책을 읽어주고 싶은데, 꼭 같은 책만 읽어달라고 해요. 그 책을 읽고 나야 다른 책을 읽어줄 수 있어요. 스무 번도 넘게 읽었는데, 아기가 원하면 계속 읽어줘야 하나요? 왜 계속 같은 책만 읽으려 할까요?

　: 아기들의 주의력, 기억력, 이해력은 어른과는 상당한 차이가 있습니다. 어른은 한두 번 들으면 이해할 수 있지만 이제 막 상징적 사고를 시작한 아기에게는 짧은 동화책도 대하소설처럼 방대하게 느껴지기 때문에 여러 번 읽어야 비로소 이해할 수 있습니다. 어른에 비해 미숙한 기억력과 주의력으로 인해 아기는 들었던 내용도 쉽게 잊어서 읽을 때마다 새로운 것을 발견하는 기쁨을 느낍니다. 여러 번 읽고 완전히 이해한 후에는 자신이 책의 내용을 이해하고 있고, 앞으로 어떤 일이 일어날지 예측할 수 있다는 사실에

신이 나서 계속 같은 책을 읽어달라고 하기도 합니다. 특정 그림이나 흥미로운 운율의 문구가 좋아서 같은 책을 계속 읽으려고도 합니다. 낯선 것, 새로운 것에 대한 두려움이 있는 아기들은 친숙함 때문에 특정 책을 고집하기도 합니다. 이처럼 다양한 이유 때문에 아기들은 특정 책을 선호하는 모습을 보여주며, 이 자체가 큰 문제가 되지 않습니다.

그렇다고 해서 하나의 책만 계속 읽는 것은 좋지 않습니다. 아기가 좋아하는 책을 존중해주고, 아기가 원할 때 읽어주는 것은 좋지만 다른 책에도 흥미를 가질 수 있도록 재밌고 유쾌하게 읽어주고 소개해주는 것은 필요합니다. 아기가 좋아해서 여러 번 읽은 책을 또 읽어달라고 할 때는 읽어주면서 그 책에서 새로운 것을 발견하고 관심사를 확장시킬 수 있도록 보호자가 보다 적극적으로 개입해주세요.

Q. 맞벌이 부부라 늘 아기와 충분한 시간을 갖지 못하는 게 미안해서 함께 하는 동안만큼은 열심히 놀아주려고 노력하고 있어요. 밥 먹고 씻고 나면 9시 가까이 되는데, 그때부터 10시까지는 아빠가 신나게 몸 놀이로 놀아줘요. 몸을 쓰며 놀면 피곤해서 쓰러져 잘 법도 한데 아기가 쉽게 잠이 들지 못하고 푹 못자는 것 같아요. 왜일까요?

: 아직 어린 아기들은 생체리듬의 영향을 많이 받아요. 자고 일어나는 시간이나 밥을 먹는 시간이 불규칙할 때, 몸이 아프거나 지나치게 흥분하는 등의 생리적 주기나 상태에 변화가 일어날 때 아기들은 매우 까칠해지며 스트레스를 받고, 성장발달에도 지장을 초래합니다. 따라서 어리면 어릴수록 생리적 주기를 고려한 안정적인 하루 일과를 구성하는 것이 무엇보다 필요합니다. 밤에 숙면을 취할 수 있는 생리적 상태를 만들어주기 위해 낮 동안 활성화되었던 뇌를 진정시켜 쉴 수 있게 해주어야 합니다. 이를 위해서 잠자리에 들기 2시간 전부터는 자극적인 활동을 줄이고 정적인 활동을 유도해야 하며, 최소 잠들기 30분 전에는 자리에 누워 간단한 마사지나 동화책 읽어주기 등의 잠자

리 의식을 하며 수면을 유도해야 합니다.

잠자리에 들기 전에 피해야 할 것은 영상 시청이나 격한 신체놀이입니다. 이런 활동들은 아기의 뇌를 자극해 뇌가 여전히 활성화된 채로 수면에 들어가게 해서 숙면을 방해하기 때문입니다. 아기와 함께 할 시간이 적은 맞벌이 부모라면 평일에는 저녁을 먹기 전에 15~30분 정도 활동적인 놀이를 해주고 식사 후부터는 점차 활동의 강도를 줄여나가면 좋습니다.

chapter 4

36개월~48개월

36개월~48개월

더 큰 세상으로 나갈 준비를 해요!

이 시기의 아이들을 보면 '이제 제법 사람답네!'라는 생각이 들 정도로 여러 가지 면에서 보다 자연스러워지고 유능해진 모습입니다. 우선 자신의 신체를 조절하는 능력이 좋아지며 언어 이해와 표현 능력 또한 일상생활 대화를 이어나가는 데 불편함을 느끼지 못할 정도로 자연스러워지지요.

대부분의 아이들이 이 시기가 되면 배변 훈련을 끝내며, 스스로 옷을 입고 손을 씻고, 수저질하는 법과 같은 자조기술을 익히게 됩니다. 이 과정을 통해 아이들의 자율성과 주도성이 더욱 발달됩니다. 이제 아이들은 보육기관인 어린이집을 떠나 유치원과 같은 교육기관으로 옮기게 되며 그곳에서 단체생활에 필요한 규칙을 따르고 지키며 기초적인 학습 준비를 해나갑니다. 기다리기, 지시 따르기, 정리정돈하기 등은 단체생활의 성공적인 적응을 위해 반드시 익혀야 하는 것이며, 주의 기울이기, 모방하기, 새로운 것에 호기심 갖기 등은 학습을 위해 갖추어야 하는 자세입니다. 다행히도 이러한 것들을 놀이를 통해 즐겁고 유쾌하게 배우고 익힐 수 있습니다.

아이들의 능력이 발달하면서 아이들은 더 큰 세상으로 나가고 새로운 것들을 접하며 스스로의 힘으로 헤쳐 나가야 할 일들이 늘어납니다. 어떤 것들은 즐겁고 혼자서도 쉽게 해낼 수 있는 것이지만 두렵고 당황스러운 것들도 있지요. 상황극 놀이를 통해 미리 연습을 해두면 아이들은 덜 두렵게, 보다 자신감 있게 앞으로 나아갈 수 있을 것입니다.

아이들이 본격적으로 단체생활을 시작하면서 또래관계에 대한 욕구와 관심은 한층 높아집니다. 함께 협력하며 놀면서 즐거움을 느끼고 사회성 기술이 늘어나기도 하지만 갈등도 그만큼 많아지고 스트레스도 많아집니다. 따라서 이 시기에는 부모 이외의 사람들과 잘 지내는 법과 갈등과 문제를 해결하는 법을 배우는 것도 반드시 필요합니다. 사람들과 잘 지내기 위해서는 자신과 타인의 감정을 이해하고 공감하는 능력이 필요하며, 적절한 방식으로 스트레스를 해소하는 방법을 알아야 합니다.

인성의 기초가 되는 전두엽이 집중적으로 발달해요!

뇌 발달 상에서도 이 시기는 인성의 기초가 되는 전두엽이 발달하는 시기이기 때문에 예절과 도덕교육을 통해 올바른 버릇을 갖추고, 안정적인 정서를 형성하도록 도와주어야 합니다.

전두엽은 아이들의 인성발달뿐 아니라 이성적인 사고발달에도 중요한 영역으로서, 사고력 발달에 도움이 되는 인지활동(글자와 숫자 이해하기, 분류하기, 패턴찾기, 측정하기 등)과 상징을 사용하는 역할놀이나 상상놀이를 할 수 있는 기회를 자주 제공하는 것도 잊지 말아야 합니다. 이 시기가 되면 아이들은 글자에 관심을 갖고 여러 학습 활동을 하는 것을 즐기기도 하는 데, 그렇다고 해서 본격적인 문자 교육이나 예체능 교육에 뛰어드는 것은 좋지 않습니다. 이 시기는 아이의 관심에 반응해주면서 관심사가 확장되도록 다양한 자극을 제공하는 수준의 교육이 필요한 단계로 지나친 조기교육은 오히려 아이에게 학습에 대한 두려움과 거부감을 생기게 할 수 있음을 유의해야 합니다.

36개월~48개월

개구리 점프

두 발 혹은 한 발로 제자리 뛰기를 하며 대근육 발달을 촉진하는 놀이입니다.

★ 이 놀이가 가능한 월령 : 36개월 ~

★ 준비물 : 없음

놀|이|방|법

- 손바닥으로 높이를 정해주고 두 발로 제자리 뛰기를 해보게 합니다.

  "지수야, 여기 엄마 손바닥까지 점프해보자."
  "두 발로 폴짝, 개구리처럼 뛰어서 엄마 손바닥에 지수 머리가 닿게 하는 거야!"

- 아이의 뛰는 모습을 재미있게 표현해 줍니다.

  "우리 지수가 몸을 잔뜩 웅크렸네요. 뛸 준비를 하고 있습니다."
  "하나 둘 셋! 드디어 지수가 위로 뛰어 올랐습니다."

- 아이의 제자리 뛰기 결과에 대해 흥겹게 반응해 줍니다.

  "와! 지수 머리가 엄마 손바닥까지 닿았어! 손이 이렇게 높이 있었는데, 대단해!"
  "와, 정말 아슬아슬했어요! 다음번에는 어떻게 될까? 정말 흥미진진한데?!"

- 한 발 뛰기를 해보도록 합니다.

  "지수야, 한 발로 깡총 뛰면 어디까지 높이 갈 수 있을까?"

- 발을 바꿔서 한 발 뛰기를 해보게 합니다.

  "자, 이번엔 발을 바꿔서, 왼쪽 다리로 한 발 뛰기를 하자. 어느 쪽 발이 더 힘이 셀까?"

놀이할 때 주의사항 & 응용

- 딱딱하고 미끄러운 바닥은 넘어져서 다칠 수 있으니 피해주세요.
- 한 발 뛰기는 두 발 뛰기보다 훨씬 어렵습니다. 아이가 한 발 뛰기를 잘하지 못한다면 제자리에서 한 발을 들고 서 있는 모습을 보여주고, 따라해보게 하세요.
- 벽에 아기의 키를 표시하고, 제자리 뛰기를 하면 얼마나 커지는지 기록하는 것도 좋아요. 포스트잇이나 스티커로 제자리 뛰기 했을 때의 높이를 표시해 비교해보세요.
- 집 안의 가구나 물건을 정해 그만큼 뛰어보거나 더 높게 뛰어보게 하세요.

이 놀이의 발달 효과 _ #대근육 #다리근육 #신체조절능력

- 생후 20개월 아기는 처음에는 무릎만 굽히고 땅에서 발을 떼지 못하는 점프를 하고, 시간이 지나면서 낮게라도 두 발이 바닥에서 떨어지는 형태로 제자리 뛰기를 할 수 있게 됩니다.
- 만 3세에는 한 발 뛰기를 두세 번 할 수 있게 되며, 만 4세가 되면 제법 그럴듯하게 한 발 뛰기를 하지만 어른처럼 한 발 뛰기를 하려면 만 5.5세는 되어야 합니다. 한 발 뛰기는 복잡한 대근육 협응능력을 요하고, 연습이 필요합니다. 만일 한 발 뛰기를 잘하지 못한다면 근력이 부족할 가능성이 높으므로 평소 걷기나 오르기 등으로 다리의 힘부터 키워주세요.
- 제자리 뛰기는 근육을 강화시켜 체력을 좋게 해주고, 에너지를 발산시킵니다. 활동량이 많은 유아는 제자리 뛰기 놀이를 통해 안전한 방법으로 활동 에너지를 방출할 수 있습니다.
- 무릎을 구부리는 정도에 따라, 두 발 혹은 한 발을 사용하느냐에 따라 뛰기의 높이가 달라지는 것을 비교하면서 자신의 신체 조정능력을 발달시키게 됩니다.

36개월~48개월

공이다, 공!

공을 던지고 받고 튕겨보며 감각 통합 능력을 발달시키는 놀이입니다.

★ 이 놀이가 가능한 월령 : 36개월 ~
★ 준비물 : 양손으로 잡을 수 있는 크기의 공

놀|이|방|법

- 아이와 마주 선 채로 공을 던져 아이가 받게 합니다.

  "엄마가 공을 던질 거야, 지수가 받아! 와, 두 손으로 엄마가 던진 공을 받았구나!!"

- 이번에는 아이가 부모에게 공을 던져보게 합니다.

  "이번엔 지수 차례, 아빠에게 던져봐!"
  "지수가 힘껏 던졌구나. 아빠가 뛰어가서 잡았다!"

- 아이에게 여러 방향으로 공을 던져 줍니다.

  "지수야, 이번엔 공을 빨리 잡는 거야. 엄마가 공을 어느 쪽으로 던지는지 잘 보렴!"
  "와! 엄마가 공을 텔레비전 있는 쪽으로 던지는 걸 얼른 달려가서 잡았네!"

- 공을 바닥에 튕기고 잡아보게 합니다.

  "와, 이 공은 통통 잘 튕겨지네. 바닥에 던지니까 다시 위로 공이 올라와."
  "이번엔 위로 올라오는 공을 잡아봅시다!!"

 놀이할 때 주의사항 & 응용

- 너무 작은 공은 아이가 잡기 어려우니 25센티미터 정도의 공을 이용해주세요.
- 두 손으로 공을 잡고 던지는 것에 익숙해졌다면 한 손으로 공을 던지고 잡는 것도 알려주세요. 이때는 한 손에 잡을 수 있을 크기의 스펀지 공을 준비하면 좋아요. 보호자가 먼저 한 손으로 공을 던지는 시범을 보여주세요. 두 발을 붙인 후 한 손으로

공을 던지는 것부터 야구선수처럼 한 발을 들고 몸통을 돌려 던지는 것까지 다양한 시범을 보여주시면 좋습니다.
- 공놀이를 하며 아이들의 신체운동 발달수준에 따라 난이도를 조절해주세요.

 이 놀이의 발달 효과 _ #신체운동기술 #감각 통합 능력 #자존감 #사회성

- 만 3세까지는 제자리에서 팔을 벌려 공을 받을 수 있고, 던질 때도 팔만 움직여서 공을 던지지만 점차 다양한 방식으로 공을 던지고 받아요. 만 4, 5세가 되면 제법 그럴듯한 자세로 한 손으로 공을 던지고, 공의 위치에 따라 몸을 움직여 공을 받을 수 있습니다. 가능한 것부터 시작해 점차 수준을 높이도록 유도하면 아이의 신체운동기술이 더욱 좋아질 것입니다.
- 아이들은 공을 보면 자연스럽게 차고 던지고 굴리며 능동적으로 움직이고 즐거움을 느낍니다.
- 공놀이는 신체운동기술뿐 아니라 감각 통합경험을 제공해 줌으로써 전두엽과 두정엽 발달을 촉진시킵니다. 움직이는 공을 잡고 던지기 위해서는 쥐는 힘, 잡는 힘, 치고 던지는 힘이 필요하고, 이 힘들을 반복해서 사용하고 통합하면서 신체운동기술을 익히게 됩니다. 또한 공을 목표지점으로 가도록 던지거나 잡기 위해 집중하고 계획하며 실행하면서 전전두엽의 목표지향적 집행 기능이 활성화됩니다. 두정엽은 공간지각을 담당하는 대뇌피질 영역으로, 외부에서 오는 감각을 지각해 적절히 대처하며 공간 내에서 신체의 위치를 파악하게 해주는 고유수용성 감각의 정보처리를 담당하는 데 공놀이는 두정엽의 발달을 촉진시켜 줍니다.
- 아이의 발달수준에 맞게 공놀이의 난이도를 조절해주어 성공경험을 얻고 도전을 통한 성취감을 느낄 때 아이의 자존감은 높아집니다.
- 주고받는 놀이는 상호성과 사회성을 높여주는 데도 큰 도움이 됩니다.

36개월~48개월

자르고 붙이고

도형이나 간단한 모양의 그림을 오리고 붙이며 소근육을 발달시키는 놀이입니다.

★ 이 놀이가 가능한 월령 : 36개월 ~

★ 준비물 : 도화지, 색상지, 가위, 풀, 사인펜이나 색연필

놀|이|방|법

- 도화지나 색상지에 간단한 도안을 그려줍니다.

    "지수야, 동그라미, 이건 세모, 여기엔 네모가 있습니다."

- 아이가 가위로 도안을 오리게 합니다.

    "어떤 것부터 오릴까? 아, 네모부터 오릴 거야!"

- 아이가 오린 도안 조각들을 종이 위에 풀로 붙여 꾸며보게 합니다.

    "와, 지수가 많이 오렸네! 이걸로 모양을 꾸며주자."
    "그림 뒤에 풀을 바르고 종이에 붙이면 돼! 이 동그라미는 어디에 붙이고 싶니? 지수가 붙이고 싶은 곳에 붙여보자!"

- 아이가 풀로 붙여 꾸민 조각들을 사인펜이나 색연필을 이용해 꾸밉니다.

    "여기에 눈을 그려볼까? 와, 멍멍이가 되었네!"
    "지수는 동그라미와 세모를 줄로 이었구나. 둘이 손을 잡은 것 같네!"

- 아이가 그린 그림을 오려 도화지에 붙이며 그림에 대한 이야기를 나눕니다.

    "지수가 그린 강아지야. '안녕, 강아지야! 넌 여자야, 남자야?'"
    "이 강아지는 어디서 살아? 아, 강아지 집도 그려줄 거야?! 강아지는 좋겠네. 집이 생기게 되었어!"

 **놀이할 때 주의사항 & 응용**

- 얇은 A4용지나 색종이는 아이 혼자 잡고 자르기가 쉽지 않아요. 가위질이 서툰 아이에게는 더 빳빳한 종이를 주거나, 보호자가 종이를 팽팽하게 잡아주며 가위질을 도와주세요.
- 처음에는 종이 하나에 도안을 하나씩 그려주세요. 가위질이 능숙해지면 한 종이에 여러 개의 도안을 그려주고 어떻게 자르는 게 좋을지 계획할 수 있도록 도와주세요.
- 책상에 비닐을 덮어주면 풀칠로 인해 책상이 더러워지지 않아요.
- 자르기 도안은 처음에는 단순한 것에서 점차 곡선이 많은 다양한 것으로 난이도를 높여주세요. 잡지나 전단지의 그림을 오리는 것도 좋아요.
- 아이가 길게 자른 종이를 동그랗게 말아 풀칠하여 종이 목걸이를 만들어보세요.

 이 놀이의 발달 효과 _ #소근육 #구성력 #언어

- 눈과 손을 함께 사용해야 하는 가위질은 두뇌에 긍정적인 자극을 주는 대표적인 활동입니다. 좌뇌와 우뇌를 골고루 발달시켜주며 손을 많이 사용해야 하는 글씨쓰기, 끈 묶기, 종이 접기 등 섬세하고 정교한 작업 수행을 도와주어 소근육 발달과 학습능력을 높여줍니다.
- 두 돌 이후에는 손목의 힘이 생기기 시작해 단순한 자르기가 가능하며, 만 3세가 지나면 제법 정교한 가위질을 할 수 있습니다.
- 자른 도안을 풀로 칠해 종이에 붙여 구성하며 아이는 공간구성 및 계획 능력, 그리고 미술 능력을 발달시킬 수 있습니다. 또한 자신이 만든 것에 대해 이야기를 나누며 보호자와의 유대감이 증진되고 스토리텔링 능력도 발달합니다.

36개월~48개월

우리집 가게

다양한 사물의 형태를 따라 그리고, 이를 사용해 가게 놀이를 하며 미세운동 협응력과 가상능력을 발달시키는 놀이입니다.

★ 이 놀이가 가능한 월령 : 36개월 ~

★ 준비물 : 여러 형태의 사물들, 종이, 그림 도구, 가위

놀｜이｜방｜법

- 일상생활에서 흔히 볼 수 있는 사물들을 아이에게 보여줍니다.

  "지수야, 엄마가 무엇을 가져왔는지 봐!"
  "이건 숟가락, 이건 엄마 선글라스, 그리고 이건 우리 지수 곰돌이 인형!"

- 아이가 사물을 탐색하고 조작해볼 수 있게 합니다.

  "하하, 우리 지수가 선글라스를 썼구나! 눈이 까맣게 되었네."

- 아이가 고른 사물을 종이 위에 그려보게 합니다.

  "지수야, 이 중에서 하나를 골라 그려보자!"
  "지수는 엄마 선글라스를 골랐어! 여기에 그림 선글라스를 그리자!"

- 아이가 그린 그림을 함께 색칠하고 꾸며줍니다.

  "지수야, 그림 선글라스는 무슨 색으로 해줄까? 하고 싶은 색깔을 정해!"
  "와! 정말 멋진 분홍색 선글라스가 되었다!!"

- 그림을 가위로 오린 후, 가게 놀이를 합니다.

  "물건들이 많아졌어. 우리 이걸로 가게 놀이를 하자!"
  "지수가 손님이야? 그럼 엄마가 주인! 어서 오세요! 좋은 물건이 많이 있습니다!"

 **놀이할 때 주의사항 & 응용**

- 동그라미, 세모, 네모 등 기본 도형을 그릴 수 있어야 이 놀이를 할 수 있습니다. 만일 기본 도형 그리기가 안 된다면 그것부터 연습시켜 주세요.
- 납작한 동전이나 휴대전화, 그릇 등을 종이위에 놓고 테두리를 따라 그리는 것도 기본 도형 연습에 도움이 됩니다.
- 아이들은 어떤 것부터 먼저 그리는 것이 효율적인지 잘 알지 못합니다. 기본 윤곽을 먼저 그리고 세부적인 사항을 그릴 수 있도록 보호자가 먼저 따라 그리기를 하면서 순서를 알려주는 것도 필요합니다. "엄마는 휴대전화를 그릴 거야. 어디 보자. 휴대전화는 네모낳다. 그럼 먼저 네모를 크게 그려주고, 그 다음에 안을 꾸며줘야지!"처럼 하면 됩니다.

 이 놀이의 발달 효과 _ #미세운동 협응력 #시지각 #사회성 #언어

- 시지각은 만 3세 6개월~ 만 7세 6개월 사이에 가장 잘 발달됩니다. 이 시기의 시지각 발달은 읽기와 그리기를 포함한 모든 학업에 영향을 미칩니다.
- 형태 따라 그리기는 시지각 발달을 촉진시켜주는 활동으로 공간 지각력, 언어능력, 또래 상호작용에 영향을 미칩니다. 형태를 보고 따라 그릴 수 있다는 것은 공간 위치와 관계를 이해해 눈-손 협응을 통해 표현할 수 있고, 시야를 폭넓게 발달시킵니다. 이러한 시야의 확장은 자기중심성을 줄여줘서 공감하고 타인의 입장을 고려할 수 있는 능력을 발달시키고 또래관계와 같은 상호성에 영향을 미치는 것입니다. 또한 위, 아래, 가깝게, 멀리, 크게, 작게와 같은 시공간을 나타내는 어휘력도 발달하게 됩니다.
- 아이가 그린 사물로 가게 놀이를 하면서 보호자와의 유대감을 높이고 상호호혜성을 발달시킬 수 있습니다.

36개월~48개월

상자 마트료시카

다양한 크기의 상자들을 크기대로 하나의 상자 안에 집어넣으며 크기에 따른 서열화 개념을 습득하는 놀이입니다.

★ 이 놀이가 가능한 월령 : 36개월 ~

★ 준비물 : 다양한 크기의 상자, 크기가 다른 일상 용품들(그릇, 컵 등)

놀|이|방|법

- 대-중-소의 크기가 다른 상자 3개를 보여주고 차이점을 찾아봅니다.

  "지수야, 엄마가 상자들을 갖고 왔어!"
  "똑같이 생긴 상자인데 다른 점이 있네. 뭐가 다를까?"

- 상자를 크기 순서대로 놓게 합니다.

  "제일 큰 상자를 여기 놓고, 그 다음 크기를 큰 상자 옆, 작은 상자를 맨 뒤에 놓자."
  "지수가 상자의 크기 순서대로 잘 놓았구나!"

- 이번에는 제일 큰 상자의 두껑을 열고 그 안에 나머지 2개의 상자를 넣어보게 합니다. 먼저 시범을 보여줘도 좋습니다.

  "지수야, 이번엔 상자를 모두 합체하려고. 이 큰 상자 속에 나머지 2개의 상자를 넣고 뚜껑을 닫으면 합체, 성공!"
  "어떤 상자를 먼저 넣어야 할까? 옳지~ 쏘~옥, 모두 다 들어갔구나!"

- 상자의 개수를 늘려서 크기 순서대로 넣어보게 합니다.

  "이번엔 상자가 더 많아졌네! 이것도 합체 시작!"
  "아하, 그건 안 들어가는구나. 그럼 다시 빼서 하면 되지요."

놀이할 때 주의사항 & 응용

- 크기 차이가 시각적으로 확연한 것부터 시작하여 점차 크기 차이를 줄여나가도록 하세요. 순서대로 놓기 전에 크기 차이를 비교하는 시간을 충분히 가지세요.
- 아이가 틀렸을 때 함께 놀란 척하면서 다시 비교하고 시도해보도록 "어? 그게 들어가지 않는구나. 그냥 봤을 땐 들어갈 수 있을 것 같았는데. 크기를 비교해보자! 아, 이게 좀 더 작구나. 그래서 상자가 들어가지 않았던 거구나"처럼 격려해주세요.
- 크기가 다양한 반찬통 세트를 활용해도 좋습니다.
- 그릇, 컵, 접시를 크기나 높이 순서대로 놓아보게 해보세요. 이때 왼쪽에서 오른쪽으로 놓도록 지도해주세요. 이러한 순서 방향은 글을 읽는 방향과 같기 때문에 읽기의 기초 기능을 발달시키는 데 도움이 됩니다.

 이 놀이의 발달 효과 _ #수 개념 #사고력 #이해력

- 순서 짓기는 수 개념 중 서열화 개념 습득에 도움을 줍니다. 서열화는 사물과 사물의 차이를 인식하고 그 차이에 따라 사물을 순서 짓는 것으로, 서열화능력을 갖추었다는 것은 아이가 자기 주변의 세상을 조직화하기 시작했다는 것을 의미합니다. 사물을 순서대로 배열하기 위해서는 먼저 사물들의 속성을 찾고 반복적이고 연속적으로 비교할 수 있는 사고력이 있어야 합니다.
- 서열화는 시작과 방향이 있기 때문에 논리적 사고 발달에 도움이 되며 읽기 및 쓰기 능력의 발달과도 밀접한 관계가 있습니다. 한글을 비롯한 대부분의 언어는 왼쪽에서 오른쪽 방향으로 읽고 쓰기 때문에 먼저 왼쪽에서 시작해 오른쪽으로 끝나는 서열화를 연습시킨 후, 익숙해지면 오른쪽에서 왼쪽 방향으로 순서 짓는 것을 시도해볼 수 있습니다. 이러한 역순을 이해하는 것은 가역적 사고와 연역적 사고 발달에 도움이 됩니다.

36개월~48개월

보물찾기

위치를 나타내는 단어를 듣고 숨은 물건을 찾는 동안 위치 어휘를 익히고 주의력을 높이는 놀이입니다.

★ 이 놀이가 가능한 월령 : 36개월 ~

★ 준비물 : 작은 소품 혹은 먹을 것

놀|이|방|법

- 보물찾기에 대해 말해줍니다.

    "지수야, 오늘은 보물찾기 놀이를 할 거야."
    "오늘의 보물은 이 구슬이야. 지수가 눈을 감으면 엄마가 구슬을 숨길 거야. 그리고 구슬이 숨어있는 곳이 어딘지 단서를 줄게. 엄마의 말을 잘 듣고 구슬을 찾는 거야!"

- 아이가 눈을 감고 있는 동안 보호자는 구슬을 숨깁니다.

    "자, 이제 구슬을 숨기겠습니다. 절대 보면 안 돼요."

- 구슬을 숨긴 후, 아이에게 구슬이 숨어있는 곳을 위치 단어를 사용해 말해줍니다.

    "지수야, 이제 눈을 떠도 돼! 보물이 어디 숨겨져 있는지 엄마가 알려줄게. 잘 들어! 보물은 바로 지수 엉덩이 아래에 있습니다."
    "보물은 장난감 서랍의 맨 아래 칸에 있어요. 그곳에는 3개의 상자가 있는데, 가운데 상자에 보물이 숨겨져 있습니다."

- 술래를 바꿔 아이가 숨기고 부모가 찾아봅니다.

    "이제 엄마에게 보물이 어디 있는지 말해줘!"
    "안방에 있다고? 높은 곳에 있니, 낮은 곳에 있니?"

놀이할 때 주의사항 & 응용

- 처음에는 한 가지 사물로 시작해 3~4개로 늘려보세요.
- 아이의 신체 주변에 보물을 숨기는 것으로 시작하여 공간 범위를 넓혀주세요.
- 위, 아래, 안, 속, 꼭대기, 맨 아래, 사이, 가운데 등 위치 단어들을 사용해주세요. 이러한 위치 단어들을 평소에 충분히 설명해주세요.
- 작은 상자나 비닐에 간식을 넣고 숨긴 후 아이가 찾아서 먹는 것도 재미있어요.
- 아이가 위치 단어를 사용하는 것을 낯설어 할 수 있어요. 이때는 위치 단어를 인식하고 사용할 수 있도록 질문해주세요. "위에 있어, 아니면 아래에 있어? 높은 곳에 두었니, 아니면 낮은 곳에 있니?"처럼 도와주세요.

 이 놀이의 발달 효과 _ #공간감 #판단력 #언어 #주의력 #기억력 #성취감

- 이 시기의 아이는 평균 500개의 단어를 사용해 말을 할 수 있고 "누가?", "무엇을?", "어떻게?" 질문에 대답을 할 수 있을 정도의 언어발달을 보입니다. 또한 위, 아래, 안과 밖 등 공간을 나타내는 위치 단어도 이해할 수 있어요. 이 역시 다른 단어들과 마찬가지로 일상생활에서 경험을 통해 배워야 합니다.
- 위치 단어를 이해하기 위해서는 공간위치 판단능력이 있어야 합니다. 이 능력은 공간에서 특정사물과 근접한 정도나 떨어진 정도를 경험적으로 판단하여 위, 아래, 앞, 뒤를 구별하고 나아가 사물의 앞, 뒤, 오른쪽, 왼쪽 구별하는 것으로 진행됩니다. 보물찾기 놀이를 통해 방향 관계(위, 아래, 앞, 뒤), 위치 관계(위, 밑, 꼭대기, 바닥, 안, 밖, 옆, 사이), 거리 관계(먼, 가까운)를 배울 수 있습니다.
- 보물을 찾기 위해 언어적 단서를 듣고 기억하는 동안 주의력과 기억력이 증진되며, 찾았을 때 성취감을 느낍니다.

36개월~48개월

즐겁게 춤추고 노래해요!

노래와 율동을 따라하고 만들어보며 모방능력과 창의성을 발달시키는 놀이입니다.

★ 이 놀이가 가능한 월령 : 36개월 ~

★ 준비물 : 없음

놀|이|방|법

- 아이와 함께 즐겁게 동요를 부릅니다.

  "지수야, 우리 곰 세 마리 부르자! 곰 세 마리가 한 집에 있어~"

- 아이와 노래를 부르며 노래에 맞춰 간단한 율동을 하며 아이가 따라해볼 수 있게 합니다.

  "아빠 곰은 뚱뚱해! (양손으로 넓게 펼치고 배를 내밀며)"
  "지수도 엄마처럼 해 봐! 옳지!"

- 아기에게 새로운 동요를 불러줍니다.

  "개울가에 올챙이 한 마리~ 꼬물꼬물 헤엄치다~ 지수야, 우리 공원에 갔을 때 작은 연못에서 올챙이 봤었지~ 그때 올챙이가 꼬리를 왔다갔다 헤엄쳤었는데~"

- 아이와 노래에 맞춰 율동을 만들어 봅니다.

  "(두 손을 모으고 몸을 흔들며) 엄마는 '꼬물꼬물 헤엄치다'에서 이 모습이 생각났어!"
  "와, 지수는 발을 구르는 것으로 표현했구나! 재밌다."

- 아이와 노래를 함께 부르고 율동을 만들어 가며 익숙해질 때까지 반복합니다.

  "우리 지수가 올챙이와 개구리 노래에 멋진 춤을 만들어주었구나!"
  "우리 함께 신나게 노래 부르고 춤추자! 자, 시~작!"

놀이할 때 주의사항 & 응용

- 의성어나 의태어가 많이 들어간 노래는 아이들의 흥미를 자극하고 율동에 대한 아이디어를 보다 쉽게 제공해줍니다.
- 유명한 동요들은 그에 맞는 율동들이 널리 알려져 있습니다. 알려진 율동을 따라해보고, 자신의 방식대로도 새로운 율동을 만들어보게 해주세요.
- 노래 가사를 아이와 함께 개사해보도록 하세요. 예를 들어, 〈곰 세 마리〉 노래에 친구들 이름을 넣어서 "가영이는 친절해, 철민이는 용감해!" 이렇게 불러봐도 좋아요.
- 놀이하는 모습을 휴대전화로 찍어 가족과 함께 보는 것도 즐거운 놀이입니다.

 이 놀이의 발달 효과 _ #창의성 #자기 및 타인 인식 #긍정성 #사회성 #언어

- 노래를 듣고 따라 부르기, 동작을 보고 흉내내기, 노래 가사에 맞춰 동작을 만들어내기 등은 눈 맞춤, 모방능력과 운동능력이 있어야 할 수 있습니다.
- 모방은 가장 기초적인 학습능력으로 다른 사람의 행동을 똑같이 해보고 그 표현을 자신의 내면에 저장하게 되는 과정을 거치며 인식이 발달됩니다.
- 특히 율동처럼 2~3개의 동작을 연속적으로 따라하려면 다른 사람의 행동을 지속적으로 주의깊게 관찰해야 하며 이때 거울 신경 세포가 활성화됩니다. 거울 신경 세포는 모방, 언어능력, 그리고 사회성 발달에 긍정적인 영향을 미칩니다.
- 즐겁게 노래를 부르고 춤을 추는 것은 아이에게 긍정적인 정서를 제공하고, 창의성, 예술적 표현에도 도움을 줍니다.

36개월~48개월

무엇이 없어졌지?

사라진 물건이 무엇인지 찾아내는 게임으로 주의력 및 단기 기억력을 높여주는 놀이입니다.

★ 이 놀이가 가능한 월령 : 36개월 ~

★ 준비물 : 일상생활 소품들, 휴대전화

놀|이|방|법

- 아이 앞에 여러 가지 물건들을 놓습니다.

  "지수야, 엄마가 여러 가지 물건들을 가져왔어. 무엇이 있는지 볼까?!"
  "이건 엄마 립스틱, 요건 과일 먹을 때 쓰는 포크, 이건 아빠 안경집, 또 이건 지수 장갑, 마지막으로 이건 냄비 받침!"

- 아이가 보지 않을 때 물건 중 2개를 숨길 것이고, 그 다음 찾는 놀이를 할 것이라고 말해줍니다.

  "지수가 눈을 감으면 엄마가 물건 2개를 감출 거야. 그 다음 지수가 눈을 뜨고 없어진 물건이 무엇인지 찾는 놀이를 할 거란다."

- 아이에게 물건들을 찬찬히 다시 한 번 살펴보게 합니다.

  "눈 감기 전에 무슨 물건들이 있나 다시 한 번 살펴보자."
  "엄마, 아빠, 지수 물건이 하나씩, 그리고 부엌에서 가져온 물건이 2개!"

- 아이에게 열을 셀 동안 눈을 감고 있게 합니다.

  "지수야, 이제 눈을 감자! 엄마가 1부터 10까지 셀 동안 눈을 감고 있어야 해요!"

- 물건을 숨긴 후 아이에게 없어진 물건이 무엇인지 맞혀보게 합니다.

  "자, 이제 눈을 뜨세요! 무엇이 없어졌나요?"
  "와, 지수 장갑이랑 포크! 맞아! 그게 없어졌지! 잘 찾았네! 기억력이 좋은 걸!"

놀이할 때 주의사항 & 응용

- 처음에는 5개 이내의 물건 중 1~2개를 찾는 것에서 시작하여 10개의 물건 중 4~5개를 찾는 것으로 늘려나가 보세요.
- 간혹 아이들은 원래 없었던 물건인데 있었다고 우기기도 해요. 예방을 위해 물건을 숨기기 전에 휴대전화로 찍어두면 좋아요.
- 5개 정도의 물건을 아이가 보는 앞에서 여러 장소에 나누어 숨긴 후, 아이에게 찾아보게 하는 놀이도 있어요. 이 놀이도 점차 8~10개까지 늘려볼 수 있습니다.
- 불안감이 많거나 주의력이 부족한 아이들은 기억하는 것에 어려움을 보이기도 합니다. 유쾌한 톤으로 찾기에 필요한 힌트를 주면서 성공할 수 있도록 격려해주세요.

이 놀이의 발달 효과_ #기억력 #주의력 #정보처리력

- 기억공간은 감각기억, 단기 기억, 장기 기억으로 나눌 수 있어요. 감각기억과 장기 기억의 용량은 연령에 따른 변화가 발생하지 않지만, 단기 기억은 연령에 따라 증가합니다. 뇌와 신경계의 수초화(자극의 전달속도를 더욱 빠르게 하는 현상)가 급격히 증가하고 정보처리 속도가 빨라지는 유아기에 이르면 단기 기억능력은 급격하게 증가해요.
- 단기 기억이 낮으면 학습능력에 심각한 결함을 갖게 됩니다. 단기 기억은 계획이나 현재의 의도를 계속 유지하게 해줌으로써 어떤 방향으로 향하는 복잡한 일련의 연속적 행동을 가능하게 해주지요.
- 물건 찾기 놀이는 주의력과 단기 기억력을 증진시키는 데 효과가 있으며, 만일 부모가 효과적으로 정보를 조직화할 수 있는 전략들(예: 연상기억법)을 소개해주거나 시범을 보인다면, 아이의 기억력과 정보처리력은 더 좋아질 수 있습니다.

36개월~48개월

노래가 끝나기 전에

노래 한 곡이 끝날 때까지 장난감을 정리하며 기본적인 사회적 규칙을 익히는 놀이입니다.

★ 이 놀이가 가능한 월령 : 36개월 ~
★ 준비물 : 동요 음악

놀|이|방|법

- 아이와 놀이를 마친 후 정리정돈이 필요할 때 이 놀이를 소개합니다.

  "지수야, 오늘도 재미있게 잘 놀았지. 이제 장난감을 치울 시간이 되었네."
  "오늘은 재밌는 방법으로 장난감을 정리해보자!"

- 아이에게 좋아하는 동요를 한 곡 고르게 합니다.

  "엄마 휴대전화에서 지수가 좋아하는, 오늘 듣고 싶은 노래 하나를 골라주렴."

- 아이에게 노래가 끝날 때까지 장난감을 모두 다 정리하게 합니다.

  "지수가 고른 노래를 틀면 지수는 장난감을 치우기 시작하는 거야. 그리고 노래가 끝나면 치우는 걸 멈춰야 해!"
  "만일 노래가 끝나기 전에 정리를 다 했다면 지수가 노래를 이긴 거야! 만일 그때까지 치우지 못했다면 노래가 지수를 이긴 거구!"

- 아이가 정리정돈을 할 때 옆에서 응원해줍니다.

  "와! 지수가 정말 빠르게 정리하고 있습니다. 정리정돈 대장이군요!"
  "지수가 블록 5개를 한꺼번에 통에 넣었습니다. 대단합니다!"

 **놀이할 때 주의사항 & 응용**

- 아이가 노래와의 대결에서 이길 수 있도록 처음에는 긴 동요를 선택하는 게 좋습니다. 미리 적당한 길이의 동요 목록을 준비해 그중에서 고르게 하면 됩니다.
- 정리할 게 많다면 보호자도 함께 정리정돈을 해도 좋아요. 이때 정리할 장난감을 유형별로 분류해 나누어 정리합니다. 블록은 아이가, 자동차는 아빠가 치우는 식으로 합니다. 아이의 심리적 부담감을 줄여주는 방법입니다.
- 아이에게 장난감을 종류별로 분류하거나 제자리에 치우는 것부터 지도해주세요. 예를 들면, 공룡들만 골라 장난감 상자에 넣게 하는 것부터 시작해 점차 영역을 확대해주세요.
- 정리정돈을 한 후 성취감과 자긍심을 느낄 수 있도록 충분히, 구체적으로 칭찬해주세요. "와, 우리 지수는 놀 때는 신나게 놀고, 놀고 난 후에는 깨끗이 잘 치우는구나. 정리정돈을 잘하는 모습이 정말 멋지다!"처럼요.

 이 놀이의 발달 효과 _ #사회성 #성취감 #자긍심

- 이 시기 대부분의 아이들은 기관에 등록하여 단체생활을 시작합니다. 단체생활을 해내려면 정리정돈 같은 기본적인 사회적 규칙을 따르고 지켜야 합니다.
- 아직 어린 아이들은 조금 있다가 또 갖고 놀 건데, 왜 치워야 하는지를 이해하지 못하며, 재미가 없는 정리정돈은 하고 싶어하지 않습니다. 하지만 주변 사람들이 정리정돈을 가치 있는 행동이라 여기며 이 행동을 했을 때 칭찬과 격려를 아끼지 않는다면 정리정돈을 해야 하는 행동, 의미 있는 행동으로 받아들이며 자발적으로 수행하게 됩니다. 즐거운 놀이 형태로 정리정돈 과정에 아이를 끌어들이며, 아이의 수행 결과에 대해 칭찬과 격려를 해줄 수 있는 기회를 열심히 만들어야 합니다.

36개월~48개월

도와주세요!

위험에 처한 아이를 도와주는 여러 방법에 대해 말과 그림으로 표현하며 문제해결능력을 발달시키는 놀이입니다.

★ 이 놀이가 가능한 월령 : 36개월 ~

★ 준비물 : 종이, 그림 도구

놀 | 이 | 방 | 법

- 종이에 아이와 함께 자유롭게 그림을 그리는 것으로 시작합니다.
  "무엇을 그릴까? 생각나는 거 아무거나 그리자!"
  "우리 지수는 꽃을 그렸네, 엄마는 지수 꽃을 찾아가는 나비를 그려야지."
- 문제가 있는 상황을 그림으로 표현합니다.
  "어, 지수야, 어떡해요? 지금 바람이 세게 불어와 꽃과 나비가 막 흔들리고 있어요!"
- 아이와 문제상황을 해결할 수 있는 방법에 대해 이야기를 나눕니다.
  "어떻게 하면 꽃과 나비를 구해줄 수 있을까?"
- 아이가 생각해 낸 방법을 그림으로 표현해 봅니다.
  "아, 꽃과 나비 주변에 벽과 지붕을 만들어주자고? 그럼 날아가지 않겠구나. 좋은 생각이다. 그럼, 이곳에 벽과 지붕을 그려주자!"
- 스토리텔링을 계속 이어나가며 문제상황을 해결해봅니다.
  "어머, 이번엔 불이 났어요! 꽃과 나비를 지켜줘야해! 불이 났을 땐 어떻게 해야하지?"

놀이할 때 주의사항 & 응용

- 그림을 잘 그리는 것보다 이야기와 해결방법에 초점을 두어 진행하세요. 그림으로 상황을 표현할 때 아이가 원하면 함께 그려주시면 됩니다. 이 놀이는 미술활동이 아니라 이야기 활동이자 상황극 놀이랍니다.

- 아이가 좋아하는 인형을 이용해 다양한 문제해결 상황을 연출하고 해결하는 방법을 인형극으로 표현하는 것도 좋아요.
- 어린 아이들은 종종 생각을 시작하고 전개하는 데 어려움을 겪기도 합니다. 먼저 "어떻게 하면 좋을까?"처럼 개방식 질문으로 시작해서 만약 아이가 아이디어를 내지 못한다면 "엄마는 이런 생각이 났어, 아, 또 요렇게도 해볼 수 있겠다"고 예시를 들어주세요. 아이들은 예시를 듣고 생각의 물꼬가 트이기도 합니다.
- 아이가 적극적으로 생각하고 의견을 제시할 때 잘 경청하며 충분히 반응해주세요. 아이의 해결법에 허점이 많아도 일단 수용해주세요. 그후, "아, 근데… 이렇게 되면 어쩌지? 그럴 땐 어떻게 하면 좋을까?"처럼 하나하나 차근차근 생각하고 해결해 볼 수 있도록 도와주세요.

 이 놀이의 발달 효과 _ #문제해결력 #언어 #사회성 #자신감 #의사소통

- 만 3세~6세에는 뇌의 수초화와 시냅스 밀도의 증가로 뇌의 크기가 증가합니다. 특히 이 시기에 판단력과 집중력, 감정조절 기능을 담당하는 전두엽 발달이 활발히 이루어지기 때문에 상황극처럼 감정을 이해하고 상황을 판단하며 문제해결방법에 대해 적극적으로 생각해볼 수 있는 놀이 기회를 많이 갖는 것이 중요합니다.
- 문제상황에 처했을 때 느낄 수 있는 감정에 대해 공감하면서 정서적 유능성이 높아지며, 사회적 상황에 대한 판단과 대처능력에 대한 자신감도 높아집니다.
- 다양한 상황에 대한 대화를 나누며 의견을 표현하는 의사소통능력이 배양됩니다.

36개월~48개월

공감 요정

상상 동화를 읽으며 주인공의 감정에 대해 이해하며 공감능력을 키우는 놀이입니다.

★ 이 놀이가 가능한 월령 : 36개월 ~
★ 준비물 : 동화책, 감정 스티커

놀|이|방|법

- 아이와 함께 동화책을 고른 후, 읽어줍니다.

  "어떤 책을 읽을까? 지수가 읽고 싶은 책을 골라보자. 〈엄지공주〉를 골랐구나!"

- 책을 읽으면서 중간중간 등장인물의 감정에 대해 이야기를 나눕니다.

  "어머나, 이럴 수가. 두꺼비가 엄지공주를 잡아갔어!"
  "와, 지금 엄지공주는 기분이 어떨까? 이럴 땐 무슨 생각이 날까?"

- 얼굴표정 스티커를 보여주고, 등장인물의 감정을 나타내는 스티커를 골라 붙여보게 합니다.

  "여기에 여러 가지 얼굴표정이 있어! 지수는 엄지공주가 무서울 것 같다고 했지. 이 중에서 무서워하는 표정을 골라보자. 와, 정말 무서워 보인다."

- 계속 동화를 읽으며 감정이 나타나는 상황에서 감정 스티커를 골라 붙이게 합니다.

  "풍뎅이들이 엄지공주에게 못생겼다고 놀리는데, 이러면 엄지공주 기분은 어떨까? 스티커를 골라 붙여보자."
  "이건 어떤 기분이야? 아, 화가 났어. 엄지공주가 놀림을 받아서 화가 났을 것 같구나."

- 만일 주인공이라면 어떤 기분일지, 어떻게 행동했을 것 같은지에 이야기를 나눠봅니다.

  "지수가 만일 엄지공주인데 들쥐 아주머니가 자꾸 두더지와 결혼하라고 했을 때 어떤 기분일 것 같아?"
  "제비가 엄지공주한테 같이 남쪽 나라로 가자고 했잖아, 지수라면 어떻게 했을까?"

 놀이할 때 주의사항 & 응용

- 파는 감정 스티커 대신 인터넷에서 감정을 나타내는 이미지나 이모티콘을 찾아 출력하면 좀 더 다양한 얼굴표정을 활용할 수 있어요. 접착라벨지에 인쇄하면 훌륭한 스티커가 된답니다.
- 감정 스티커를 하나만 붙일 필요는 없어요. 사람은 한 가지 상황에서도 여러 가지 감정을 동시에 느끼기도 해요. 이런 양가감정이나 복잡한 감정을 이해하는 것도 정서 발달에 매우 필요합니다. 여러 감정을 모두 표현할 수 있도록 도와주세요.
- 책을 읽을 때는 끝까지 읽기, 내용 외우기보다 동화책에 나온 상황이나 주제에 대해 이야기를 주고받는 것이 더 중요합니다. 독서의 주된 목적이 사고력 증진이라는 것을 기억해주세요.

 이 놀이의 발달 효과 _ #이해력 #공감능력 #표현력 #사회성

- 만 3세 전후의 아이는 어른과 비슷한 정도로 다양한 정서를 느낄 수 있어요. 기쁨, 슬픔, 분노, 질투, 공포, 수치심 등 처해진 상황에 따라 적절한 감정을 느끼고 느낀 바를 표정이나 행동, 언어 등으로 표현할 수도 있습니다. 하지만 이 또한 대화나 상호작용을 통해 배우고 익혀야 합니다.
- 아이가 느끼는 다양한 정서를 그에 맞는 적절한 감정 단어로 표현해주고 익히게 해주었을 때 아이의 정서인식은 높아지며 정서표현과 조절능력도 발달됩니다.
- 공감능력은 동정심이나 이타심, 배려심 등 친사회성의 발달의 기초가 됩니다. 친사회성은 일반적인 사회성보다 한층 높은 차원으로 사회적 유능성이 높은 아이들에게서 발견되는 능력이라 할 수 있습니다.

36개월~48개월

미션 컴플리트

여러 개의 지시를 기억하고 수행하면서 주의지속력과 작업기억력을 증진시키는 놀이입니다.

★ 이 놀이가 가능한 월령 : 36개월 ~

★ 준비물 : 지시 사항을 적어놓은 종이

놀|이|방|법

- 먼저 아이가 수행해야 할 지시 사항을 그림으로 그려 놓습니다.

    "오늘 지수하고 놀려고 엄마가 몇 가지를 준비했지!"

- 오늘의 놀이에 대해 설명해줍니다.

    "오늘 우리가 할 놀이는 지시를 듣고 따라하기야."
    "여기에 우리 지수가 해야 할 일 세 가지를 그림으로 그렸어. 이대로 하면 되는 거야."

- 아이와 함께 그림을 보며 지시 사항을 알려줍니다.

    "자, 세 가지라고 했어요. 첫째, 제자리에서 점프를 한 번 뜁니다. 두 번째, 방에서 곰돌이 인형을 가져 옵니다. 마지막 세 번째, 엄마에게 뽀뽀를 해줍니다."
    "다시 한 번 알려줄게요. 잘 들으세요."

- 아이가 지시 사항을 하나씩 수행할 때마다 칭찬과 격려를 해줍니다.

    "와, 첫 번째 지시 성공. 점프를 아주 힘차게 뛰었군요!"
    "그럼, 이제 두 번째 지시한 것을 해야 하는데요, 두 번째가 무엇이었을까요? 생각이 나나요? 생각 나라! 생각 나라!(응원 구호를 외치듯)"

- 아이가 모든 지시를 완수하면 하이파이브와 큰 포옹으로 마무리해줍니다.

    "미션 성공! 짝짝짝"
    "해야 할 것들이 여러 가지가 있었는데, 모두 잘 기억했구나. 끝까지 잊지 않았어!!"

 **놀이할 때 주의사항 & 응용**

- 2개에서 시작해 5개까지 늘려보세요. 그 이상은 힘든 도전입니다.
- 아이가 제법 잘한다면 시간 도전을 더해도 좋아요. 정해진 시간 내에 지시를 완수하도록 이끄는 것입니다. 불안이 높은 아이라면 처음에는 충분한 시간을 주어 성공할 수 있도록 도와주세요. 이런 성공경험이 불안을 완화시키고 도전할 수 있는 용기를 줄 거예요.
- 지시 사항을 적은 그림은 참고 자료로 사용하고, 언어적 지시를 듣고 기억하도록 지도해주세요. 청각적 주의력이 매우 부족한 아이의 경우에는 지시 사항을 적은 그림을 보일 수 있는 곳에 붙여놓고 아이가 참조할 수 있도록 도와주세요.

 이 놀이의 발달 효과 _ #주의력 #집중력 #기억력 #자존감 #유대감

- 동작이나 활동을 기억하고 순차적으로 수행하기 위해서는 순간집중력, 주의지속력, 그리고 작업기억력이 필요합니다. 이러한 놀이를 자주 하게 되면 아이의 기억력과 주의력이 향상됩니다.
- 과제를 하나하나 수행하면서 아이는 성취감과 유능감을 느끼며 자존감이 높아집니다.
- 아이는 자신을 지원해주는 보호자의 응원을 받으며 유대감이 증진됩니다.

36개월~48개월

"가나다" 노래

같은 음의 말을 찾아내며 어휘력과 상식을 높이는 놀이입니다.

★ 이 놀이가 가능한 월령 : 36개월 ~

★ 준비물 : 없음

놀 | 이 | 방 | 법

- 아이와 주변을 탐색하며 단어 맞추기를 합니다.

  "지수야, (들고 있는 모자를 가리키며) 이 물건의 이름은?"
  "모자?! 딩동댕 맞았습니다."

- <가나다 송>을 부르며 시작합니다.

  "가, 가, '가'자로 시작하는 말은?"
  "'가'자로 시작하는 말이 무엇이 있지? 가위, 가면, 또, 뭐가 있을까?"

- 아이와 함께 단어를 찾아보고 찾은 단어들을 노래에 넣어 부릅니다.

  "와, 우리 지수가 가지를 생각해냈네. 가수! 그래, 가수도 '가'자로 시작하는구나."
  "지수가 찾은 '가'자로 시작하는 말로 다시 노래를 불러보자."

- 아이가 모르는 새로운 단어들도 알려줍니다.

  "'가'자로 시작하는 말 중에 '가발'도 있다."
  "가발은 가짜 머리야. 머리카락이 달린 모자처럼 생겼는데, 머리카락이 없는 사람이나 머리 모양을 바꿔보고 싶은 사람들이 쓰는 거야."

- 첫 음을 바꿔 단어 찾기를 이어 나갑니다.

  "이번엔 '나'로 바꾸자. 나, 나, '나'자로 시작하는 말은?"
  "아, 나비~. 지수가 먼저 찾았네. 엄마는… 나무! 나무 찾았다. 또 '나'자로 시작하는 말이 뭐가 있을까?"

 **놀이할 때 주의사항 & 응용**

- 한글 그림 포스터나 그림 카드를 이용해도 좋아요. 이런 한글자료에는 '가나다'로 시작하는 단어가 글과 그림으로 함께 표시되어 있어 이를 보며 새로운 단어도 알려주고 단어들을 엮어 노래로 부를 수 있어요.
- 아이가 흥미를 갖고 단어 찾기를 하는 것이 가장 중요해요. 즐거운 게임 같은 분위기를 유지하도록 노력하세요.
- 처음부터 가~하까지 한번에 끝내려고 하지 마시고, 가~다, 세 개의 동두음 찾기부터 시작해 다음에는 라~사로 지루하지 않게 끊어서 하시면 됩니다.
- 끝말잇기에도 도전해보세요. 이때 아이를 이겨보겠다고 '마그네슘', '나트륨' 이런 건 하지 마세요.

 이 놀이의 발달 효과_ #어휘력 #성취감 #창의성

- 만 3세가 지난 아이들은 평균 500개의 단어를 사용해 말을 할 수 있고, 그림책에 나오는 사물이나 동물 이름을 대부분 알아요. 주변의 존재들이 모두 이름을 갖고 있다는 것을 알게 되면서 사물의 이름을 아는 것에 매우 적극적인 모습을 보입니다. 보호자가 이름과 정보를 알려준다면 어휘는 물론 상식도 풍부해집니다.
- 어린 아이들도 스스로 탐색하고 발견하며 해답을 찾는 과정을 통해 성취감과 유능감을 느낍니다.
- 아이가 찾아낸 단어들로 노랫말을 지어 부르며 즐거움과 만족감, 그리고 창의성을 발달시키게 됩니다.

36개월~48개월

거미줄 놀이

접착테이프로 만들어진 거미줄에 공을 던지며 신체 및 감정을 발산하고 수 개념도 익히는 놀이입니다.

★ 이 놀이가 가능한 월령 : 36개월 ~

★ 준비물 : 박스용 접착테이프, 이면지나 신문지

놀|이|방|법

- 아이와 이면지나 신문지를 신나게 찢고 구깁니다.

    "이 종이들은 이제 재활용 쓰레기로 가야 해. 그 전에 우리 이걸로 재미있게 놀자!"

- 아이와 함께 바닥의 종이 조각들을 모아 공처럼 만듭니다.

    "어이구, 종이들이 많이 쌓였네. 이걸로 또 다른 재미있는 놀이를 해보자."
    "이제 이것들을 모아 모아서 이렇게 돌돌 꽉꽉 말고 주물러주면 종이 공이 됩니다."

- 박스용 접착테이프를 이용해 방 문틀에 거미줄을 만듭니다.

    "지수야, 지난 번 엄마랑 산책하다가 거미줄 보았있지?! 기다란 줄들이 엮어져서 매달려 있었어."
    "우리 집에도 거미줄을 만들 거야. 이 테이프가 바로 거미줄이지. 테이프를 쭉 뽑아서 여기에 먼저 착 붙이고, 또 이쪽으로 쭉, 착!"

- 접착테이프로 만든 거미줄에 종이공을 힘껏 던지게 합니다.

    "자, 멋진 거미줄이 만들어졌습니다. 그럼, 거미줄에 먹이를 던져줍시다. 바로 바로 이 종이공이 먹이입니다."
    "오우, 이 종이공은 아슬아슬하게 거미줄을 피했군요!"

- 거미줄에 붙은 종이 공을 하나씩 떼어 통에 넣으며 개수를 세어봅니다.

    "오늘 거미가 종이공 먹이를 몇 개나 잡았나?"
    "함께 세어보자! 하나, 둘, 셋…."

 놀이할 때 주의사항 & 응용

- 놀이 전에 거미줄을 관찰했거나 책을 통해 거미에 대해 알고 있으면 더욱 좋아요.
- 아이가 울적하거나 스트레스가 있을 때 감정을 발산하는 방법으로도 활용할 수 있습니다. 종이공을 던지면서 속상한 마음을 소리 내어 말해보게 하면 부정적인 감정표출에 도움이 됩니다.
- 양면 테이프가 아니라면 던지는 방향에 테이프의 접착면이 향할 수 있게 붙이세요.

 이 놀이의 발달 효과 _ #수 개념 #대근육 #자기조절력 #신체조절능력

- 대근육과 신체조절능력이 발달하는 이 시기에는 활동반경이 넓어지며 활동량도 많아집니다. 만일 이 시기에 신나게 뛰어놀거나 에너지를 발산할 수 있는 활동을 제공하지 않으면 산만해지거나 스트레스를 받기 쉽습니다. 안전한 방법으로 에너지를 방출하고 스트레스를 해소할 수 있는 기회를 주어야 합니다.
- 종이를 찢은 후 다시 모아 공을 만들고, 신나게 공을 던진 후 공을 주워 담는 행동을 통해 아이는 에너지를 발산하는 것에 그치지 않고 주변을 정리하고 조절하는 경험까지 하게 되면서 자기조절력을 발달시키게 됩니다.
- 공의 개수를 세면서 자연스럽게 수의 개념을 익히게 됩니다.

36개월~48개월

비눗방울 불기

비눗방울 불기를 통해 심호흡의 원리를 배우며 스트레스 대처요령을 익히는 놀이입니다

★ 이 놀이가 가능한 월령 : 36개월 ~

★ 준비물 : 비눗방울, 빨대

놀|이|방|법

- 아이와 함께 세제를 이용해 비눗방울액을 만듭니다.

    "지수야, 오늘은 비눗방울 놀이를 해볼까? 먼저 비눗방울액부터 만들어야겠네."
    "자, 엄마가 여기에 물과 퐁퐁을 넣었어요. 잘 섞이게 지수가 이 빨대로 저어주세요."

- 비눗방울액이 담긴 통에 빨대를 꽂고 불어 거품을 만들어봅니다.

    "자, 빨대를 후~ 하고 불면 거품이 뽕뽕하고 생긴다!"
    "와, 지수가 거품들을 정말 많이 만들었구나."

- 빨대에 비눗방울액을 묻힌 후, 허공에 대고 불어 비눗방울을 만듭니다.

    "지수야, 이번엔 하늘에 비눗방울을 만들어 날려보자!"
    "자, 후~ 불어보렴! 와, 비눗방울이 하나, 둘, 셋, 넷… 하늘위로 둥둥 날아간다."

- 비눗방울을 크게 만들어보게 합니다.

    "지수야, 이번엔 비눗방울을 하나만, 크게 만들어보자. 숨을 크게 들이마시고 천천히 조금씩 내뱉는거야."

- 아이와 빨대 없이 커다란 비눗방울을 만드는 흉내를 내봅니다.

    "우리 지수가 커다란 비눗방울을 만드는 법을 배웠지. 이제 빨대없이 비눗방울을 크게 부는 것처럼 해보자!"
    "자, 먼저 숨을 크게 들이마시구요, 아주 잘하고 있어요! 천천히 숨을 내뱉어요! 비눗방울이 점점 커지고 있어요! 참 잘했어요."

 **놀이할 때 주의사항 & 응용**

- 비눗방울은 주방세제나 샴푸, 린스, 바디워시 등 거품이 나는 세제를 이용해 가정에서도 쉽게 만들 수 있어요. 좀 더 튼튼한 비눗방울액을 만들기 원하면 글리세린을 이용해보세요. 주방세제 3, 물 3, 글리세린 1의 비율로 섞고 약 사흘간 놔두었다가 사용하면 쉽게 터지지 않는 단단한 비눗방울액이 만들어집니다. 더욱 끈끈하고 튼튼한 비눗방울액을 원하면 올리고당이나 설탕을 살짝 섞어주세요.
- 아기가 비눗방울액을 삼키지 않도록 빨대를 입으로 부는 연습을 확실히 시켜주세요.
- 숨을 내뱉는 속도와 정도에 따라 비눗방울의 크기가 달라지는 것을 알려주세요.

 이 놀이의 발달 효과 _ #언어 #눈-손 협응력 #안정감

- 입술을 움직이고 사용하면 언어발달에 도움이 되는데요. 비눗방울 놀이는 입술을 가장 많이 쓰는 놀이 중의 하나입니다.
- 비눗방울을 눈으로 쫓고 손으로 잡으면서 집중력과 눈-손 협응력도 발달됩니다.
- 긴장을 완화하고 스트레스를 해소하는 데 도움이 되는 대표적인 활동이 바로 심호흡입니다. 하지만 어린 아이들은 심호흡에 대해 잘 알지 못하며 언어적인 설명으로는 심호흡 방법을 배우는데 어려움을 갖습니다. 비눗방울 놀이는 어린 아이들에게 어렵지 않게 심호흡 방법을 알려주는 좋은 방법으로, 평소 즐거운 비눗방울 놀이를 통해 심호흡을 연습시킨 후 스트레스를 받았을 때 심호흡으로 신체를 이완시키도록 지도해주세요.

36개월~48개월

신문지 징검다리

신문지로 징검다리를 만들어 자기편이 무사히 목표지점까지
도달할 수 있도록 도우면서 협동심과 배려심을 키우는 놀이입니다.

★ 이 놀이가 가능한 월령 : 36개월 ~
★ 준비물 : 신문지 2장

놀|이|방|법

- 두 명이 한 팀을 이루고, 먼저 징검다리를 건널 사람을 정합니다.
  "지수야, 누구랑 팀을 할까? 아빠랑, 아니면 엄마랑?"
  "자, 지수랑 아빠랑 같은 팀이야! 지수가 먼저 건너는구나."
- 마룻바닥에 동물 인형들을 늘어놓고 신문지 2장을 놓습니다.
  "자, 이곳은 밀림입니다. 동물들이 많이 있어요."
  "동물에게 잡히지 않으려면 이 신문지 징검다리 위로만 지나가야 해요."
- 징검다리가 계속 이어지도록 같은 팀의 사람이 뒤쪽의 신문지를 앞쪽으로 놓아줍니다.
  "지수가 먼저 건너가기로 했으니까, 지수가 이 신문지를 밟으면 아빠는 뒤쪽에 있는 신문지를 앞으로 놓아줘서 지수가 계속 징검다리를 건널 수 있도록 도와주세요!"
  "어, 신문지 징검다리가 앞에 없습니다. 아~ 지금 아빠가 얼른 신문지 징검다리를 앞에 놓아주었군요!"
- 차례를 바꿔 징검다리 건너기를 합니다.
  "와, 지수가 정말 빠르게 징검다리를 놓아주었네. 덕분에 아빠가 무사히 건넜어요!"

놀이할 때 주의사항 & 응용

- 형제자매가 있을 경우, 아이들 팀, 보호자 팀으로 나누어 해도 좋아요. 또한 또래들과 함께 할 수도 있는데, 아이들이 많다면 두 팀이 동시에 출발하여 먼저 들어온 팀이 이긴 것으로 규칙을 정하면 됩니다. 이때 지나치게 경쟁적이 되지 않도록 승

리에만 초점을 두는 것이 아니라 서로 협동한 것, 놀이과정 중 즐거웠던 장면에 대해 더욱 많이 이야기해주세요.
- 한 팀으로 진행할 경우에는 타이머를 설정해놓고 정해놓은 시간 내에 도착하는 것에 도전해볼 수 있어요. 이때도 아이가 승패에 너무 연연해하지 않도록 놀이 과정이나 아이의 노력에 더욱 많은 관심을 보여주세요.
- 같은 팀이 아닌 사람이 징검다리 주변에서 동물 흉내를 내면서 재미와 스릴을 느끼게 하는 것도 좋아요.

 이 놀이의 발달 효과 _ #협동심 #배려심 #사회성 #자기 긍정감

- 만 3세가 되면 대부분의 아이들은 단체생활을 시작하면서 또래와 함께 놀고 활동하며 기본적인 규칙을 지키고 협동하는 것을 요구받지요. 무조건 "친구를 도와줘야지!", "함께 해야지!"라고 훈계하거나 야단치기보다는 놀이활동을 통해 협동하고 이에 대한 칭찬과 격려를 받을 때 사회성이 발달되고 자기 긍정감이 높아집니다.
- 어린 아이들은 아직 자기중심성이 높아 원하는 대로 되지 않거나 지면 몹시 화를 내거나 수치심을 느끼게 됩니다. 신체활동 게임을 팀을 이루어 하게 되면 승패에 대해 좀 더 관대해지면서 심리적 부담감이 줄어듭니다. 또한 이런 놀이를 할 때 승패보다는 활동과정이나 노력에 더 많은 관심을 보여준다면, 과도한 승부욕이나 패배에 대한 지나친 좌절감을 경험하지 않으며 승패를 보다 잘 받아들이는 아이로 성장하게 됩니다.

36개월~48개월

사라져라, 도깨비

두려움을 느끼는 대상을 그리고 위에 덧칠하면서 두려움을 극복해보는 놀이입니다.

★ 이 놀이가 가능한 월령 : 36개월 ~

★ 준비물 : 종이, 그림 도구

놀|이|방|법

- 아이가 무서워하는 것에 대해 이야기를 나눕니다.

    "우리 지수는 어떤 게 제일 무서워?"
    "도깨비가 나타날까봐 무섭구나. 도깨비가 지수를 잡아갈까봐~"

- 아이에게 무서워하는 것을 그림으로 그려보게 합니다.

    "이 종이에 지수가 무서워하는 도깨비를 그려보자!"
    "지수가 싫어하는 거니까, 밉게 그려도 돼!"

- 아이에게 그림에 그려진 두려움의 대상에게 말을 걸어보게 합니다.

    "우~ 이게 바로 우리 지수가 무서워하는 도깨비구나!"
    "지수야, 이 도깨비한테 하고 싶은 말을 다 해보자!"

- 어두운 색의 색연필이나 크레파스를 이용해 그림 위에 덧칠하게 합니다.

    "검은 색으로 칠해서 도깨비를 사라지게 하자!"

- 아이와 함께 두려운 대상을 없애는 여러 가지 방법에 대해 생각해봅니다.

    "이제 도깨비는 검은색 감옥에 갇혀 버렸네!"
    "또 어떻게 해줄까? 아, 이 종이를 찢어서 버리고 싶다고? 그럼, 그렇게 하자."

놀이할 때 주의사항 & 응용

- 아이가 두려워하는 대상에 대해 이야기할 때 충분히 들어주세요. 섣불리 "괜찮아", "그런 건 없어!"라고 말하지 않도록 주의하세요. 이렇게 말하면 아이는 자신의 생각과 감정이 거절당했다고 느낄 수 있답니다.
- 덧칠을 할 때는 아이가 통제력을 느낄 수 있도록 유쾌하고 즐거운 어투로 "이 도깨비야, 사라져라!", "이제 넌 여기서 못나온다!"라고 함께 말해주세요.
- 아이와 함께 자신을 지켜줄 수 있는 영웅의 그림을 그리거나 힘과 용기를 주는 주문을 만들어 말해보는 것도 두려움이 많은 아이에게는 위안이 되는 활동입니다.

이 놀이의 발달 효과 _ #상상력 #긍정감

- 유아기 아이들은 상상력이 풍부해지고 괴물, 도깨비, 귀신 등 상상 속의 대상을 떠올리며 두려움을 느끼게 됩니다. 어른들은 이러한 두려움이 유치하고 비현실적이라고 생각하여 "그런 건 없어!", "그게 뭐가 무서워?"라고 말하기 쉬운데, 아이들은 보호자가 자신을 도와주지 않는다고 느끼며 더욱 불안해할 수 있습니다.
- 오히려 보호자가 아이의 두려움에 대해 충분히 이야기를 나누고 그림도 그리며 구체화시켰을 때 두려움이 감소할 수 있으며, 더 나아가 놀이라는 상징적인 방법으로 두려움의 대상을 제거하고 힘을 갖출 때 극복할 수 있습니다.

36개월~48개월

선행 체험

> 새로운 상황을 두려워하는 아이와 상황극을 하며 두려움을 낮추고 적응력을 높여주는 놀이입니다.

★ 이 놀이가 가능한 월령 : 36개월 ~
★ 준비물 : 상황극에 필요한 소품들

놀|이|방|법

- 아이가 앞두고 있는 상황에 대해 이야기를 나눕니다.
  "지수가 치과를 가면 무엇을 하게 될지 궁금하지? 그래서 오늘은 치과 놀이를 하려고."
- 상황극을 하기 전 아이의 걱정과 두려움, 혹은 궁금증을 충분히 들어줍니다.
  "지수는 어떤 게 제일 걱정되니? 치과에서도 엉덩이 주사를 맞는지 궁금하구나."
- 상황극을 시작합니다.
  "엄마는 치과를 많이 가봐서 치과에서 무엇을 하는지 잘 알고 있거든. 그러니 지금은 엄마가 치과의사선생님을 할게. 우리 지수는 그냥 지수면 되겠다."
- 아이가 경험하게 될 절차들을 놀이를 통해 보여줍니다.
  "자, 아~ 하세요. 걱정하지 마세요. 자, 입에 살짝 뭘 넣을 거예요. 말랑하다고 젤리처럼 먹으면 안 돼요(웃으며). 이건요, 계속 입 벌리고 있으면 힘들까봐 입이 다물어지지 않게 도와주는 거예요."
  "이번엔 약을 바를 거에요. 이건 마법약인데, 아프지 않게 도와준답니다."
- 놀이를 끝낸 후, 아이와 이야기를 나눕니다.
  "치과에 대해 또 궁금한 것 있니? 있으면 엄마가 아는 대로 말해줄게."

 놀이할 때 주의사항 & 응용

- 어린이집이나 유치원 입학, 혼자 하는 심부름 등 아이가 처음 하는 일들을 역할놀이

로 먼저 연습할 수 있게 해주세요. 관련된 책을 읽고 역할놀이를 할 수도 있습니다.
- 역할을 바꿔 아이가 어린이집 선생님이나 의사선생님을 해보는 것도 좋아요.
- 실제 사용하는 물건이나 도구 등을 직접 놀이에 사용하거나 사진을 구해 오려서 역할놀이 할 때 사용하면 더욱 실감 납니다.
- 역할놀이 시 지나친 미화나 거짓말을 하지 않는 게 좋습니다. "하나도 아프지 않아!", "선생님은 천사야!"보다는 "마취주사는 꼬집혔을 때의 따끔한 기분이랑 비슷해!", "선생님도 잘못된 행동에는 야단치지만 그렇지 않을 때는 친절하고 다정해요"와 같이 말해주는 게 좋습니다. 반대로 "우는 건 아기나 하는 거야!", "선생님 말을 안 들으면 유치원에서 쫓겨나!" 등 겁을 주는 말은 하지 않아야 합니다.
- 아이가 경험하게 될 불편감을 약간은 느끼게 해주는 것도 놀이할 때 필요합니다. 예를 들어 치과 놀이를 할 때는 숟가락을 치과 도구처럼 사용하며 이빨을 톡톡 치거나 누르는 흉내도 내어 차가운 느낌도 경험할 수 있도록 합니다. 이와 함께 입을 헹구거나 자리에 앉아 기다리는 것과 같은 아이가 해야 할 일들도 놀이로 미리 연습시켜야 합니다. 이러한 모든 과정은 즐겁고 유쾌하게 진행되어야 합니다.

 이 놀이의 발달 효과_ #적응력 #이해력 #상황 통제력

- 치과에 대한 공포는 아이뿐 아니라 어른에게도 크게 느껴집니다. 연구결과에 따르면 아이들이 역할놀이를 통해 치과 진료 과정을 알게 되었을 때 두려움이 감소하고 보다 진료에 협조적이라고 합니다.
- 아이들은 자신이 잘 알지 못하는 것, 어떤 일이 일어날지 예측이 안 될 때 두려움을 크게 느낍니다. 상상력이 활발한 유아기에는 때로 실제보다 더욱 과장되거나 두려운 상상을 하여 공포에 휩싸이기도 합니다. 아이가 경험하게 될 일들에 대해 현실적인 정보를 주는 것은 불안을 야기하는 상상을 줄여주는 데 도움이 됩니다.
- 역할놀이를 통해 아이는 상황에 대한 이해력과 통제력을 발달시키게 됩니다.

36개월~48개월

글자 탐정

자기 이름이 들어간 글자를 주변에서 찾으면서
시각적 관찰력과 문자에 대한 인식을 발달시키는 놀이입니다.

★ 이 놀이가 가능한 월령 : 36개월 ~
★ 준비물 : 종이, 필기도구, 견출지

놀|이|방|법

- 아이의 이름을 종이에 크게 써줍니다.

  "박, 지, 수!! 엄마가 우리 지수 이름을 썼다."
  "이게 '박'이고 바로 이게 '지', 이 마지막 글자는 뭘까요? 그래 맞았어! '수'!"

- 이름표 견출지에 아이의 이름을 쓴 후, 아이 물건에 견출지를 붙입니다.

  "우리 지수 것에 '이건 지수 꺼예요.'라고 표시하자. 지수 이름표를 붙이면 돼."
  "지수 신발 주머니에도 붙이고, 지수 색연필에도 붙였다!"

- 주변에 있는 사물 중에 아이 이름과 같은 글자가 들어간 사물을 찾아봅니다.

  "우리 지수 이름은 박 지수. 어, 지수야, 여기 수박은 박 지수할 때 '박'자랑 '수'자, 지수 이름 글자와 똑같은 글자가 2개나 들어있다!"

- 글자 중에서 아이 이름에 들어간 글자가 있는 것을 찾아봅니다.

  "지수야, 이 물병 한 번 봐봐, 여기에 어디서 많이 본 글자가 있네."
  "그래, 이거 '수'자야! 지수할 때 '수'자가 이 물병에 써 있네. 이건 삼다수구나."

 놀이할 때 주의사항 & 응용

- 아이가 글자에 관심을 보이기 시작할 때 하면 더욱 좋습니다.
- 아이가 따라 쓰기를 원하면 격려해주세요. 이때 부모가 아이의 이름을 흐린 색으로 써놓고 그 위에 아이가 진한 색으로 따라 써보게 하면 좀 더 쉽게 따라 쓸 수 있

습니다. 아직 글자를 깔끔하게, 획순에 맞춰 쓸 수 있을 정도로 손목의 힘이나 미세운동 협응력이 충분히 발달하지 않았기 때문에 흉내를 내거나 관심을 갖는 것에 칭찬하는 정도로만 해주시면 됩니다.
- 식당이나 공공장소에서 기다려야 할 때 주변을 둘러보며 글자 찾기를 하면 지루하지 않게 시간을 보낼 수 있습니다.
- 아이가 자기 이름을 잘 인지하게 되면 보호자의 이름을 보여주고 주변 글자에서 부모 이름 찾기를 해보세요.

 이 놀이의 발달 효과 _ #관찰력 #인식력 #이해력 #인내심

- 글을 읽으려면 시각 정보로 문자를 인식하고 의미를 이해하는 능력이 발달해야 합니다. 즉, 글만 읽는 것이 중요한 게 아니라 글이 가진 의미를 이해하는 능력 또한 발달해야 하지요. 만 3세 정도의 아이들은 글자에 관심을 갖기 시작하는데, 의미를 이해하는 능력이 발달되었다는 뜻은 아닙니다. 이 시기에는 아이들의 글자에 대한 관심을 충분히 격려해주고, 모든 사물이나 현상에는 이름이 있고 이것들이 글자로 표현될 수 있다는 것에 대해 알려주시는 것만으로도 충분한 문자교육이 됩니다.
- 글자를 찾으며 아이는 글자를 유심히 보는 시각적 관찰력과 이를 기억해 찾아내는 시각적 재인 능력을 발달시킬 수 있게 됩니다.
- 놀이를 통해 아이는 즐거움과 인내심, 그리고 성취감과 함께 글자에 대한 좀 더 강한 호기심을 느끼게 되어 문자 교육을 좀 더 수월하게 할 수 있습니다.

36개월~48개월

인터뷰 게임

자기소개를 하고 질문에 적절히 대답하며 자기 인식과 의사소통능력을 발달시키는 놀이입니다.

★ 이 놀이가 가능한 월령 : 36개월 ~

★ 준비물 : 장난감 마이크, 휴대전화

놀|이|방|법

- 아이와 방송국 놀이를 준비합니다.

  "방송국 놀이를 해보자."
  "그러면 먼저 방송국처럼 꾸며야겠는데?! 뉴스할 때보니까, 책상이랑 의자, 그리고 마이크가 있더라. 카메라는 엄마 휴대전화로 하면 되고!"

- 부모가 진행자, 아이를 게스트로 정해 시작합니다.

  "엄마는 진행하는 사회자야. 너는 손님!"
  "엄마가 네 이름을 부르면 '짠' 하고 나타나면 돼!"

- 아이가 꼭 알아야 할 기본 정보에 대한 질문부터 합니다.

  "안녕하세요? 이름이 무엇이죠? 몇 살인가요?"
  "사는 곳은 어디신가요? 누구누구와 함께 살고 있으신가요? 아빠 이름은? 전화번호도 알고 계시나요?"

- 아이의 관심사나 흥밋거리, 경험에 대한 질문도 해봅니다.

  "유치원을 다니신다고요?! 제일 친한 친구 이름은 무엇입니까?"
  "크리스마스에 산타할아버지에게 받고 싶은 선물은? 왜죠?"

- 아이와 역할을 바꾸어서 해봅니다.

  "이번엔 지수가 사회자가 되었네."
  "안녕하세요? 박 지수 사회자님! 만나서 반갑습니다."

 놀이할 때 주의사항 & 응용

- 보통 만 3세 아이는 문장으로 말하는 것에 어려움이 없고, 질문을 하거나 질문에 답변하는 능력이 발달하지만, 조금 더디게 발달하는 아이들도 있어요. 아직 문장으로 말하는 것에 서툴다면 이 놀이를 지금 당장 할 필요는 없습니다. 보호자가 다양한 단어들과 간단한 문장을 좀 더 자주 말해주는 시범을 보여주는 것부터 하시고, 말이 좀 더 트인 다음에 인터뷰 게임을 해보세요.
- 이름, 나이, 사는 곳, 부모 이름, 전화번호 등은 아이들이 꼭 알아야 할 기초 정보입니다. 놀이할 때 자연스럽게 이와 관련된 정보를 물어보세요.
- 놀이동산에서 길을 잃거나 마트에서 부모를 놓쳤을 때를 상황극으로 만들어 도움을 청하거나 위기에 대처하는 방식을 익히게 하는 것도 좋습니다.
- 부모가 먼저 진행자 역할을 하여 질문을 하는 법을 시범 보여주세요.

 이 놀이의 발달 효과 _ #자기인식 #의사소통 기술 #기억력

- 이 시기의 아이들은 한층 좋아진 운동능력과 호기심으로 인해 활동반경이 커지면서 가끔 길을 잃거나 보호자를 놓치는 경우가 종종 발생합니다. 이때 아이가 자신과 가족에 대한 신상정보를 아는 것은 매우 중요합니다. 단순히 "외워야 해!"라고 말하는 것보다 즐거운 놀이로 배우게 할 때 아이들은 보다 잘 기억할 수 있습니다.
- 유아기의 아이들은 상대방의 말을 듣는 것보다 자기 말을 하는 것에 심취하는 경향이 있습니다. 때문에 대화가 때로는 일방적으로 진행될 때가 많지요. 상대의 말을 경청하고 기다려주는 것, 순서대로 말하는 것은 올바른 의사소통의 기본입니다. 인터뷰 게임을 통해 이러한 의사소통의 기본을 익히고, 질문에 맞는 적절한 답을 할 수 있는 의사소통 기술을 익힐 수 있습니다.

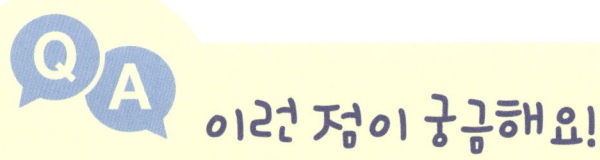

#놀이 #책 읽기 #역할놀이

Q. 하루에 책을 2권 정도는 읽어주려고 노력하는데, 책을 읽어주면 아이가 끝까지 듣지 않고 도중에 자꾸 질문을 하거나 생각나는 걸 말해서 독서의 흐름이 끊겨요. 책의 내용도 이어지지 않고, 산만해지는 것은 아닌가 걱정입니다.

: 먼저 책을 읽는 목적이 무엇인지 생각해보는 게 필요할 것 같아요. 아이들이 읽는 책에는 대단한 지식과 정보 대신 새로운 어휘나 상상력을 자극할 수 있는 재밌는 이야기가 가득하지요. 유아기에는 어휘를 습득하고 상상의 나래를 펼치며 창의성과 사고력을 발달시키는 것이 독서의 목적이기 때문입니다.

아이가 책을 읽으면서 모르는 단어가 나올 때 묻고, 떠오른 것을 이야기를 한다면 아이는 책을 읽는 목적을 충실히 따르고 있는 것입니다. 책을 읽다가 아이가 질문을 하고 자신의 생각을 말할 때 초조해하지 마시고 충분히 듣고 반응해주세요. 자신의 궁금증을 해소하고, 생각을 부모와 충분히 나눴다면 그 다음 이야기를 궁금해 하며 빨리 읽어달라고 재촉할 것입니다.

아직 어린 아이들은 기억력과 사고력이 성인에 비해 매우 미숙하므로 책 하나를 완전히 이해할 때까지 열댓 번을 반복해서 읽게 될 것입니다. 반복의 효과로 마침내 매우 상세한 부분까지 아는 날이 오게 되니 책의 내용을 모를까봐 걱정하실 필요는 없습니다.

Q. 아이가 역할놀이를 매우 좋아하고 엄마, 아빠와 함께 하기를 원하지만 너무 자기식대로만 해서 놀아주기 힘듭니다. 대사까지 하나하나 정해주고 조금만 다르게 하면 짜증을 내요. 아이의 놀이니까 그냥 따라줘야 할까요?

: 아이가 놀이에서 주도성을 갖는 것은 중요한 것이지만 주도성은 독재나 일방성과 다릅니다. 특히 타인과 함께 하는 역할놀이에서는 상호호혜성이 주도성만큼 중요합니다. 상호호혜성은 한쪽의 이익만을 추구하는 것이 아닌 주고받는 것 혹은 받은 만큼 돌려주는 관계를 의미하는 것으로, 역할놀이는 상호호혜성을 기반으로 이루어집니다. 역할놀이는 상상력 발달은 물론 사회적 이해력과 사회적 기술을 높이는 데 탁월한 효과를 보이는데, 바로 역할놀이를 통해 '상호호혜성'을 경험하고 익힐 수 있기 때문입니다.

역할놀이를 할 때 보호자는 아이의 놀이파트너 역할을 하면서 주고받는 관계를 경험할 수 있도록 도와주셔야 합니다. 아이가 보호자가 맡은 역할의 말과 행동까지 다 정해준다면 살짝 미소를 지으면서 다음과 같이 말해주세요. "엄마가 지금 소방관을 하는 거니까 엄마가 할게. 너는 너의 경찰관을 하고, 엄마는 엄마의 소방관을 하면 되지." 어떤 아이는 엄마가 이렇게 말하면 함께 놀지 않겠다며 삐지기도 하는데요. 이때 엄마는 함께 하지 못하는 것에 대한 아쉬움을 살짝 말해주고 엄마가 맡고 있는 역할을 재밌게 진행하면서 아이와 함께할 기회를 엿보시면 됩니다.

'재미'는 거부하기에 너무 강력해서 아이는 결국 보호자와 함께 놀이를 하게 될 것이고, 놀이를 끝낸 후에는 "와, 오늘 정말 즐거웠단다. 엄마의 생각을 말하고 놀이할 수 있게 네가 기다려주어서 더 재밌었던 거 같아"라며 아이의 변화에 대해 격려해주세요.

Q. 아기 때부터 책을 읽어주면 잘 듣는 아이였어요. 지금 40개월인데, 집에서도 많은 시간을 책을 읽으며 보내요. 얼마 전 어린이집 선생님이 어린이집에서 독서 영역에서 책만 읽는다며 걱정이 된다고 하셨는데요. 아이가 책을 좋아하는 것에 그동안 내심 뿌듯했는데, 그게 꼭 좋은 것만은 아닌가요?

: 0~5세 동안 아이들의 뇌는 폭발적으로 성장발달합니다. 어느 한쪽만 발달하는 게 아니라 전뇌가 발달하는 시기입니다. 운동, 언어, 감정 등 모든 영역을 관장하는 뇌가 발달하는 시기이기 때문에 다양한 발달자극을 제공해야 합니다. 발달자극은 아이들의 뇌 성장에 필요한 일종의 먹이로, 편식을 하면 영양불균형으로 아이들의 건강이 나빠지는 것처럼 편중된 자극만을 얻게 되면 아이의 뇌도 불균형하게 발달하게 됩니다.

어떤 아이들은 출생하면서부터 다소 불균형한 뇌 발달을 보이는데, 이 경우 발달이 미숙한 뇌 영역의 발달을 촉진시키는 자극을 좀 더 의도적으로 제공해야 할 필요도 있습니다. 아이들은 자신이 가진 능력 중 좋은 것을 더 자주 사용하고 미숙한 영역은 사용하지 않으려고 합니다. 그래서인지 책만 읽는 아이들의 상당수가 운동이나 조작에서 서투름을 보이는 경우가 많습니다. 경험이 다양하지 않을 때, 아이들은 자신에게 익숙한 활동만을 하려고 합니다. 만일 아이가 특정 놀이만을 고집한다면 혹시 아이에게 너무 편향된 발달자극만을 제공한 것은 아닌지, 혹은 다른 놀이를 하기 위해 필요한 발달능력이 미숙한 것은 아닌지 살펴볼 필요가 있습니다.

Q. 아이가 눈만 뜨면 놀아달라고 보채는데, 아이가 하자고 하는 건 재미가 없어서 저도 함께 즐길 수 있는 보드게임을 해보려고 해요. 이제 막 36개월이 지났는데, 아이와 보드게임을 해도 될까요?

: 아이들의 발달수준에 따른 놀이단계를 보면 게임놀이는 초등학교 이후에 가장 활발히 나타납니다. 이는 만 6세 정도의 인지발달수준이 되어야 승패가 있고 규칙이 있는 게임의 특성을 받아들이고 이해하며 즐겁게 놀이할 수 있음을 의미합니다. 물론 걸음마기 아기들도 게임에 대해 관심을 나타내고 유치원 시기에 게임을 즐기기도 하지만, 영유아기에 주로 하는 게임은 신체활동게임이 대부분으로, 신체적인 즐거움을 주고 규칙이나 승부가 명확하지 않은 (혹은 중요하지 않은) 특성을 지니고 있습니다.

반면 보드게임은 꽤 복잡한 게임 규칙이 있고, 승패가 명확히 나눠지는 것이어서 규칙을 이해할 수 있을 정도의 언어 및 인지발달을 갖추지 못했거나 패배와 같은 좌절감을 다룰 수 있는 자기조절력이 발달되어 있지 않으면 즐겁기는커녕 스트레스를 주는 활동이 됩니다. 따라서 어린 유아와 보드게임을 할 때에는 유아용으로 제작된 규칙이 비교적 단순한 게임을 선택해야 하며, 대소근육을 이용해서 하는, 레크리에이션 게임과 같은 신체활동 게임을 함께 하는 것이 더 좋습니다.

#말 #발음 #혼잣말 #언어발달 #한글 공부

Q. 우리 아이는 말은 많은데 발음이 별로 좋지 않은 것 같아 걱정이에요. 이제 38개월인데 아직도 호랑이를 "호당이"라고 하고, 버스를 "뻐뜨"라고 해요. 왜 아직도 아기처럼 말하는지 모르겠어요.

: 세 돌 전후로 아이들의 언어가 폭발적으로 증가하면서 부모님들의 아이에 대한 기대도 그만큼 높아지는 경향이 있는 것 같아요. 그러다보니 아이가 불분명한 발음으로

말하거나 말을 더듬으면 혹시 언어발달 지연이 있는 것은 아닌지 크게 걱정을 하시면서 아이에게 똑바로 말해보라고 지적하거나 따라 말해보라고 강요하는 경우들이 종종 있습니다. 하지만 이런 교정 방법은 오히려 아이의 말문을 막아버리거나 위축되게 만들 수 있으므로 피하셔야 합니다.

어떤 아이들은 어린 나이임에도 불구하고 또렷한 발음을 구사하기도 하지만 대부분의 아이들은 만 5~6세가 되어야 성인과 같은 수준으로 발음할 수 있습니다. 연령에 따라 발음이 어려운 자음들이 있는데, 2~3세에는 'ㄴ,ㅁ,ㅂ,ㄷ' 발음이 완성되고, 3~5세 때 'ㄱ,ㅈ', 5세가 되어야 'ㄹ,ㅅ'을 발음할 수 있게 됩니다. 따라서 이제 겨우 38개월인 아이가 '호당이'라고 말하는 것은 지극히 당연한 것일 수 있습니다. 이때 아이를 놀리지 말고, "아, 호랑이!"라고 적절한 발음으로 다시 말해주면 됩니다. 나이가 들면서 자연히 발음이 좋아지는 경우가 대부분이지만, 만일 만 6세가 지났는데 특정음의 발음이 되지 않는다면 잘못된 언어습관이나 구강구조의 문제가 있을 가능성이 있으므로 언어 평가를 받는 것이 좋습니다.

Q. 아이가 블록을 만들면서 혼잣말을 중얼거릴 때가 많아요. 혼자 "아냐, 아니라고!", "그렇게 하면 안 되지!", "맞아, 맞아"라고 말하더라구요. 어떻게 지도하면 좋을까요?

: 혼잣말은 아이들에게 그리 드물게 나타나는 일은 아니에요. 저명한 인지발달이론가인 피아제는 아이들이 유독 혼잣말을 많이 하는 이유를 인지적 미성숙 때문으로 보았어요. 미취학 시기의 아이들은 공감능력이 부족하고 자기중심성이 높은데, 이런 자기중심적 성향이 혼잣말로 나타나는 것이며, 자기중심성이 감소하는 만 6세 이후에는 자연스럽게 혼잣말도 감소한다고 보았습니다. 아이가 가끔 혼잣말을 한다고 해서 너무 심각하게 반응하실 필요는 없어요.

혼잣말이 아이들에게만 나타나는 것은 아니죠. 가끔 어른들도 결의를 다질 때 혼자서 "화이팅!"을 외치기도 하고, 어떤 과제를 해결해야 할 때 "아! 어떻게 해야 하지?!" 하고 중얼거리기도 합니다. 아이들도 마찬가지입니다. 블록이나 종이접기가 마음대로 안 될 때, "먼저 이걸 여기에 꽂고, 그 다음엔…" 하는 혼잣말을 해요. 이처럼 어떤 문제를 해결하거나 다짐을 할 때 아이와 어른 모두 혼잣말을 할 때가 있으며 이런 종류의 혼잣말은 문제해결과 자기조절력에 도움이 된다고 알려져 있습니다.

아이가 블록을 만들 때 했던 말들을 잘 들어보면 이 아이 역시 나름의 문제해결을 해나가는 과정으로 보여지고, 걱정할 만한 행동이 결코 아닙니다. 따라서 아무런 반응을 하지 않아도 되고, 옆에서 지켜보다가 "블록을 어떻게 쌓을지 생각하고 있구나!" 정도로만 반응해주시면 됩니다.

Q. 세 돌이 지나니 주변에서 한글 공부를 시작하는 아이들이 있어요. 우리 아이는 한글에는 별 관심을 보이지 않아요. 한글 공부는 언제 시키는 게 가장 좋을까요?

: 요즘은 집에서 부모님께 한글을 배우는 아이들은 거의 없고, 대부분 방문교사의 도움을 받아 한글을 떼는 것 같아요. 공부와 운전은 가족에게 배우지 말라는 말이 있는 것처럼 부모가 아이에게 한글을 가르치다가 짜증내고 싸우는 것보다는 교사의 도움을 받는 것도 나쁘지는 않은데요. 문제는 너무 일찍 시키는 것입니다. 만 5세 이전에 굳이 문자를 읽고 쓰는 교육을 시킬 필요가 없습니다. 이 시기의 문자교육은 문자라는 상징에 익숙해지고 관심을 갖게 하는 정도가 딱 적당합니다.

자신의 이름이나 자신이 알고 있는 사물들이 글자로 표현될 수 있다는 것에 흥미를 느끼고 궁금해하기 시작하면서 아이들은 글자를 배우고 사용하고 싶다는 내적 동기를 가지게 됩니다. 이러한 동기가 있고, 손목을 움직이고 조절할 수 있는 미세운동 협응력이 갖춰졌을 때 한글 공부를 시작하는 것이 가장 좋습니다. 만 3세때 한글 공부를 시작하면 1~2년이 지나야 한글을 떼게 되지만, 만 6세가 가까워지면 몇 달만에 손쉽게 한글을 익히게 됩니다. 아이가 아직 한글에 관심이 없다면 놀이를 통해 자연스럽게 한글을 접해주는 것부터 시작하세요. 즐거운 놀이는 자꾸 반복해서 하고 싶기 때문에 한글에 대한 관심이 점차 높아지게 될 것입니다.

#어린이집 #친구 #싸움 #칭찬하는법 (1단계 하위)

Q. 친구들과 놀고 싶어해서 기회를 만들어주려고 노력하고 있는데, 잘 놀다가도 10여 분만 지나면 꼭 싸움이 일어나요. 먼저 하겠다고 싸우고, 망가뜨렸다고 싸우고, 내 꺼라고 싸웁니다. 말리는 것도 힘들어서 그냥 안고 나와 상황을 피하는데요. 좀 더 클 때 까지 또래와 만나지 않아도 괜찮을까요?

: 세 돌이 지나면 또래에 대한 관심이 증가하면서 혼자 놀기보다는 친구와 함께 놀고 싶어하지만 아직 사회성 기술이 부족하고 '친구에 대한 개념'도 미숙하기 때문에 충돌이 자주 일어나곤 합니다. 이 시기 아이들은 친구를 일시적인 놀이상대로 여기며 자신의 욕구나 흥미, 필요에 따라 함께하고, 필요가 없다고 생각하면 다른 상대를 찾아나서기 때문에 갈등이 생기면 또래관계는 금세 깨어지게 됩니다. 또한 자기중심적 경향으로 인해 양보나 배려가 힘들고, 제한된 인지능력은 갈등이나 문제의 효과적인 해결을 방해합니다. 즉, 이 시기 아이들은 또래와 함께하기를 즐기지만 또래관계를 유지하고 갈등을 해결하는 데는 어려움이 많다는 것을 의미합니다.

따라서 부모와 교사와 같은 성인들의 도움이 필요합니다. 갈등이 발생한다고 계속 피하기만 하면 아이들은 성장하여서도 효과적인 문제해결방법을 배울 수 없으므로 부모는 또래와 함께 하는 기회를 꾸준히 마련해주면서 이와 함께 예견되는 또래갈등을 해결하기 위한 방법을 모색하고 이에 맞춰 지도해주어야 합니다. 나누기, 순서 지키기, 기다리기, 소유 구분하기 등과 같은 사회성과 관련된 기본 규칙, 규범에 대해 꾸준히 알려주고, 가정에서도 아이와 놀 때 이러한 규칙을 알려주고 지킬 수 있도록 격려해주세요.

Q. 올해부터 유치원을 다니기 시작했어요. 유치원에서 정리정돈도 일등으로 하고, 선생님 말도 잘 듣는 모범생이라며 칭찬을 많이 해주셨어요. 그런데, 집에서는 절대 치우지도 않고, 엄마의 말은 들은 척도 안하거든요. 이중인격을 보이는 우리 아이, 왜 그런가요?

: 아이들은 아직 옳고 그름에 대한 판단능력이 부족하기 때문에 주변 사람들이 자신을 대하는 태도에 따라 옳은 행동이나 잘못된 행동을 지속하기도 합니다. 만일 자신이 특정행동을 했을 때 일관성 있게 제한이나 불이익을 받았다면 아이는 그 행동을 덜하게 될 것이며, 반대로 칭찬과 보상을 받았던 행동은 더 많이 하게 될 것입니다.

아마도 아이는 유치원에서 정리정돈을 했을 때 교사로부터 칭찬과 인정을 받았을 것이며, 치우지 않거나 교사의 지시를 듣지 않는 아이가 훈계를 받는 모습도 관찰했을 것입니다. 그 과정에서 아이는 교사가 자신에게 무엇을 기대하며, 어떤 행동을 했을 때 보상을 받게 되는지 분명히 인지하면서 유치원에서는 바른 행동을 하였을 것입니다.

반면 집에서는 엄마가 장난감을 치우라고 잔소리를 하며 야단도 치지만 자신이 치우지 않으면 결국 엄마가 치우는 일이 반복되면서 굳이 엄마의 말을 따르지 않아도 별다른 불이익이 없다는 것을 깨우치게 되었겠지요. 아직 어린 아이들이 이렇게 상황에 따라 다르게 행동하는 것을 보면 영악하게 느껴질 수도 있겠지만 사실 이러한 태도는 영악함이 아니라 미숙함 때문입니다. 유아기에는 도덕적 판단력이나 자기 조절력이 미숙하기 때문에 주변 환경에 따라 반응하는 것입니다. 아이를 나무라기 전에 어른이 먼저 아이를 잘 이끌어주었는지부터 살펴봐야 할 것입니다.

Q. 저는 평소에 칭찬을 많이 해주는 편입니다. 그래도 우리 아이는 그림을 그리거나 만들기를 한 후에 꼭 "엄마, 나 잘했어?"라고 물어봐요. 그럴 때마다 잘했다고 듬뿍 칭찬을 해주는데 아이가 별로 좋아하지도 않고, 믿는 것 같지도 않아요. 저의 칭찬하는 방법이 잘못된 걸까요?

: 너무 자주, 과장되게 칭찬을 하면 오히려 부모의 칭찬을 믿지 못하거나 칭찬의 노예가 될 수 있습니다. 특히, "잘했어", "최고야!", "1등", "완벽해!" 같은 칭찬은 뭐든지 최고가 되어야 한다는 생각을 불러 일으켜 일등 강박을 만들 수 있고, 칭찬을 듣지 못하면 불안해지게 될 수 있습니다. 너무 과한 칭찬이나 결과 위주의 칭찬보다는 아이의 노력이나 의도, 과정들에 초점을 두는 칭찬이 좋고, 아이와 아이가 하는 일에 대해 진실된 관심을 보여주거나 격려해주는 것이 가장 효과적인 칭찬입니다. 아이가 만들기를 했다면 "잘 만들었네!"라고 말하기보다는 "와, 여러 가지 종이 상자들을 이용해 만들었구나. 이어 붙이는 건 쉬운 일이 아닌데, 이걸 어떻게 했지?!"라고 말해주는 것이 더 좋습니다.

아이에게 칭찬을 해주면 그 말을 믿고 의기양양해질 것이라 생각하지만, 만 3세가 넘은 아이들은 칭찬을 곧이곧대로 받아들이지 않습니다. 이 시기의 아이들은 자신의 수행을 평가할 때 나름의 기준을 갖고 판단하기 때문에 스스로 만족하지 못했는데 부모가 "아니야, 너무 너무 잘했어! 최고야!"라고 말하면 아이는 부모의 칭찬을 과장되거나 거짓인 것으로 생각하게 될 수 있습니다.

따라서 아이가 자신의 작품에 불만족을 표시할 때는 지나치게 위로하거나 과장된 칭찬을 하기보다는 아이의 마음을 수용해주며 공감해주는 것이 더 좋습니다. "흠~ 너는 네가 만든 것이 썩 맘에 들지는 않는구나. 네가 생각했던 대로 잘 되지 않았나보다. 그래서 아쉽구나,"처럼 반응해주며, "어떤 점을 고치고 싶니?"라고 묻고 이에 대한 대화를 나누면서 더 낫게 발전하고자 하는 아이의 마음과 노력에 대해 격려해주세요.

0~5세 뇌가 쑥쑥 자라는 놀이 육아

초판 1쇄 발행 2020년 1월 17일
초판 16쇄 발행 2025년 8월 14일

지은이 이보연
펴낸이 최순영

출판1 본부장 한수미
라이프 팀장 곽지희
디자인 함지현
본문 일러스트 김지애

펴낸곳 ㈜위즈덤하우스 출판등록 2000년 5월 23일 제13-1071호
주소 서울특별시 마포구 양화로 19 합정오피스빌딩 17층
전화 02) 2179-5600 홈페이지 www.wisdomhouse.co.kr

ⓒ 이보연, 2020
ISBN 979-11-90427-61-6 13590

* 이 책의 전부 또는 일부 내용을 재사용하려면 반드시 사전에 저작권자와
  ㈜위즈덤하우스의 동의를 받아야 합니다.
* 인쇄·제작 및 유통상의 파본 도서는 구입하신 서점에서 바꿔드립니다.
* 책값은 뒤표지에 있습니다.